Antony C. Sutton

Wall Street e la
Rivoluzione bolscevica

Antony C. Sutton
(1925-2002)

Economista e saggista americano di origine britannica, Stanford Fellow presso la Hoover Institution dal 1968 al 1973. Ha insegnato economia all'UCLA. Ha studiato a Londra, Gottinga e UCLA e ha conseguito il dottorato in scienze presso l'Università di Southampton (Inghilterra).

Wall Street e la rivoluzione bolscevica

Wall Street and the Bolshevik Revolution
Pubblicato per la prima volta da New Rochelle, NY:
Arlington House - 1974

Tradotto e pubblicato da Omnia Veritas Limited

www.omnia-veritas.com

© Omnia Veritas Ltd - 2025

PREFAZIONE 13

CAPITOLO I 15

GLI ATTORI DEL PALCOSCENICO RIVOLUZIONARIO 15

CAPITOLO II 21

TROTSKY LASCIA NEW YORK PER COMPLETARE LA RIVOLUZIONE 21
Woodrow Wilson e un passaporto per Trotsky 26
Documenti del governo canadese sulla liberazione di Trotsky 29
L'intelligence militare canadese vede Trotsky 34
Le intenzioni e gli obiettivi di Trotsky 38

CAPITOLO III 42

LENIN E L'ASSISTENZA TEDESCA ALLA RIVOLUZIONE BOLSCEVICA 42
I documenti Sisson 46
Il braccio di ferro a Washington 49

CAPITOLO IV 53

WALL STREET E LA RIVOLUZIONE MONDIALE 53
Banchieri americani e prestiti zaristi 58
Come possiamo valutare questi cavi e le parti coinvolte? 63
Olof Aschberg a New York, 1916 63
Olof Aschberg nella rivoluzione bolscevica 65
NYA Banken e Guaranty Trust si uniscono a Ruskombank 68
Guaranty Trust e lo spionaggio tedesco negli Stati Uniti, 1914-1917
.... 72
Il Fondo di garanzia - Fili di Minotto-Caillaux 76

CAPITOLO V 81

LA MISSIONE DELLA CROCE ROSSA AMERICANA IN RUSSIA - 1917 81
Missione della Croce Rossa Americana in Russia, 1917 83
La missione della Croce Rossa Americana in Russia nel 1917 85
Missione della Croce Rossa Americana in Romania 91
Thompson nella Russia di Kerensky 94
Thompson regala ai bolscevichi 1 milione di dollari 95
Il promotore minerario socialista Raymond Robins 96
La Croce Rossa Internazionale e la rivoluzione 99

CAPITOLO VI 102

CONSOLIDAMENTO ED ESPORTAZIONE DELLA RIVOLUZIONE 102
Una consultazione con Lloyd George 105

Le intenzioni e gli obiettivi di Thompson 109
Thompson torna negli Stati Uniti 113
Gli ambasciatori non ufficiali: Robins, Lockhart e Sadoul 115
Esportare la rivoluzione: Jacob H. Rubin 121
Esportare la rivoluzione: Robert Minor 122

CAPITOLO VII **131**

I BOLSCEVICHI TORNANO A NEW YORK 131
Un'incursione nell'ufficio sovietico di New York 132
Alleati aziendali per il Bureau sovietico 138
I banchieri europei aiutano i bolscevichi 141

CAPITOLO VIII **145**

120 BROADWAY, NEW YORK CITY 145
American International Corporation 148
L'influenza dell'Internazionale americana sulla Rivoluzione 153
La Federal Reserve Bank di New York 158
Sindacato industriale americano-russo Inc. 159
John Reed: rivoluzionario dell'establishment 160
John Reed e la rivista Metropolitan 161

CAPITOLO IX **169**

GUARANTY TRUST VA IN RUSSIA 169
Wall Street viene in aiuto del professor Lomonossoff 170
Il palcoscenico è lo sfruttamento commerciale della Russia 180
Germania e Stati Uniti si contendono gli affari russi 183
Oro sovietico e banche americane 186
Max May di Guaranty Trust diventa direttore di Ruskombank 189

CAPITOLO X **191**

J.P. MORGAN DÀ UN PICCOLO AIUTO ALLA CONTROPARTE 191
Gli Americani Uniti si formano per combattere il comunismo 192
Gli americani uniti rivelano "rivelazioni sorprendenti" sui rossi... 193
Conclusioni sugli americani uniti 194
Morgan e Rockefeller aiutano Kolchak 195

CAPITOLO XI **198**

L'ALLEANZA TRA BANCHIERI E RIVOLUZIONE 198
Le prove presentate: una sintesi 198
La spiegazione dell'empia alleanza 202
Il Piano Marburg 204

APPENDICE I..**211**

Direttori delle principali banche, aziende e istituzioni citate in questo libro (come nel 1917-1918)...211

APPENDICE II...**216**

La teoria del complotto ebraico della rivoluzione bolscevica 216

APPENDICE III..**222**

Documenti selezionati dagli archivi governativi di Stati Uniti e Gran Bretagna 222

ALTRI TITOLI...**247**

A quegli sconosciuti libertari russi, noti anche come Verdi, che nel 1919 combatterono sia i rossi che i bianchi nel tentativo di ottenere una Russia libera e volontaria.

Prefazione

Dall'inizio degli anni Venti, numerosi pamphlet e articoli, persino alcuni libri, hanno cercato di creare un legame tra "banchieri internazionali" e "rivoluzionari bolscevichi". Raramente questi tentativi sono stati supportati da prove concrete e mai sono stati argomentati nell'ambito di una metodologia scientifica. In effetti, alcune delle "prove" utilizzate in questi tentativi sono state fraudolente, altre irrilevanti, molte non possono essere verificate. L'esame dell'argomento da parte di scrittori accademici è stato accuratamente evitato; probabilmente perché l'ipotesi offende l'ordinata dicotomia tra capitalisti e comunisti (e tutti sanno, ovviamente, che si tratta di acerrimi nemici). Inoltre, poiché molto di ciò che è stato scritto rasenta l'assurdo, una solida reputazione accademica potrebbe facilmente naufragare nelle secche del ridicolo. Un motivo sufficiente per evitare l'argomento.

Fortunatamente, l'Archivio Decimale del Dipartimento di Stato, in particolare la sezione 861.00, contiene un'ampia documentazione sul legame ipotizzato. Quando le prove contenute in questi documenti ufficiali si fondono con quelle non ufficiali provenienti da biografie, documenti personali e storie convenzionali, emerge una storia davvero affascinante.

Scopriamo che esisteva un legame tra *alcuni* banchieri internazionali di New York e *molti* rivoluzionari, compresi i bolscevichi. Questi gentiluomini del settore bancario - che vengono qui identificati - avevano un interesse finanziario e facevano il tifo per il successo della Rivoluzione bolscevica.

Chi, perché - e per quanto - è la storia di questo libro.

Marzo 1974
Antony C. Sutton

Capitolo I

Gli attori del palcoscenico rivoluzionario

Caro Signor Presidente: Sono favorevole alla forma di governo sovietica come la più adatta al popolo russo...
Lettera al Presidente Woodrow Wilson (17 ottobre 1918) di William Lawrence Saunders, presidente della Ingersoll-Rand Corp., direttore della American International Corp. e vicepresidente della Federal Reserve Bank di New York.

Il frontespizio di questo libro è stato disegnato dal vignettista Robert Minor nel 1911 per il *St. Louis Post-Dispatch*. Minor era un artista e uno scrittore di talento, che si era anche trasformato in un rivoluzionario bolscevico, si era fatto arrestare in Russia nel 1915 per presunta sovversione e in seguito era stato finanziato da importanti finanzieri di Wall Street. La vignetta di Minor ritrae un barbuto e raggiante Karl Marx in piedi a Wall Street, con il *socialismo* sottobraccio, che accetta le congratulazioni dei luminari della finanza J.P. Morgan, del socio di Morgan George W. Perkins, di un compiaciuto John D. Rockefeller, di John D. Ryan della National City Bank e di Teddy Roosevelt - identificato dai suoi famosi denti - sullo sfondo. Wall Street è decorata da bandiere rosse. La folla festante e i cappelli in volo suggeriscono che Karl Marx doveva essere un tipo piuttosto popolare nel distretto finanziario di New York.

Robert Minor stava sognando? Al contrario, vedremo che Minor aveva le idee chiare nel descrivere un'alleanza entusiastica tra Wall Street e il socialismo marxista. I personaggi della vignetta di Minor - Karl Marx (che simboleggia i futuri rivoluzionari Lenin e Trotsky), J. P. Morgan, John D. Rockefeller - e lo stesso Robert Minor, sono anche personaggi di spicco di questo libro.

Le contraddizioni suggerite dalla vignetta di Minor sono state spazzolate sotto il tappeto della storia perché non si adattano allo spettro concettuale accettato di sinistra e destra politica. I bolscevichi sono all'estremità sinistra dello spettro politico e i finanzieri di Wall Street all'estremità destra; *pertanto*, si ragiona implicitamente, i due gruppi non hanno nulla in comune e qualsiasi alleanza tra i due è assurda. I fattori contrari a questa ordinata disposizione concettuale vengono solitamente respinti come osservazioni bizzarre o errori sfortunati. La storia moderna possiede questa dualità incorporata e certamente se troppi fatti scomodi sono stati rifiutati e nascosti sotto il tappeto, si tratta di una storia inaccurata.

D'altra parte, si può osservare che sia l'estrema destra che l'estrema sinistra dello spettro politico convenzionale sono assolutamente collettiviste. Il nazionalsocialista (ad esempio, il fascista) e il socialista internazionale (ad esempio, il comunista) raccomandano entrambi sistemi politico-economici totalitari basati sul potere politico nudo e libero e sulla coercizione individuale. Entrambi i sistemi richiedono il controllo monopolistico della società. Mentre il controllo monopolistico delle industrie era un tempo l'obiettivo di J. P. Morgan e J. D. Rockefeller, alla fine del XIX secolo i vertici di Wall Street capirono che il modo più efficiente per ottenere un monopolio incontrastato era quello di "fare politica" e far sì che la società lavorasse per i monopolisti - sotto il nome di bene pubblico e interesse pubblico. Questa strategia è stata descritta nel 1906 da Frederick C. Howe nelle sue *Confessioni di un monopolista.*[1] Howe, tra l'altro, è anche un personaggio della storia della Rivoluzione bolscevica.

Pertanto, un'alternativa concettuale per la classificazione delle idee

---

[1] "Queste sono le regole del grande business. Esse hanno superato gli insegnamenti dei nostri genitori e sono riducibili a una semplice massima: ottenete un monopolio; lasciate che la società lavori per voi; e ricordate che il migliore di tutti gli affari è la politica, perché una concessione legislativa, una franchigia, un sussidio o un'esenzione fiscale valgono più di un giacimento di Kimberly o di Comstock, poiché non richiedono alcun lavoro, né mentale né fisico, per essere sfruttati" (Chicago: Public Publishing, 1906), p. 157.

politiche e dei sistemi politico-economici sarebbe quella di classificare il grado di libertà individuale rispetto al grado di controllo politico centralizzato. In questo modo, il welfare state aziendale e il socialismo si trovano alla stessa estremità dello spettro. Vediamo quindi che i tentativi di controllo monopolistico della società possono avere etichette diverse pur avendo caratteristiche comuni.

Di conseguenza, un ostacolo alla comprensione matura della storia recente è l'idea che tutti i capitalisti siano nemici acerrimi e incrollabili di tutti i marxisti e socialisti. Questa idea errata è nata con Karl Marx ed è stata indubbiamente utile ai suoi scopi. In realtà, l'idea è insensata. C'è stata un'alleanza continua, anche se nascosta, tra i capitalisti politici internazionali e i socialisti rivoluzionari internazionali - con reciproco vantaggio. Questa alleanza è passata inosservata in gran parte perché gli storici - con poche eccezioni degne di nota - hanno un pregiudizio marxiano inconscio e sono quindi bloccati sull'impossibilità che tale alleanza esista. Il lettore di larghe vedute dovrebbe tenere a mente due indizi: i capitalisti monopolistici sono gli acerrimi nemici degli imprenditori del laissez-faire; e, date le debolezze della pianificazione centrale socialista, lo Stato socialista totalitario è un perfetto mercato vincolato per i capitalisti monopolistici, se si riesce a stringere un'alleanza con i detentori del potere socialista. Supponiamo - e a questo punto è solo un'ipotesi - che i capitalisti monopolistici americani siano in grado di ridurre una Russia socialista pianificata allo stato di colonia tecnica prigioniera? Non sarebbe questa la logica estensione internazionalista del XX secolo dei monopoli ferroviari di Morgan e del trust petrolifero di Rockefeller della fine del XIX secolo?

A parte Gabriel Kolko, Murray Rothbard e i revisionisti, gli storici non sono stati attenti a questa combinazione di eventi. La cronaca storica, con rare eccezioni, è stata costretta a una dicotomia tra capitalisti e socialisti. Il monumentale e leggibile studio di George Kennan sulla Rivoluzione russa mantiene costantemente questa dicotomia Wall Street-Bolscevichi[2]. *Russia Leaves the War* contiene

---

[2] George F. Kennan, *Russia Leaves the War* (New York: Atheneum, 1967); e *Decision to Intervene, Soviet-American Relations, 1917-1920* (Princeton, N.J.:

un solo riferimento incidentale alla società J.P. Morgan e nessun riferimento alla Guaranty Trust Company. Eppure entrambe le organizzazioni sono menzionate in modo prominente nei documenti del Dipartimento di Stato, a cui si fa spesso riferimento in questo libro , ed entrambe fanno parte del nucleo delle prove qui presentate. Né l'autodenunciato "banchiere bolscevico" Olof Aschberg né la Nya Banken di Stoccolma sono citati in Kennan, eppure entrambi erano fondamentali per il finanziamento bolscevico. Inoltre, in circostanze minori ma cruciali, almeno per la *nostra* argomentazione, Kennan è di fatto in errore. Ad esempio, Kennan cita il direttore della Federal Reserve Bank William Boyce Thompson che lasciò la Russia il 27 novembre 1917. Questa data di partenza renderebbe fisicamente impossibile per Thompson essere a Pietrogrado il 2 dicembre 1917, per trasmettere una richiesta via cavo di 1 milione di dollari a Morgan a New York. Thompson lasciò infatti Pietrogrado il 4 dicembre 1918, due giorni dopo aver inviato il cablogramma a New York. Inoltre, Kennan afferma che il 30 novembre 1917 Trotsky tenne un discorso davanti al Soviet di Pietrogrado in cui osservò: "Oggi ho avuto qui all'Istituto Smolny due americani strettamente legati agli elementi del capitalismo americano". Secondo Kennan, "è difficile immaginare" chi potessero essere questi due americani "se non Robins e Gumberg". Ma in [atto Alexander Gumberg era russo, non americano. Inoltre, poiché Thompson era ancora in Russia il 30 novembre 1917, i due americani che visitarono Trotsky erano più che probabilmente Raymond Robins, un promotore minerario diventato benefattore, e Thompson, della Federal Reserve Bank di New York.

La bolscevizzazione di Wall Street era nota negli ambienti ben informati già nel 1919. Il giornalista finanziario Barron registrò una conversazione con il magnate del petrolio E. H. Doheny nel 1919 e nominò specificamente tre importanti finanzieri, William Boyce Thompson, Thomas Lamont e Charles R. Crane: Aboard S.S. Aquitania, Friday Evening, February 1, 1919.

Ho trascorso la serata con i Doheny nella loro suite. Il signor Doheny ha detto: Se credete nella democrazia non potete credere nel

---

Princeton University Press, 1958).

socialismo. Il socialismo è il veleno che distrugge la democrazia. Democrazia significa opportunità per tutti. Il socialismo offre la speranza che un uomo possa lasciare il lavoro e stare meglio. Il bolscevismo è il vero frutto del socialismo e se leggete l'interessante testimonianza davanti alla commissione del Senato, a metà gennaio, che ha mostrato tutti questi pacifisti e pacificatori come simpatizzanti tedeschi, socialisti e bolscevichi, vedrete che la maggioranza dei professori universitari negli Stati Uniti insegna il socialismo e il bolscevismo e che cinquantadue professori universitari facevano parte dei cosiddetti comitati per la pace in 1914. Il presidente Eliot di Harvard insegna il bolscevismo. I peggiori bolscevichi negli Stati Uniti non sono solo i professori universitari, tra cui il Presidente Wilson, ma anche i capitalisti e le mogli dei capitalisti, e nessuno dei due sembra sapere di cosa stia parlando. William Boyce Thompson insegna il bolscevismo e potrebbe ancora convertire Lamont della J.P. Morgan & Company. Vanderlip è un bolscevico, così come Charles R. Crane. Molte donne si uniscono al movimento e né loro né i loro mariti sanno cosa sia o a cosa porti. Henry Ford è un altro e così la maggior parte di quei cento storici che Wilson ha portato con sé all'estero nella sciocca idea che la storia possa insegnare ai giovani la corretta demarcazione geografica di razze, popoli e nazioni.[3]

In breve, questa è la storia della Rivoluzione bolscevica e delle sue conseguenze, ma una storia che si discosta dal solito approccio concettuale di capitalisti contro comunisti. La nostra storia postula un'alleanza tra il capitalismo monopolistico internazionale e il socialismo rivoluzionario internazionale per il loro reciproco vantaggio. Il costo umano finale di questa alleanza è ricaduto sulle spalle del singolo russo e del singolo americano. L'imprenditorialità è stata screditata e il mondo è stato spinto verso una pianificazione socialista inefficiente come risultato di queste manovre monopolistiche nel mondo della politica e della rivoluzione.

Questa è anche una storia che riflette il tradimento della Rivoluzione russa. Gli zar e il loro sistema politico corrotto sono stati espulsi solo

---

[3] Arthur Pound e Samuel Taylor Moore, *They Told Barron* (New York: Harper & Brothers, 1930), pp. 13-14.

per essere sostituiti dai nuovi potenti di un altro sistema politico corrotto. Laddove gli Stati Uniti avrebbero potuto esercitare la loro influenza dominante per realizzare una Russia libera, si sono piegati alle ambizioni di alcuni finanzieri di Wall Street che, per i loro scopi, potevano accettare una Russia zarista centralizzata o una Russia marxista centralizzata, ma non una Russia libera decentralizzata. Le ragioni di queste affermazioni si sveleranno man mano che svilupperemo la storia, finora non raccontata, della Rivoluzione russa e delle sue conseguenze.[4]

---

[4] Esiste una storia parallela, e anch'essa sconosciuta, per quanto riguarda il movimento makhanovista che ha combattuto sia i "bianchi" che i "rossi" nella guerra civile del 1919-20 (cfr. Voline, *The Unknown Revolution* [New York: Libertarian Book Club, 1953]). C'è stato anche il movimento dei "Verdi", che ha combattuto sia i bianchi che i rossi. L'autore non ha mai visto nemmeno una menzione isolata dei Verdi4 in nessuna storia della Rivoluzione bolscevica. Eppure l'esercito verde era forte di almeno 700.000 uomini!

Capitolo II

Trotsky lascia New York per completare la Rivoluzione

Ci sarà una rivoluzione, una terribile rivoluzione. Il corso che prenderà dipenderà molto da ciò che il signor Rockefeller dirà al signor Hague di fare. Rockefeller è il simbolo della classe dirigente americana e Hague è il simbolo dei suoi strumenti politici.
Leon Trotsky, in New York Times, 13 dicembre 1938.
(Hague era un politico del New Jersey)

Nel 1916, l'anno che precede la Rivoluzione russa, l'internazionalista Leon Trotsky viene espulso dalla Francia, ufficialmente a causa della sua partecipazione alla conferenza di Zimmerwald, ma senza dubbio anche a causa degli articoli incendiari scritti per il *Nashe Slovo*, un giornale in lingua russa stampato a Parigi. Nel settembre 1916 Trotsky fu educatamente scortato oltre il confine spagnolo dalla polizia francese. Pochi giorni dopo, la polizia di Madrid arrestò l'internazionalista e lo rinchiuse in una "cella di prima classe" con una tariffa di una pesetas e un'altra al giorno. Successivamente Trotsky fu portato a Cadice, poi a Barcellona e infine fu imbarcato sul piroscafo *Monserrat* della Compagnia Transatlantica Spagnola. Trotsky e la sua famiglia attraversarono l'Oceano Atlantico e sbarcarono a New York il 13 gennaio 1917.

Anche altri trotskisti si fecero strada verso ovest, oltre l'Atlantico. In effetti, un gruppo trotskista acquisì subito un'influenza sufficiente in Messico per scrivere la Costituzione di Querétaro per il governo rivoluzionario di Carranza del 1917, dando al Messico la dubbia distinzione di essere il primo governo al mondo ad adottare una costituzione di tipo sovietico.

Come ha fatto Trotsky, che conosceva solo il tedesco e il russo, a sopravvivere nell'America capitalista? Secondo la sua autobiografia, *La mia vita*, "la mia unica professione a New York era quella di socialista rivoluzionario". In altre parole, Trotsky scriveva articoli occasionali per *Novy Mir*, la rivista socialista russa di New York. Eppure sappiamo che l'appartamento della famiglia Trotsky a New York aveva un frigorifero e un telefono e, secondo Trotsky, che la famiglia viaggiava occasionalmente in una limousine con autista. Questo modo di vivere lasciava perplessi i due giovani Trotsky. Quando entravano in una sala da tè, i ragazzi chiedevano con ansia alla madre: "Perché non entra l'autista?".[5] L'elegante tenore di vita è in contrasto anche con il reddito dichiarato da Trotsky. Gli unici fondi che Trotsky ammette di aver ricevuto nel 1916 e nel 1917 sono 310 dollari e, dice Trotsky, "ho distribuito i 310 dollari tra cinque emigranti che stavano tornando in Russia". Eppure Trotsky aveva pagato una cella di prima classe in Spagna, la famiglia Trotsky aveva viaggiato attraverso l'Europa fino agli Stati Uniti, aveva acquistato un eccellente appartamento a New York - pagando l'affitto con tre mesi di anticipo - e aveva l'uso di una limousine con autista. Tutto questo grazie ai guadagni di un rivoluzionario impoverito per alcuni articoli per il giornale in lingua russa a bassa tiratura *Nashe* Slovo di Parigi e *Novy Mir* di New York!

Joseph Nedava stima che il reddito di Trotsky nel 1917 fosse di 12 dollari a settimana, "integrato da alcune tasse per le conferenze".[6] Trotsky rimase a New York nel 1917 per tre mesi, da gennaio a marzo, per cui le entrate da *Novy Mir* ammontano a 144 dollari e, diciamo, altri 100 dollari di onorari per le conferenze, per un totale di 244 dollari. Di questi 244 dollari Trotsky poté regalare 310 dollari ai suoi amici, pagare l'appartamento di New York , provvedere alla sua famiglia e trovare i 10.000 dollari che gli erano stati sottratti nell'aprile 1917 dalle autorità canadesi ad Halifax. Trotsky sostiene

---

[5] Leon Trotsky, *My Life* (New York: Scribner's, 1930), cap. 22.

[6] Joseph Nedava, *Trotsky and the Jews* (Filadelfia: Jewish Publication Society of America, 1972), p. 163.

che coloro che hanno detto che aveva altre fonti di reddito sono "calunniatori" che diffondono "stupide calunnie" e "bugie", ma a meno che Trotsky non giocasse ai cavalli all'ippodromo della Giamaica, non si può fare. Ovviamente Trotsky aveva una fonte di reddito non dichiarata.

Qual era la fonte? In *The Road to Safety*, l'autore Arthur Willert afferma che Trotsky si guadagnava da vivere lavorando come elettricista per i Fox Film Studios. Altri scrittori hanno citato altre occupazioni, ma non c'è alcuna prova che Trotsky si occupasse di retribuzioni diverse dalla scrittura e dalla parola.

La maggior parte delle indagini si è concentrata sul fatto verificabile che quando Trotsky lasciò New York nel 1917 per Pietrogrado, per organizzare la fase bolscevica della rivoluzione, partì con 10.000 dollari. Nel 1919 la Commissione Overman del Senato degli Stati Uniti indagò sulla propaganda bolscevica e sul denaro tedesco negli Stati Uniti e, incidentalmente, toccò la fonte dei 10.000 dollari di Trotsky. L'esame del colonnello Hurban, addetto di Washington alla legazione ceca, da parte della commissione Overman ha prodotto quanto segue:

COL. HURBAN: Forse Trotsky ha preso soldi dalla Germania, ma Trotsky lo negherà. Lenin non lo negherebbe. Miliukov ha dimostrato di aver ricevuto 10.000 dollari da alcuni tedeschi mentre era in America. Miliukov aveva le prove, ma le ha negate. Trotsky lo fece, anche se Miliukov aveva le prove.

SENATORE OVERMAN: È stato accusato Trotsky di aver ricevuto 10.000 dollari qui.

COL. HURBAN: Non ricordo quanto fosse, ma so che era una questione tra lui e Miliukov.

SENATORE OVERMAN: Miliukov l'ha dimostrato, vero?

COL. HURBAN: Sì, signore.

Sa da dove l'ha presa?

COL. HURBAN: Ricordo che erano 10.000 dollari; ma non importa. Parlerò della loro propaganda. Il governo tedesco conosceva la Russia meglio di chiunque altro e sapeva che con l'aiuto di queste persone avrebbe potuto distruggere l'esercito russo.

(Alle 17.45 la sottocommissione si aggiorna a domani, mercoledì 19 febbraio, alle 10.30).[7]

È notevole che la commissione si sia aggiornata bruscamente prima che la *fonte* dei fondi di Trotsky potesse essere messa agli atti del Senato. Quando l'interrogatorio riprese il giorno successivo, Trotsky e i suoi 10.000 dollari non erano più di interesse per la commissione Overman. In seguito svilupperemo le prove relative al finanziamento delle attività tedesche e rivoluzionarie negli Stati Uniti da parte delle case finanziarie di New York; le origini dei 10.000 dollari di Trotsky verranno quindi messe a fuoco.

Una somma di 10.000 dollari di origine tedesca è menzionata anche nel telegramma ufficiale britannico alle autorità navali canadesi di Halifax, che chiedeva che Trotsky e il partito in rotta verso la rivoluzione fossero portati al largo della S.S. *Kristianiafjord* (vedi pagina 28). Da un rapporto del British Directorate of Intelligence[8] apprendiamo inoltre che Gregory Weinstein, che nel 1919 sarebbe diventato un membro di spicco del Soviet Bureau di New York, raccolse fondi per Trotsky a New York. Questi fondi provenivano dalla Germania e venivano convogliati attraverso il *Volks-zeitung*, un quotidiano tedesco con sede a New York e sovvenzionato dal governo tedesco.

Sebbene i fondi di Trotsky siano ufficialmente riportati come tedeschi, Trotsky era attivamente impegnato nella politica americana immediatamente prima di lasciare New York per la Russia e la rivoluzione. Il 5 marzo 1917 i giornali americani titolavano sulla crescente possibilità di una guerra con la Germania; la sera stessa Trotsky propose una risoluzione alla riunione del Partito Socialista della Contea di New York "impegnando i socialisti a incoraggiare gli scioperi e a resistere al reclutamento in caso di

---

[7] Stati Uniti, Senato, *Interessi per la produzione di birra e liquori e propaganda tedesca e bolscevica* (sottocommissione per la magistratura), 65° Congresso, 1919.

[8] Relazione speciale n. 5, *The Russian Soviet Bureau in the United States*, 14 luglio 1919, Scotland House, London S.W.I. Copia in U.S. State Dept. Decimal File, 316-23-1145.

guerra con la Germania".[9] Leon Trotsky è stato definito dal *New York Times* "un rivoluzionario russo in esilio". Louis C. Fraina, che ha sponsorizzato la risoluzione di Trotsky, in seguito - sotto pseudonimo - ha scritto su un libro acritico sull'impero finanziario Morgan intitolato *House of Morgan*.[10] La proposta Trotsky-Fraina fu osteggiata dalla fazione Morris Hillquit e il Partito Socialista votò successivamente contro la risoluzione.[11]

Più di una settimana dopo, il 16 marzo, al momento della deposizione dello zar, Leon Trotsky fu intervistato negli uffici di *Novy Mir*. L'intervista conteneva una dichiarazione profetica sulla rivoluzione russa:

> *"... il comitato che ha preso il posto del Ministero deposto in Russia non rappresentava gli interessi o gli obiettivi dei rivoluzionari, che probabilmente sarebbe stato di breve durata e che si sarebbe dimesso in favore di uomini che sarebbero stati più sicuri di portare avanti la democratizzazione della Russia".[12]*

Gli "uomini che sarebbero più sicuri di portare avanti la democratizzazione della Russia", cioè i menscevichi e i bolscevichi, erano allora in esilio all'estero e dovevano prima tornare in Russia. Il "comitato" temporaneo fu quindi chiamato Governo Provvisorio, un titolo, va notato, utilizzato fin dall'inizio della rivoluzione di marzo e non applicato a posteriori dagli storici.

---

[9] *New York Times*, 5 marzo 1917.

[10] Lewis Corey, House of Morgan: A Social Biography of the Masters of Money (New York: G. W. Watt, 1930).

[11] Morris Hillquit. (ex Hillkowitz) era stato avvocato difensore di Johann Most, per l'assassinio del Presidente McKinley, e nel 1917 era stato leader del Partito Socialista di New York. Negli anni Venti Hillquit si affermò nel mondo bancario di New York diventando direttore e avvocato della International Union Bank. Sotto il presidente Franklin D. Roosevelt, Hillquit contribuì alla stesura dei codici NRA per l'industria dell'abbigliamento.

[12] *New York Times*, 16 marzo 1917.

Woodrow Wilson e un passaporto per Trotsky

Il presidente Woodrow Wilson fu la fata madrina che fornì a Trotsky un passaporto per tornare in Russia e "portare avanti" la rivoluzione. Questo passaporto americano era accompagnato da un permesso di ingresso in Russia e da un visto di transito britannico. Jennings C. Wise, in *Woodrow Wilson: Disciple of Revolution*, fa un commento pertinente: "Gli storici non devono mai dimenticare che Woodrow Wilson, nonostante gli sforzi della polizia britannica, rese possibile a Leon Trotsky di entrare in Russia con un passaporto americano".

Il presidente Wilson facilitò il passaggio di Trotsky in Russia nello stesso momento in cui gli attenti burocrati del Dipartimento di Stato, preoccupati per l'ingresso in Russia di tali rivoluzionari, cercavano unilateralmente di rendere più severe le procedure per i passaporti. Il 13 giugno 1917, subito *dopo che* Trotsky aveva attraversato il confine russo-finlandese, la legazione di Stoccolma comunicò al Dipartimento di Stato: "La legazione ha informato in via confidenziale gli uffici passaporti russi, inglesi e francesi alla frontiera russa, a Tornea, notevolmente preoccupati dal passaggio di persone sospette con passaporti americani".[13]

A questo cablogramma il Dipartimento di Stato rispose, lo stesso giorno, che "il Dipartimento sta esercitando una particolare attenzione nel rilascio dei passaporti per la Russia"; il Dipartimento autorizzò anche le spese della legazione per istituire un ufficio di controllo dei passaporti a Stoccolma e per assumere un "cittadino americano assolutamente affidabile" per il lavoro di controllo.[14] Ma l'uccello era volato via. Il menscevico Trotsky e i bolscevichi di Lenin erano già in Russia per "portare avanti" la rivoluzione. La rete di passaporti eretta catturò solo altri uccelli legittimi. Ad esempio, il 26 giugno 1917, Herman Bernstein, un rispettabile giornalista newyorkese diretto a Pietrogrado per rappresentare il *New York Herald*, fu trattenuto alla frontiera e gli fu negato l'ingresso in Russia. Un po' in ritardo, a metà agosto 1917 l'ambasciata russa a

---

[13] Fascicolo decimale del Dipartimento di Stato degli Stati Uniti, 316-85-1002.

[14] Ibidem.

Washington chiese al Dipartimento di Stato (e lo Stato acconsentì) di "impedire l'ingresso in Russia di criminali e anarchici... alcuni dei quali sono già andati in Russia".[15]

Di conseguenza, in virtù del trattamento preferenziale riservato a Trotsky, quando la S.S. *Kristianiafjord* lasciò New York il 26 marzo 1917, Trotsky era a bordo e in possesso di un passaporto statunitense - e in compagnia di altri rivoluzionari trotskisti, finanzieri di Wall Street, comunisti americani e altre persone interessanti, poche delle quali si erano imbarcate per affari legittimi. Questo miscuglio di passeggeri è stato descritto da Lincoln Steffens, comunista americano:

> *La lista dei passeggeri era lunga e misteriosa. Trotsky era in cabina di pilotaggio con un gruppo di rivoluzionari; nella mia cabina c'era un rivoluzionario giapponese. C'erano molti olandesi che tornavano di corsa da Giava, gli unici innocenti a bordo. Gli altri erano messaggeri di guerra, due da Wall Street alla Germania.*[16]

In particolare, Lincoln Steffens era in viaggio verso la Russia su invito specifico di Charles Richard Crane, un finanziatore ed ex presidente del comitato finanziario del Partito Democratico. Charles Crane, vicepresidente della Crane Company, aveva organizzato la Westinghouse Company in Russia, era stato membro della missione Root in Russia e aveva compiuto non meno di ventitré visite in Russia tra il 1890 e il 1930. Richard Crane, suo figlio, era assistente confidenziale dell'allora Segretario di Stato Robert Lansing. Secondo l'ex ambasciatore in Germania William Dodd, Crane "ha fatto molto per portare alla rivoluzione di Kerensky che ha dato il via al comunismo".[17] Perciò i commenti di Steffens nel suo diario

---

[15] Ibidem, 861.111/315.

[16] Lincoln Steffens, *Autobiografia* (New York: Harcourt, Brace, 1931), p. 764. Steffens fu il "tramite" tra Crane e Woodrow Wilson.

[17] William Edward Dodd, *Ambassador Dodd's Diary, 1933-1938* (New York: Harcourt, Brace, 1941), pp. 42-43.

sulle conversazioni a bordo della S.S. *Kristianiafjord* sono molto pertinenti:"... tutti concordano sul fatto che la rivoluzione è solo nella sua prima fase, che deve crescere. Crane e i radicali russi sulla nave pensano che saremo a Pietrogrado per la Rivoluzione.[18]

Crane tornò negli Stati Uniti quando la Rivoluzione bolscevica (cioè "la ri-rivoluzione") era stata completata e, sebbene fosse un privato cittadino, ricevette rapporti di prima mano sui progressi della Rivoluzione bolscevica man mano che i cablogrammi arrivavano al Dipartimento di Stato. Ad esempio, un memorandum, datato 11 dicembre 1917, è intitolato "Copia del rapporto sulla rivolta massimalista per il signor Crane". Il memorandum è stato inviato a Maddin Summers, console generale degli Stati Uniti a Mosca, e la lettera di accompagnamento di Summers recita in parte:

> *Ho l'onore di allegare alla presente una copia dello stesso [rapporto di cui sopra] con la richiesta di inviarlo per informazioni riservate al signor Charles R. Crane. Si presume che il Dipartimento non avrà obiezioni a che il signor Crane veda il rapporto.[19]*

In breve, il quadro inverosimile e sconcertante che emerge è che Charles Crane, amico e sostenitore di Woodrow Wilson e importante finanziere e politico, ebbe un ruolo noto nella "prima" rivoluzione e si recò in Russia a metà del 1917 in compagnia del comunista americano Lincoln Steffens, che era in contatto sia con Woodrow Wilson che con Trotsky. Quest'ultimo, a sua volta, aveva con sé un passaporto rilasciato su ordine di Wilson e 10.000 dollari provenienti da presunte fonti tedesche. Al suo ritorno negli Stati Uniti dopo la "ri-rivoluzione", Crane ebbe accesso a documenti ufficiali riguardanti il consolidamento del regime bolscevico: Si tratta di una serie di eventi concatenati, anche se sconcertanti, che meritano di essere approfonditi e che suggeriscono, pur senza fornire al momento prove, un qualche legame tra il finanziere Crane

---

[18] Lincoln Steffens, *The Letters of Lincoln Steffens* (New York: Harcourt, Brace, 1941), p. 396.

[19] Fascicolo decimale del Dipartimento di Stato degli Stati Uniti, 861.00/1026.

e il rivoluzionario Trotsky.

Documenti del governo canadese sulla liberazione di Trotsky[20]

I documenti sul breve soggiorno di Trotsky in custodia canadese sono ora de-classificati e disponibili presso gli archivi del governo canadese. Secondo questi archivi, Trotsky fu prelevato da personale navale canadese e britannico dalla S.S. *Kristianiafjord* ad Halifax, in Nuova Scozia, il 3 aprile 1917, catalogato come prigioniero di guerra tedesco e internato nella stazione di internamento per prigionieri tedeschi di Amherst, in Nuova Scozia. Anche la signora Trotsky, i due ragazzi Trotsky e altri cinque uomini descritti come "socialisti russi" furono prelevati e internati. I loro nomi sono registrati negli archivi canadesi come: Nickita Muchin, Leiba Fisheleff, Konstantin Romanchanco, Gregor Teheodnovski, Gerchon Melintchansky e Leon Bronstein Trotsky (tutte le grafie sono tratte dai documenti originali canadesi).

Il modulo LB-l dell'esercito canadese, con il numero di serie 1098 (comprese le impronte del pollice), è stato compilato per Trotsky, con la seguente descrizione: "37 anni, esule politico, giornalista di professione, nato a Gromskty, Chuson, Russia, cittadino russo". Il modulo è stato firmato da Leon Trotsky e il suo nome completo è stato indicato come Leon Bromstein *(sic)* Trotsky.

Il partito di Trotsky fu rimosso dalla S.S. *Kristianiafjord* in base alle istruzioni ufficiali ricevute con un cablogramma del 29 marzo 1917, a Londra, presumibilmente proveniente dall'Ammiragliato con l'ufficiale di controllo navale di Halifax. Il cablogramma riferiva che il partito di Trotsky si trovava sul *"Christianiafjord" (sic)* e doveva essere "portato via e trattenuto in attesa di istruzioni". La ragione fornita all'ufficiale di controllo navale di Halifax era che "si tratta di socialisti russi che partono per iniziare la rivoluzione contro l'attuale governo russo, per la quale Trotsky avrebbe sottoscritto 10.000 dollari da socialisti e tedeschi".

---

[20] Questa sezione si basa sui documenti governativi canadesi.

Il 1° aprile 1917, l'ufficiale di controllo navale, il capitano O. M. Makins, inviò un memorandum confidenziale all'ufficiale generale che comandava ad Halifax, in cui si diceva di aver "esaminato tutti i passeggeri russi" a bordo della S.S. *Kristianiafjord* e di aver trovato sei uomini nella sezione di seconda classe: "Sono tutti dichiaratamente socialisti e, sebbene professino il desiderio di aiutare il nuovo governo russo, potrebbero essere in combutta con i socialisti tedeschi in America e potrebbero essere un grande ostacolo per il governo russo in questo momento". Il capitano Makins ha aggiunto che avrebbe portato via il gruppo, così come la moglie e i due figli di Trotsky, per internarli ad Halifax. Una copia di questo rapporto fu inoltrata da Halifax al capo dello Stato Maggiore a Ottawa il 2 aprile 1917.

Il documento successivo negli archivi canadesi è datato 7 aprile, dal capo dello Stato Maggiore, Ottawa, al direttore delle operazioni di internamento, e riconosce una lettera precedente (non presente negli archivi) sull'internamento dei socialisti russi ad Amherst, Nuova Scozia: ".... a questo proposito, devo informarla di aver ricevuto ieri un lungo telegramma dal Console Generale russo, MONTREAL, che protestava contro l'arresto di questi uomini in quanto erano in possesso di passaporti rilasciati dal Console Generale russo, NEW YORK, U.S.A.".

La risposta a questo telegramma di Montreal fu che gli uomini erano stati internati "per il sospetto di essere tedeschi" e che sarebbero stati rilasciati solo dietro prova certa della loro nazionalità e della loro fedeltà agli Alleati. Negli archivi canadesi non sono presenti telegrammi del console generale russo a New York, ed è noto che questo ufficio era riluttante a rilasciare passaporti russi agli esuli politici russi. Tuttavia, negli archivi è presente un telegramma di un avvocato di New York, N. Aleinikoff, a R. M. Coulter, allora vice direttore generale delle poste del Canada. L'ufficio del direttore generale delle poste in Canada non aveva alcun legame con l'internamento dei prigionieri di guerra o con le attività militari. Di conseguenza, questo telegramma aveva la natura di un intervento personale e non ufficiale. Si legge:

DR. R. M. COULTER, Postmaster Genl. OTTAWA Esuli politici russi di ritorno in Russia detenuti ad Halifax nel campo di Amherst. La prego di indagare e di comunicare le cause della detenzione e i nomi di tutti i detenuti. Confido che, in quanto paladino della libertà, intercederà in loro favore. Si prega di raccogliere un telegramma. NICHOLAS ALEINIKOFF

L'11 aprile Coulter scrive ad Aleinikoff: "Telegramma ricevuto. Le scrivo oggi pomeriggio. Dovrebbe riceverlo domani sera. R. M. Coulter". Questo telegramma fu inviato dalla Canadian Pacific Railway Telegraph ma addebitato al Canadian Post Office Department. Normalmente un telegramma privato di lavoro sarebbe stato addebitato al destinatario e questo non era un telegramma ufficiale. La successiva lettera di Coulter ad Aleinikoff è interessante perché, dopo aver confermato che il partito di Trotsky si teneva ad Amherst, afferma che essi erano sospettati di propaganda contro l'attuale governo russo e "si suppone che siano agenti della Germania". Coulter aggiunge poi: "... non sono quello che si presentano"; il gruppo Trotsky non è "... detenuto dal Canada, ma dalle autorità imperiali". Dopo aver assicurato ad Aleinikoff che i detenuti sarebbero stati messi a loro agio, Coulter aggiunge che qualsiasi informazione "a loro favore" sarebbe stata trasmessa alle autorità militari. L'impressione generale della lettera è che Coulter sia comprensivo e pienamente consapevole dei legami filo-tedeschi di Trotsky, ma non sia disposto a farsi coinvolgere. L'11 aprile Arthur Wolf del 134 East Broadway, New York, inviò un telegramma a Coulter. Benché spedito da New York, anche questo telegramma, dopo essere stato riconosciuto, viene addebitato al Dipartimento delle Poste canadesi.

Le reazioni di Coulter, tuttavia, riflettono qualcosa di più della simpatia distaccata evidente nella sua lettera ad Aleinikoff. Esse devono essere considerate alla luce del fatto che queste lettere a favore di Trotsky provenivano da due americani residenti a New York e riguardavano una questione militare canadese o imperiale di importanza internazionale. Inoltre, Coulter, in qualità di vice direttore generale delle poste, era un funzionario del governo canadese di una certa importanza. Pensate, per un momento, a cosa accadrebbe a chi intervenisse in modo simile negli affari degli Stati Uniti! Nell'affare Trotsky abbiamo due residenti americani che corrispondono con un vice direttore generale delle poste canadese per intervenire a favore di un rivoluzionario russo internato.

Anche l'azione successiva di Coulter suggerisce qualcosa di più di un intervento casuale. Dopo aver preso atto dei telegrammi di Aleinikoff e Wolf, Coulter scrisse al Maggiore Generale Willoughby Gwatkin del Dipartimento di Milizia e Difesa di Ottawa - un uomo di notevole influenza nell'esercito canadese - allegando copie dei telegrammi di Aleinikoff e Wolf:

> *Questi uomini sono stati ostili alla Russia per il modo in cui sono stati trattati gli ebrei, e ora sono fortemente a favore dell'attuale amministrazione, per quanto ne so. Entrambi sono uomini responsabili. Entrambi sono uomini rispettabili e vi invio i loro telegrammi per quello che possono valere e perché possiate rappresentarli alle autorità inglesi se lo ritenete opportuno.*

Ovviamente Coulter sa - o fa intendere di sapere - molto su Aleinikoff e Wolf. La sua lettera era in effetti un riferimento al personaggio e mirava alla radice del problema dell'internamento: Londra. Gwatkin era molto conosciuto a Londra, e di fatto era in prestito al Canada dal War Office di Londra.[21]

Aleinikoff ha poi inviato una lettera a Coulter per ringraziarlo di cuore per l'interesse che ha mostrato per la sorte degli esuli politici russi... Lei mi conosce, stimato dottor Coulter, e conosce anche la mia devozione alla causa della libertà russa... Fortunatamente conosco intimamente il signor Trotsky, il signor Melnichahnsky e il signor Chudnowsky...".

Si può notare a margine che se Aleinikoff conosceva Trotsky "intimamente", allora probabilmente era anche a conoscenza del fatto che Trotsky aveva dichiarato la sua intenzione di tornare in Russia per rovesciare il Governo Provvisorio e instaurare la "ri-rivoluzione". Ricevuta la lettera di Aleinikoff, Coulter la inoltrò immediatamente (16 aprile) al Maggiore Generale Gwatkin, aggiungendo che era venuto a conoscenza di Aleinikoff "in

---

[21] I memorandum di Gwatkin presenti negli archivi del governo canadese non sono firmati, ma siglati con un marchio o simbolo criptico. Il marchio è stato identificato come quello di Gwatkin perché una lettera di Gwatkin (quella del 21 aprile) con quel marchio criptico è stata riconosciuta.

relazione all'azione del Dipartimento sui documenti statunitensi in lingua russa" e che Aleinikoff lavorava "sulla stessa linea del signor Wolf... che era un prigioniero fuggito dalla Siberia".

In precedenza, il 14 aprile, Gwatkin aveva inviato un memorandum alla sua controparte navale nel Comitato militare interdipartimentale canadese, ribadendo che gli internati erano socialisti russi con *"10.000* dollari sottoscritti da socialisti e tedeschi". Il paragrafo conclusivo affermava che: *"D'*altra parte c'è chi dichiara che è stato fatto un atto di grande ingiustizia". Il 16 aprile, il viceammiraglio C. E. Kingsmill, direttore del Servizio navale, prese per buono l'intervento di Gwatkin. In una lettera al capitano Makins, l'ufficiale di controllo navale ad Halifax, affermò: "Le autorità della Milizia chiedono che una decisione sulla loro (cioè dei sei russi) eliminazione possa essere affrettata". Una copia di questa istruzione fu trasmessa a Gwatkin che a sua volta informò il vice direttore generale Coulter. Tre giorni dopo Gwatkin fece pressione. In un memorandum del 20 aprile al segretario della Marina, scrisse: "Può dire, per favore, se l'Ufficio di Controllo Navale ha preso una decisione o meno?".

Lo stesso giorno (20 aprile) il capitano Makins scrisse all'ammiraglio Kingsmill spiegando le sue ragioni per la rimozione di Trotsky; rifiutò di subire pressioni per prendere una decisione, affermando: "Invierò un cablogramma all'Ammiragliato informandolo che le autorità della Milizia chiedono una decisione tempestiva sulla sua eliminazione". Tuttavia, il giorno successivo, 21 aprile, Gwatkin scrisse a Coulter: "I nostri amici socialisti russi saranno rilasciati e si stanno prendendo accordi per il loro passaggio in Europa". L'ordine a Makins per il rilascio di Trotsky proveniva dall'Ammiragliato, a Londra. Coulter ha riconosciuto l'informazione, "che farà immensamente piacere ai nostri corrispondenti di New York".

Se da un lato possiamo concludere che Coulter e Gwatkin erano intensamente interessati al rilascio di Trotsky, dall'altro non sappiamo perché. Nella carriera del vice direttore generale delle Poste Coulter o del maggiore generale Gwatkin non c'era molto che potesse spiegare l'impulso a rilasciare il menscevico Leon Trotsky.

Il dottor Robert Miller Coulter era un medico di genitori scozzesi e irlandesi, un liberale, un massone e un Odd Fellow. Fu nominato vice direttore generale delle poste del Canada nel 1897. La sua unica fama deriva dall'essere stato delegato alla Convenzione dell'Unione Postale Universale nel 1906 e delegato in Nuova Zelanda e Australia nel 1908 per il progetto "All Red". All Red non aveva nulla a che fare con i rivoluzionari rossi; si trattava solo di un piano per la costruzione di piroscafi veloci interamente rossi o interamente britannici tra Gran Bretagna, Canada e Australia.

Il maggiore generale Willoughby Gwatkin proveniva da una lunga tradizione militare britannica (Cambridge e poi Staff College). Specialista della mobilitazione, prestò servizio in Canada dal 1905 al 1918. Considerando solo i documenti presenti negli archivi canadesi, non possiamo che concludere che il loro intervento a favore di Trotsky è un mistero.

L'intelligence militare canadese vede Trotsky

Possiamo affrontare il caso della liberazione di Trotsky da un altro punto di vista: L'intelligence canadese. Il tenente colonnello John Bayne MacLean, un importante editore e uomo d'affari canadese, fondatore e presidente della MacLean Publishing Company di Toronto, gestiva numerose riviste commerciali canadesi, tra cui il *Financial Post*. MacLean ha anche collaborato a lungo con l'intelligence dell'esercito canadese.[22]

Nel 1918 il colonnello MacLean scrisse per la sua rivista *MacLean's* un articolo intitolato "Perché abbiamo lasciato andare Trotsky? Come il Canada ha perso l'opportunità di abbreviare la guerra".[23] L'articolo conteneva informazioni dettagliate e insolite su Leon Trotsky, anche se l'ultima metà del pezzo vaga nel vuoto, rimandando a questioni appena accennate. Abbiamo due indizi sull'autenticità delle informazioni. In primo luogo, il colonnello MacLean era un uomo integro con ottime conoscenze

---

[22] H.J. Morgan, *Canadian Men and Women of the Times*, 1912, 2 volumi (Toronto: W. Briggs, 1898-1912).

[23] Giugno 1919, pp. 66a-666. La Toronto Public Library ne possiede una copia; il numero di *MacLean's* in cui è apparso l'articolo del colonnello MacLean non è facile da trovare e di seguito viene fornito un riassunto.

nell'intelligence del governo canadese. In secondo luogo, i documenti governativi rilasciati da Canada, Gran Bretagna e Stati Uniti confermano in misura significativa le dichiarazioni di MacLean. Alcune dichiarazioni di MacLean devono ancora essere confermate, ma le informazioni disponibili all'inizio degli anni Settanta non sono necessariamente incoerenti con l'articolo del colonnello MacLean.

L'argomentazione iniziale di MacLean è che "alcuni politici o funzionari canadesi furono i principali responsabili del prolungamento della guerra [la Prima Guerra Mondiale], della grande perdita di vite umane, delle ferite e delle sofferenze dell'inverno del 1917 e delle grandi spinte del 1918".

Inoltre, afferma MacLean, queste persone (nel 1919) stavano facendo tutto il possibile per impedire al Parlamento e al popolo canadese di conoscere i fatti. I rapporti ufficiali, compresi quelli di Sir Douglas Haig, dimostrano che se non ci fosse stata la rottura russa nel 1917 la guerra sarebbe finita un anno prima e che "il principale responsabile della defezione della Russia fu Trotsky... che agì sotto le istruzioni tedesche".

Chi era Trotsky? Secondo MacLean, Trotsky non era russo, ma tedesco. Per quanto strana possa apparire questa affermazione, essa coincide con altre informazioni di intelligence: per esempio, che Trotsky parlava meglio il tedesco che il russo e che era il dirigente russo del "Black Bond" tedesco. Secondo MacLean, Trotsky nell'agosto 1914 era stato "ostentatamente" espulso da Berlino[24] ; alla fine arrivò negli Stati Uniti dove organizzò i rivoluzionari russi, così come i rivoluzionari del Canada occidentale, che "erano in gran parte tedeschi e austriaci che viaggiavano come russi". MacLean prosegue:

> *In origine i britannici scoprirono, grazie a collaboratori russi, che Kerensky,[25] Lenin e alcuni leader minori erano praticamente al soldo dei tedeschi già nel 1915 e nel*

---

[24] Si veda anche Trotsky, *La mia vita*, p. 236.

[25] Si veda l'Appendice 3.

> *1916 scoprirono i legami con Trotsky, che allora viveva a New York. Da quel momento fu tenuto sotto stretta osservazione... dagli artificieri. All'inizio del 1916 un funzionario tedesco si imbarcò per New York. Lo accompagnavano funzionari dei servizi segreti britannici. Fu trattenuto ad Halifax, ma su loro istruzione fu fatto passare con profonde scuse per il necessario ritardo. Dopo molte manovre arrivò in un piccolo e sporco ufficio di giornale nei bassifondi e lì trovò Trotsky, al quale portò importanti istruzioni. Dal giugno 1916, fino a quando non lo consegnarono agli inglesi, gli artificieri di New York non persero mai i contatti con Trotsky. Scoprirono che il suo vero nome era Braunstein e che era un tedesco, non un russo.*[26]

Tale attività tedesca nei Paesi neutrali è confermata da un rapporto del Dipartimento di Stato (316-9-764-9) che descrive l'organizzazione dei rifugiati russi per scopi rivoluzionari.

Continuando, MacLean afferma che Trotsky e quattro collaboratori salparono sulla "S.S. *Christiania"* *(sic)*, e il 3 aprile fecero rapporto al "Capitano Making" *(sic)* e furono portati via dalla nave ad Halifax sotto la direzione del tenente Jones. (In realtà un gruppo di nove persone, tra cui sei uomini, fu portato via dalla S.S. *Kristianiafjord*. Il nome dell'ufficiale di controllo navale ad Halifax era il capitano O. M. Makins, R.N. Il nome dell'ufficiale che rimosse il gruppo di Trotsky dalla nave non è presente nei documenti del governo canadese; Trotsky disse che era "Machen"). Sempre secondo MacLean, il denaro di Trotsky proveniva "da fonti tedesche a New York". Inoltre: generalmente la spiegazione fornita è che il rilascio avvenne su richiesta di Kerensky, ma mesi prima gli ufficiali britannici e un canadese in servizio in Russia, che sapeva parlare la lingua russa, avevano riferito a Londra e a Washington che

---

[26] Secondo il suo stesso racconto, Trotsky arrivò negli Stati Uniti solo nel gennaio 1917. Il vero nome di Trotsky era Bronstein; egli inventò il nome "Trotsky". "Bronstein" è tedesco e "Trotsky" è polacco piuttosto che russo. Il suo nome di battesimo è solitamente indicato come "Leon"; tuttavia, il primo libro di Trotsky, pubblicato a Ginevra, riporta l'iniziale "N", non "L".

Kerensky era al servizio della Germania.[27]

Trotsky fu rilasciato "su richiesta dell'ambasciata britannica a Washington... [che] agì su richiesta del Dipartimento di Stato americano, che agiva per conto di qualcun altro". I funzionari canadesi "furono incaricati di informare la stampa che Trotsky era un cittadino americano che viaggiava con un passaporto americano; che il suo rilascio era stato richiesto in modo particolare dal Dipartimento di Stato di Washington". Inoltre, scrive MacLean, a Ottawa "Trotsky aveva, e continua ad avere, una forte influenza sotterranea. Lì il suo potere era così grande che furono emessi ordini che dovevano essere presi in considerazione".

Il tema del reportage di MacLean è, evidentemente, che Trotsky aveva rapporti intimi con lo Stato Maggiore tedesco e probabilmente lavorava per esso. Mentre tali relazioni sono state accertate per quanto riguarda Lenin - nella misura in cui Lenin fu sovvenzionato e il suo ritorno in Russia facilitato dai tedeschi - sembra certo che Trotsky sia stato aiutato in modo simile. Il fondo di 10.000 dollari di Trotsky a New York proveniva da fonti tedesche e un documento recentemente declassificato negli archivi del Dipartimento di Stato americano recita quanto segue:

> *9 marzo 1918 a: Console americano, Vladivostok da Polk, Segretario di Stato ad interim, Washington D.C.*
> *Per informazioni riservate e pronta attenzione: Di seguito è riportata la sostanza del messaggio del 12 gennaio di Von Schanz della Banca Imperiale Tedesca a Trotsky, che cita la Banca Imperiale Consenziente allo stanziamento dal credito dello Stato Maggiore di cinque milioni di rubli per l'invio dell'assistente capo della marina Kudrisheff in Estremo Oriente.*

Questo messaggio suggerisce un collegamento tra Trotsky e i tedeschi di nel gennaio 1918, quando Trotsky proponeva un'alleanza con l'Occidente. Il Dipartimento di Stato non fornisce

---

[27] Si veda l'Appendice 3; questo documento è stato ottenuto nel 1971 dal Ministero degli Esteri britannico, ma a quanto pare era noto a MacLean.

la provenienza del telegramma, ma si limita a dire che esso proveniva dal War College Staff. Il Dipartimento di Stato ha trattato il messaggio come autentico e ha agito sulla base della presunta autenticità. È coerente con il tema generale dell'articolo del colonnello MacLean.

Le intenzioni e gli obiettivi di Trotsky

Di conseguenza, possiamo ricavare la seguente sequenza di eventi: Trotsky viaggiò da New York a Pietrogrado con un passaporto fornito dall'intervento di Woodrow Wilson e con l'intenzione dichiarata di "portare avanti" la rivoluzione. Il governo britannico fu la fonte immediata del rilascio di Trotsky dalla custodia canadese nell'aprile 1917, ma è possibile che vi siano state "pressioni". Lincoln Steffens, un comunista americano, fece da tramite tra Wilson e Charles R. Crane e tra Crane e Trotsky. Inoltre, sebbene Crane non avesse una posizione ufficiale, suo figlio Richard era assistente confidenziale del Segretario di Stato Robert Lansing e Crane senior riceveva rapporti tempestivi e dettagliati sui progressi della rivoluzione bolscevica. Inoltre, l'ambasciatore William Dodd (ambasciatore degli Stati Uniti in Germania nell'era hitleriana) ha affermato che Crane ebbe un ruolo attivo nella fase Kerenskiana della rivoluzione; le lettere di Steffens confermano che Crane vedeva la fase Kerenskiana solo come una tappa di una rivoluzione continua.

Il punto interessante, tuttavia, non è tanto la comunicazione tra persone diverse come Crane, Steffens, Trotsky e Woodrow Wilson, quanto l'esistenza di un accordo almeno parziale sulla procedura da seguire: il governo provvisorio era visto come "provvisorio" e la "ri-rivoluzione" doveva seguire.

Dall'altro lato della medaglia, l'interpretazione delle intenzioni di Trotsky deve essere cauta: egli era abile nel doppio gioco. La documentazione ufficiale dimostra chiaramente azioni contraddittorie. Ad esempio, la Divisione degli Affari dell'Estremo Oriente del Dipartimento di Stato americano ricevette il 23 marzo 1918 due rapporti di Trotsky, uno dei quali è incoerente con l'altro. Un rapporto, datato 20 marzo e proveniente da Mosca, è stato pubblicato dal giornale russo *Russkoe Slovo*. Il rapporto citava un'intervista a Trotsky in cui questi affermava che qualsiasi alleanza con gli Stati Uniti era impossibile:

> *La Russia dei Soviet non può allinearsi... con l'America capitalistica perché questo sarebbe un tradimento È possibile che gli americani cerchino un tale avvicinamento con noi, spinti dal loro antagonismo verso il Giappone, ma in ogni caso non si può parlare di un'alleanza da parte nostra di qualsiasi natura con una nazione borghese.*[28]

L'altro rapporto, anch'esso proveniente da Mosca, è un messaggio datato 17 marzo 1918, tre giorni prima, e proveniente dall'ambasciatore Francis: "Trotsky richiede cinque ufficiali americani come ispettori dell'esercito che si sta organizzando per la difesa; richiede anche uomini e attrezzature per le ferrovie".[29]

Questa richiesta agli Stati Uniti è ovviamente incompatibile con il rifiuto di una "alleanza".

Prima di lasciare Trotsky, è opportuno fare un accenno ai processi staliniani degli anni Trenta e, in particolare, alle accuse e al processo del 1938 contro il "blocco antisovietico di destri e trotskisti". Queste parodie forzate del processo giudiziario, quasi unanimemente respinte in Occidente, possono gettare luce sulle intenzioni di Trotsky.

Il nocciolo dell'accusa staliniana era che i trotskisti erano agenti pagati dal capitalismo internazionale. K. G. Rakovsky, uno degli imputati del 1938, disse, o fu indotto a dire: "Siamo stati l'avanguardia dell'aggressione straniera, del fascismo internazionale, e non solo in URSS ma anche in Spagna, in Cina, in tutto il mondo". La sintesi del "tribunale" contiene l'affermazione: "Non c'è un solo uomo al mondo che abbia portato così tanto dolore e disgrazia alla gente come Trotsky. È il più vile agente del

---

[28] Fascicolo decimale del Dipartimento di Stato degli Stati Uniti, 861.00/1351.

[29] Fascicolo decimale del Dipartimento di Stato degli Stati Uniti, 861.00/1341.

fascismo...".[30]

Ora, se da un lato questi non sono altro che insulti verbali che si scambiavano abitualmente tra i comunisti internazionali degli anni Trenta e Quaranta, dall'altro è da notare che i fili conduttori dell'autoaccusa sono coerenti con le prove raccolte in questo capitolo. Inoltre, come vedremo in seguito, Trotsky fu in grado di generare sostegno tra i capitalisti internazionali, che, per inciso, erano anche sostenitori di Mussolini e Hitler.[31]

Finché vediamo tutti i rivoluzionari internazionali e tutti i capitalisti internazionali come nemici implacabili l'uno dell'altro, ci sfugge un punto cruciale: che c'è stata effettivamente una certa cooperazione operativa tra i capitalisti internazionali, compresi i fascisti. E non c'è alcuna ragione a priori per cui dovremmo rifiutare Trotsky come parte di questa alleanza.

Questa rivalutazione provvisoria e limitata sarà messa a fuoco quando esamineremo la storia di Michael Gruzenberg, il principale agente bolscevico in Scandinavia che, sotto lo pseudonimo di Alexander Gumberg, era anche un consulente confidenziale della Chase National Bank di New York e successivamente di Floyd Odium della Atlas Corporation. Questo doppio ruolo era noto e accettato sia dai sovietici che dai suoi datori di lavoro americani. La storia di Gruzenberg è un caso di rivoluzione internazionale alleata del capitalismo internazionale.

Le osservazioni del colonnello MacLean, secondo cui Trotsky aveva "una forte influenza sotterranea" e che il suo "potere era così grande che fu impartito l'ordine di tenerlo in considerazione", non sono affatto incoerenti con l'intervento di Coulter-Gwatkin a favore di Trotsky o, se è per questo, con gli eventi successivi, le accuse staliniste nei processi farsa trotskisti degli anni Trenta. Né sono incoerenti con il caso Gruzenberg. D'altra parte, l'unico legame

---

[30] *Relazione dei procedimenti giudiziari nel caso del "blocco di destri e trotzkisti" antisovietici*, esaminati dal collegio militare della Corte Suprema dell'URSS (Mosca: Commissariato del Popolo per la Giustizia dell'URSS, 1938), p. 293.

[31] Vedi: Thomas Lamont dei Morgan fu un primo sostenitore di Mussolini.

diretto noto tra Trotsky e le banche internazionali è quello con il cugino Abram Givatovzo, che era un banchiere privato a Kiev prima della Rivoluzione russa e a Stoccolma dopo la rivoluzione. Pur professandosi antibolscevico, Givatovzo agì in realtà per conto dei Soviet nel 1918 nelle transazioni valutarie.

È possibile che da questi eventi nasca una rete internazionale? In primo luogo c'è Trotsky, un rivoluzionario russo internazionalista con legami con la Germania, che suscita l'assistenza di due presunti sostenitori del governo del principe Lvov in Russia (Aleinikoff e Wolf, russi residenti a New York). Questi due suscitano l'azione di un vice direttore generale delle poste canadese liberale, che a sua volta intercede presso un importante maggiore generale dell'esercito britannico nello staff militare canadese. Sono tutti collegamenti verificabili.

In breve, le alleanze possono non essere sempre come vengono chiamate o appaiono. Possiamo tuttavia *ipotizzare* che Trotsky, Aleinikoff, Wolf, Coulter e Gwatkin, agendo per un obiettivo comune limitato, avessero anche un obiettivo comune più alto della fedeltà nazionale o dell'etichetta politica. Per sottolineare che non esiste una prova assoluta che sia così. Si tratta, al momento, solo di una supposizione logica basata sui fatti. Una lealtà superiore a quella forgiata da un obiettivo immediato comune non doveva essere altro che quella dell'amicizia, anche se questo sforza l'immaginazione quando pensiamo a una combinazione così poliglotta. Potrebbe anche essere stata promossa da altre motivazioni. Il quadro è ancora incompleto.

Capitolo III

Lenin e l'assistenza tedesca alla rivoluzione bolscevica

> *Solo quando i bolscevichi ricevettero da noi un flusso costante di fondi attraverso vari canali e sotto varie etichette, furono in grado di costruire il loro organo principale, la Pravda, di condurre una propaganda energica e di estendere sensibilmente la base originariamente ristretta del loro partito.*
>
> Von Kühlmann, Ministro degli Affari Esteri,
> al Kaiser, 3 dicembre 1917

Nell'aprile del 1917 Lenin e un gruppo di 32 rivoluzionari russi, per lo più bolscevichi, viaggiarono in treno dalla Svizzera attraverso la Germania e la Svezia fino a Pietrogrado, in Russia. Erano in viaggio per raggiungere Leon Trotsky e "completare la rivoluzione". Il loro transito attraverso la Germania fu approvato, facilitato e finanziato dallo Stato Maggiore tedesco. Il transito di Lenin in Russia faceva parte di un piano approvato dal Comando supremo tedesco, a quanto pare non immediatamente noto al kaiser, per contribuire alla disintegrazione dell'esercito russo ed eliminare così la Russia dalla Prima Guerra Mondiale. Lo Stato Maggiore tedesco non si rese conto della possibilità che i bolscevichi potessero essere rivolti contro la Germania e l'Europa. Il maggiore generale Hoffman ha scritto: "Non sapevamo né prevedevamo il pericolo per l'umanità derivante dalle conseguenze di questo viaggio dei bolscevichi in Russia".[32]

---

[32] Max Hoffman, *War Diaries and Other Papers* (Londra: M. Secker, 1929),

Ai massimi livelli, il funzionario politico tedesco che approvò il viaggio di Lenin in Russia fu il cancelliere Theobald von Bethmann-Hollweg, discendente della famiglia di banchieri Bethmann di Francoforte, che aveva raggiunto una grande prosperità nel XIX secolo. Nominato cancelliere nel 1909, nel novembre 1913 Bethmann-Hollweg fu oggetto del primo voto di censura mai espresso dal Reichstag tedesco nei confronti di un cancelliere. Fu Bethmann-Hollweg che nel 1914 disse al mondo che la garanzia tedesca al Belgio era un mero "pezzo di carta". Tuttavia, su altre questioni belliche - come l'uso della guerra sottomarina senza restrizioni - Bethmann-Hollweg era ambivalente; nel gennaio 1917 disse al kaiser: "Non posso dare a Vostra Maestà né il mio assenso alla guerra sottomarina senza restrizioni né il mio rifiuto". Nel 1917 Bethmann-Hollweg perse il sostegno del Reichstag e si dimise, ma non prima di aver approvato il transito dei rivoluzionari bolscevichi in Russia. Le istruzioni per il transito da Bethmann-Hollweg passarono attraverso il segretario di Stato Arthur Zimmermann - che era immediatamente alle dipendenze di Bethmann-Hollweg e che gestiva i dettagli operativi quotidiani con i ministri tedeschi sia a Berna che a Copenaghen - al ministro tedesco a Berna all'inizio di aprile 1917. Il kaiser stesso venne a conoscenza del movimento rivoluzionario solo dopo il passaggio di Lenin in Russia.

Sebbene Lenin stesso non conoscesse la fonte precisa dell'assistenza, sapeva certamente che il governo tedesco forniva alcuni finanziamenti. Esistevano tuttavia legami intermedi tra il ministero degli Esteri tedesco e Lenin, come dimostra quanto segue:

IL TRASFERIMENTO DI LENIN IN RUSSIA NELL'APRILE 1917

Decisione finale	BETHMANN-HOLLWEG
	(Cancelliere)
Intermediario I	ARTHUR ZIMMERMANN
	(Segretario di Stato)

2:177.

Intermediario II	BROCKDORFF-RANTZAU
	(Ministro tedesco a Copenaghen)
Intermediario III	ALESSANDRO ISRAELE
	HELPHAND
	(alias PARVUS)
Intermediario IV	JACOB FURSTENBERG
	(alias GANETSKY)
	LENIN, in Svizzera

Da Berlino Zimmermann e Bethmann-Hollweg comunicarono con il ministro tedesco a Copenaghen, Brockdorff-Rantzau. A sua volta, Brockdorff-Rantzau era in contatto con Alexander Israel Helphand (più comunemente noto con lo pseudonimo di Parvus), che si trovava a Copenaghen.[33] Parvus era il collegamento con Jacob Furstenberg, un polacco discendente da una ricca famiglia ma meglio conosciuto con lo pseudonimo di Ganetsky. E Jacob Furstenberg era il collegamento immediato con Lenin.

Sebbene il cancelliere Bethmann-Hollweg fosse l'autorità finale per il trasferimento di Lenin e sebbene Lenin fosse probabilmente consapevole dell'origine tedesca dell'assistenza, Lenin non può essere definito un agente tedesco. Il Ministero degli Esteri tedesco valutò le probabili azioni di Lenin in Russia come coerenti con i propri obiettivi di dissoluzione della struttura di potere esistente in Russia. Tuttavia, entrambe le parti avevano anche obiettivi nascosti: La Germania voleva un accesso prioritario ai mercati russi del dopoguerra e Lenin intendeva instaurare una dittatura marxista.

L'idea di utilizzare i rivoluzionari russi in questo modo può essere fatta risalire al 1915. Il 14 agosto di quell'anno, Brockdorff-Rantzau scrisse al sottosegretario di Stato tedesco di una conversazione con Helphand (Parvus), e raccomandò vivamente di impiegare

---

[33] Z. A. B. Zeman e W. B. Scharlau, *Il mercante della rivoluzione... The Life of Alexander Israel Helphand* (Parvus), 1867-1924 (New York: Oxford University Press, 1965).

Helphand, *"un* uomo straordinariamente importante, i cui poteri insoliti ritengo *si debbano* impiegare per tutta la durata della guerra...". "[34] Il rapporto includeva un avvertimento: *"Potrebbe forse essere* rischioso voler utilizzare i poteri che si celano dietro Helphand, ma sarebbe certamente un'ammissione della nostra debolezza se dovessimo rifiutare i loro servizi per paura di non essere in grado di *dirigerli"*.[35]

Le idee di Brockdorff-Rantzau di dirigere o controllare i rivoluzionari sono parallele, come vedremo, a quelle dei finanzieri di Wall Street. Furono J.P. Morgan e l'American International Corporation a tentare di controllare i rivoluzionari nazionali e stranieri negli Stati Uniti per i loro scopi.

Un successivo documento[36] illustrava i termini richiesti da Lenin, tra i quali il più interessante era il punto numero sette, che consentiva "alle truppe russe di spostarsi in India"; ciò suggeriva che Lenin intendeva continuare il programma espansionistico zarista. Zeman registra anche il ruolo di Max Warburg nella creazione di una casa editrice russa e dà notizia di un accordo del 12 agosto 1916, in cui l'industriale tedesco Stinnes accettava di contribuire con due milioni di rubli al finanziamento di una casa editrice in Russia.[37]

Di conseguenza, il 16 aprile 1917, un treno di trentadue persone, tra cui Lenin, sua moglie Nadezhda Krupskaya, Grigori Zinoviev, Sokolnikov e Karl Radek, lasciò la Stazione Centrale di Berna diretto a Stoccolma. Quando il gruppo raggiunse la frontiera russa, solo a Fritz Plattan e Radek fu negato l'ingresso in Russia. Il resto del gruppo fu autorizzato a entrare. Alcuni mesi dopo furono seguiti da quasi 200 menscevichi, tra cui Martov e Axelrod.

---

[34] Z. A. B. Zeman, *Germany and the Revolution in Russia*, 1915-1918. Documents from the Archives of the German Foreign Ministry (Londra: Oxford University Press, 1958).

[35] Ibid.

[36] Ibidem, p. 6, doc. 6, che riporta una conversazione con l'intermediario fstoniano Keskula.

[37] Ibidem, p. 92, n. 3.

Vale la pena notare che anche Trotsky, all'epoca a New York, disponeva di fondi riconducibili a fonti tedesche. Inoltre, Von Kuhlmann allude all'incapacità di Lenin di allargare la base del suo partito bolscevico finché i tedeschi non fornissero fondi. Trotsky era un menscevico che divenne bolscevico solo nel 1917. Ciò suggerisce che i fondi tedeschi erano forse legati al cambiamento di etichetta del partito di Trotsky.

I documenti Sisson

All'inizio del 1918 Edgar Sisson, rappresentante a Pietrogrado del Comitato statunitense per l'informazione pubblica, acquistò una serie di documenti russi che sostenevano che Trotsky, Lenin e gli altri rivoluzionari bolscevichi non solo erano al soldo, ma anche agenti del governo tedesco.

Questi documenti, in seguito soprannominati "Documenti Sisson", furono spediti negli Stati Uniti in gran fretta e in segreto. A Washington, D.C., furono sottoposti al National Board for Historical Service per l'autenticazione. Due storici di spicco, J. Franklin Jameson e Samuel N. Harper, testimoniarono la loro autenticità. Questi storici hanno diviso i documenti di Sisson in tre gruppi. Per quanto riguarda il Gruppo I, hanno concluso che:

> *Li abbiamo sottoposti con grande cura a tutti i test applicabili a cui gli studenti di storia sono abituati e... sulla base di queste indagini, non esitiamo a dichiarare che non vediamo alcuna ragione per dubitare della genuinità o dell'autenticità di questi cinquantatré documenti.*[38]

Gli storici erano meno fiduciosi sul materiale del gruppo II. Questo gruppo non è stato respinto come vero e proprio falso, ma è stato suggerito che si trattava di copie di documenti originali. Sebbene gli storici non abbiano fatto "alcuna dichiarazione sicura" sul Gruppo

---

[38] U.S., Committee on Public Information, *The German-Bolshevik Conspiracy*, War Information Series, n. 20, ottobre 1918.

III, non erano disposti a rifiutare i documenti come veri e propri falsi.

I documenti Sisson furono pubblicati dal Comitato per l'Informazione Pubblica, il cui presidente era George Creel, ex collaboratore del giornale pro-bolscevico *Masses*. La stampa americana in generale accettò i documenti come autentici. L'eccezione degna di nota fu il *New York Evening Post*, all'epoca di proprietà di Thomas W. Lamont, socio della Morgan. Quando furono pubblicate solo alcune puntate, il *Post* contestò l'autenticità di tutti i documenti.[39]

Oggi sappiamo che i Documenti Sisson erano quasi tutti falsi: solo una o due delle circolari tedesche minori erano autentiche. Anche l'esame casuale della carta intestata tedesca suggerisce che si trattava di falsari insolitamente poco attenti, che forse lavoravano per il credulone mercato americano. Il testo tedesco era disseminato di termini che rasentavano il ridicolo: ad esempio, *Bureau* al posto della parola tedesca *Büro*; *Central* per il tedesco *Zentral*; ecc.

Che i documenti siano falsi è la conclusione di uno studio esaustivo di George Kennan[40] e di studi effettuati negli anni Venti dal governo britannico. Alcuni documenti si basavano su informazioni autentiche e, come osserva Kennan, coloro che li hanno falsificati avevano certamente accesso a informazioni insolitamente valide. Ad esempio, i documenti 1, 54, 61 e 67 riportano che la Nya Banken di Stoccolma fungeva da tramite per i fondi bolscevichi provenienti dalla Germania. Questo canale è stato confermato da fonti più affidabili. I documenti 54, 63 e 64 menzionano Furstenberg come banchiere-intermediario tra i tedeschi e i bolscevichi; il nome di Furstenberg appare altrove in documenti autentici. Il documento 54 di Sisson menziona Olof Aschberg, che secondo le sue stesse dichiarazioni era il "banchiere bolscevico". Aschberg nel 1917 era il direttore della Nya Banken. Altri documenti della serie Sisson

---

[39] *New York Evening Post*, 16-18 e 21 settembre; 4 ottobre 1918. È inoltre interessante, ma non conclusivo, che anche i bolscevichi abbiano messo in dubbio l'autenticità dei documenti.

[40] George F. Kennan, "I documenti Sisson", *Journal of Modern History* 27-28 (1955-56): 130-154.

elencano nomi e istituzioni, come la German Naptha-Industrial Bank, la Disconto Gesellschaft e Max Warburg, il banchiere di Amburgo, ma le prove concrete sono più elusive. In generale, i Documenti Sisson, pur essendo dei veri e propri falsi, si basano in parte su informazioni generalmente autentiche.

Un aspetto sconcertante, alla luce della storia raccontata in questo libro, è che i documenti arrivarono a Edgar Sisson da Alexander Gumberg (alias Berg, vero nome Michael Gruzenberg), agente bolscevico in Scandinavia e successivamente assistente confidenziale della Chase National Bank e di Floyd Odium della Atlas Corporation. I bolscevichi, d'altra parte, ripudiarono strenuamente il materiale di Sisson. Così come John Reed, rappresentante americano nell'esecutivo della Terza Internazionale, il cui stipendio proveniva dalla rivista *Metropolitan*, di proprietà della J.P. Morgan.[41] Così come Thomas Lamont, il socio di Morgan che possedeva il *New York Evening Post*. Ci sono diverse spiegazioni possibili. Probabilmente i collegamenti tra gli interessi di Morgan a New York e agenti come John Reed e Alexander Gumberg erano molto flessibili. *Potrebbe* essersi trattato di una manovra di Gumberg per screditare Sisson e Creel, mettendo in piedi documenti falsi; o forse Gumberg stava lavorando nel suo stesso interesse.

I Documenti Sisson "provano" il coinvolgimento esclusivo della Germania con i bolscevichi. Sono stati anche utilizzati per "dimostrare" una teoria del complotto ebraico-bolscevico sulla falsariga dei Protocolli di Sion. Nel 1918 il governo degli Stati Uniti voleva unire l'opinione pubblica americana a sostegno di una guerra impopolare contro la Germania e i Documenti Sisson "dimostrarono" drammaticamente l'esclusiva complicità della Germania con i bolscevichi. I documenti fornirono anche una cortina fumogena contro la conoscenza pubblica degli eventi che verranno descritti in questo libro.

---

[41] John Reed, *The Sisson Documents* (New York: Liberator Publishing, n.d.).

Il braccio di ferro a Washington[42]

Un esame dei documenti contenuti nel Decimal File del Dipartimento di Stato suggerisce che il Dipartimento di Stato e l'ambasciatore Francis a Pietrogrado erano abbastanza ben informati sulle intenzioni e sui progressi del movimento bolscevico. Nell'estate del 1917, ad esempio, il Dipartimento di Stato voleva bloccare la partenza dagli Stati Uniti di "persone dannose" (cioè i rivoluzionari russi di ritorno), ma non era in grado di farlo perché utilizzavano nuovi passaporti russi e americani. I preparativi per la Rivoluzione bolscevica erano ben noti almeno sei settimane prima della sua realizzazione. Un rapporto nei file del Dipartimento di Stato afferma, a proposito delle forze di Kerensky, che era "dubbio se governo... [possa] sopprimere l'epidemia". La disgregazione del governo Kerensky fu segnalata per tutto settembre e ottobre, così come i preparativi bolscevichi per un colpo di stato. Il governo britannico avvertì i residenti britannici in Russia di partire almeno sei settimane prima della fase bolscevica della rivoluzione.

Il primo rapporto completo sugli eventi di inizio novembre giunse a Washington il 9 dicembre 1917. Questo rapporto descriveva la natura poco visibile della rivoluzione stessa, menzionava che il generale William V. Judson aveva fatto una visita non autorizzata a Trotsky e segnalava la presenza di tedeschi a Smolny, il quartier generale sovietico.

Il 28 novembre 1917, il presidente Woodrow Wilson ordinò di non interferire con la rivoluzione bolscevica. Questa istruzione era apparentemente in risposta alla richiesta dell'ambasciatore Francis di una conferenza alleata, alla quale la Gran Bretagna aveva già acconsentito. Il Dipartimento di Stato sostenne che tale conferenza era impraticabile. A Parigi ci furono discussioni tra gli Alleati e il colonnello Edward M. House, che le riferì a Woodrow Wilson come "lunghe e frequenti discussioni sulla Russia". In merito a tale conferenza, House dichiarò che l'Inghilterra era "passivamente

---

[42] Questa parte si basa sulla sezione 861.00 dell'U.S. State Dept. Decimal File, disponibile anche nei rotoli 10 e 11 della microcopia 316 dell'Archivio Nazionale.

disposta", la Francia "indifferentemente contraria" e l'Italia "attivamente contraria". Woodrow Wilson, poco dopo, approvò un cablogramma scritto dal Segretario di Stato Robert Lansing, che forniva assistenza finanziaria al movimento di Kaledin (12 dicembre 1917). A Washington giungevano anche voci secondo cui "i monarchici lavorano con i bolscevichi e sono sostenuti da vari eventi e circostanze"; che il governo Smolny era assolutamente sotto il controllo dello Stato Maggiore tedesco; e altre voci secondo cui "molti o la maggior parte di loro [cioè i bolscevichi] vengono dall'America".

A dicembre, il generale Judson visitò nuovamente Trotsky; questo fu considerato un passo verso il riconoscimento da parte degli Stati Uniti, anche se un rapporto datato 5 febbraio 1918, dell'ambasciatore Francis a Washington, raccomandava di non riconoscerlo. Un memorandum di Basil Miles a Washington sosteneva che "dovremmo trattare con tutte le autorità russe, compresi i bolscevichi". Il 15 febbraio 1918, il Dipartimento di Stato inviò una lettera all'ambasciatore Francis a Pietrogrado, in cui si affermava che "il Dipartimento desidera che lei mantenga gradualmente contatti più stretti e informali con le autorità bolsceviche, utilizzando canali tali da evitare qualsiasi riconoscimento ufficiale".

Il giorno successivo il Segretario di Stato Lansing comunicò quanto segue all'ambasciatore francese J. J. Jusserand a Washington: "Si ritiene sconsigliabile intraprendere qualsiasi azione che possa inimicarsi in questo momento qualcuno dei vari elementi del popolo che ora controllano il potere in Russia...".[43]

Il 20 febbraio, l'ambasciatore Francis comunicò a Washington l'avvicinarsi della fine del governo bolscevico. Due settimane dopo, il 7 marzo 1918, Arthur Bullard riferì al Colonnello House che il denaro tedesco stava sovvenzionando i bolscevichi e che questa sovvenzione era più consistente di quanto si pensasse. Arthur Bullard (del Comitato statunitense per l'informazione pubblica) sostenne che: "Dovremmo essere pronti ad aiutare qualsiasi governo

---

[43] U.S. State Dept. Decimal File, 861.00/1117a. Lo stesso messaggio è stato trasmesso all'ambasciatore italiano.

nazionale onesto. Ma gli uomini o il denaro o le attrezzature inviati agli attuali governanti della Russia saranno usati contro i russi almeno quanto contro i tedeschi".[44]

A questo è seguito un altro messaggio di Bullard al colonnello House: "Sconsiglio vivamente di fornire aiuti materiali all'attuale governo russo. Sembra che elementi sinistri in seno ai sovietici stiano acquisendo il controllo".

Ma c'erano influenti controforze all'opera. Già il 28 novembre 1917, il colonnello House comunicò da Parigi al presidente Woodrow Wilson che era "estremamente importante" che i commenti dei giornali statunitensi che sostenevano che "la Russia dovrebbe essere trattata come un nemico" fossero "soppressi". Il mese successivo William Franklin Sands, segretario esecutivo dell'American International Corporation controllata da Morgan e amico del già citato Basil Miles, presentò un memorandum che descriveva Lenin e Trotsky come un appello alle masse e che esortava gli Stati Uniti a riconoscere la Russia. Anche il socialista americano Walling si lamentò con il Dipartimento di Stato dell'atteggiamento filo-sovietico di George Creel (del Comitato statunitense per la pubblica informazione), Herbert Swope e William Boyce Thompson (della Federal Reserve Bank di New York).

Il 17 dicembre 1917, su un giornale moscovita apparve un attacco al colonnello della Croce Rossa Raymond Robins e a Thompson, sostenendo un legame tra la Rivoluzione russa e i banchieri americani:

> *Perché sono così interessati all'illuminismo? Perché il denaro è stato dato ai socialisti rivoluzionari e non ai democratici costituzionali? Si potrebbe supporre che questi ultimi siano più vicini e cari ai cuori dei banchieri.*

L'articolo prosegue sostenendo che ciò avvenne perché il capitale americano vedeva la Russia come un mercato futuro e quindi voleva

---

[44] Si vedano i documenti di Arthur Bullard presso l'Università di Princeton.

ottenere un punto d'appoggio solido. Il denaro fu dato ai rivoluzionari perché i lavoratori e i contadini arretrati si fidano dei social-rivoluzionari. Al momento dell'approvazione del denaro, i social-rivoluzionari erano al potere e si pensava che avrebbero mantenuto il controllo della Russia per qualche tempo.

Un altro rapporto, datato 12 dicembre 1917 e relativo a Raymond Robins, descrive una "negoziazione con un gruppo di banchieri americani della missione della Croce Rossa americana"; la "negoziazione" riguardava un pagamento di due milioni di dollari. Il 22 gennaio 1918, Robert L. Owen, presidente della Commissione bancaria e valutaria del Senato degli Stati Uniti e legato agli interessi di Wall Street, inviò una lettera a Woodrow Wilson raccomandando il riconoscimento de facto della Russia, l'autorizzazione per un carico di merci urgentemente necessarie in Russia, la nomina di rappresentanti in Russia per controbilanciare l'influenza tedesca e l'istituzione di un gruppo di servizio in Russia.

Questo approccio fu costantemente sostenuto da Raymond Robins in Russia. Ad esempio, il 15 febbraio 1918, un cablogramma inviato da Robins a Pietrogrado a Davison della Croce Rossa a Washington (e da inoltrare a William Boyce Thompson) sosteneva che bisognava sostenere l'autorità bolscevica il più a lungo possibile e che la nuova Russia rivoluzionaria si sarebbe rivolta agli Stati Uniti dopo aver "rotto con l'imperialismo tedesco". Secondo Robins, i bolscevichi volevano l'assistenza e la cooperazione degli Stati Uniti insieme alla riorganizzazione delle ferrovie, perché "con una generosa assistenza e consulenza tecnica nella riorganizzazione del commercio e dell'industria l'America potrebbe escludere completamente il commercio tedesco durante l'equilibrio della guerra".

In breve, il braccio di ferro a Washington rifletteva una lotta tra, da un lato, i diplomatici di vecchia data (come l'ambasciatore Francis) e i funzionari dei dipartimenti di livello inferiore e, dall'altro, i finanzieri come Robins, Thompson e Sands con alleati come Lansing e Miles al Dipartimento di Stato e il senatore Owen al Congresso.

Capitolo IV

Wall Street e la rivoluzione mondiale

> *Ciò su cui voi radicali e noi che abbiamo opinioni opposte differiamo non è tanto il fine quanto i mezzi, non tanto ciò che dovrebbe essere realizzato quanto il modo in cui dovrebbe, e può, essere realizzato...*
>
> Otto H. Kahn, direttore dell'American International Corp. e socio della Kuhn, Loeb & Co. parla alla League/or Industrial Democracy, New York, 30 dicembre 1924.

Prima della Prima guerra mondiale, la struttura finanziaria e commerciale degli Stati Uniti era dominata da due conglomerati: Standard Oil, o impresa Rockefeller, e il complesso di industrie Morgan - società finanziarie e di trasporto. Le alleanze fiduciarie di Rockefeller e Morgan dominavano non solo Wall Street, ma, grazie a rapporti di amministrazione incrociati, quasi l'intero tessuto economico degli Stati Uniti.[45] Gli interessi di Rockefeller monopolizzavano il petrolio e le industrie collegate, controllavano il trust del rame, il trust delle fonderie e il gigantesco trust del tabacco, oltre ad avere influenza su alcune proprietà di Morgan, come la U.S. Steel Corporation, e su centinaia di trust industriali più piccoli, operazioni di servizio pubblico, ferrovie e istituzioni bancarie. La National City Bank era la più grande delle banche influenzate dalla Standard Oil-Rockefeller, ma il controllo finanziario si estendeva anche alla United States Trust Company e alla Hanover National Bank, oltre che alle principali compagnie di

---

[45] John Moody, *The Truth about the Trusts* (New York: Moody Publishing, 1904).

assicurazione sulla vita - Equitable Life e Mutual of New York.

Le grandi imprese di Morgan riguardavano l'acciaio, il trasporto marittimo e l'industria elettrica, oltre alla General Electric, al fondo di gomma e alle ferrovie. Come Rockefeller, Morgan controllava società finanziarie: la National Bank of Commerce e la Chase National Bank, la New York Life Insurance e la Guaranty Trust Company. I nomi di J.P. Morgan e Guaranty Trust Company ricorrono ripetutamente in questo libro. All'inizio del XX secolo la Guaranty Trust Company era dominata dagli interessi degli Harriman. Quando l'anziano Harriman (Edward Henry) morì nel 1909, Morgan e i suoi soci acquistarono la Guaranty Trust e le società Mutual Life e New York Life. Nel 1919 Morgan acquistò anche il controllo di Equitable Life e la Guaranty Trust Company assorbì altre sei società fiduciarie minori. Pertanto, alla fine della Prima Guerra Mondiale, Guaranty Trust e Bankers Trust erano rispettivamente la prima e la seconda società fiduciaria degli Stati Uniti, entrambe dominate dagli interessi di Morgan.[46]

I finanzieri americani associati a questi gruppi erano coinvolti nel finanziamento della rivoluzione già prima del 1917. L'intervento dello studio legale di Wall Street Sullivan & Cromwell nella controversia sul Canale di Panama è registrato nelle audizioni del Congresso del 1913. L'episodio è riassunto dal deputato Rainey:

> *Ritengo che i rappresentanti di questo governo [Stati Uniti] abbiano reso possibile la rivoluzione sull'istmo di Panama. Se non ci fosse stata l'interferenza di questo governo, non si sarebbe potuta verificare una rivoluzione di successo, e sostengo che questo governo abbia violato il trattato del 1846. Sarò in grado di produrre prove per dimostrare che la dichiarazione di indipendenza promulgata a Panama il 3 novembre 1903 è stata preparata proprio qui a New York e portata laggiù,*

---

[46] La J. P. Morgan Company fu originariamente fondata a Londra come George Peabody and Co. nel 1838. Fu costituita solo il 21 marzo 1940. La società ha cessato di esistere nell'aprile del 1954, quando si è fusa con la Guaranty Trust Company, allora la sua più importante filiale bancaria commerciale, ed è oggi conosciuta come Morgan Guarantee Trust Company of New York.

nell'ufficio di Wilson (sic) Nelson Cromwell.[47]

Il deputato Rainey ha poi affermato che solo dieci o dodici dei principali rivoluzionari panamensi, più "gli ufficiali della Panama Railroad & Steamship Co. che erano sotto il controllo di William Nelson Cromwell, di New York, e i funzionari del Dipartimento di Stato a Washington", erano a conoscenza dell'imminente rivoluzione.[48] Lo scopo della rivoluzione era quello di privare la Colombia, di cui Panama faceva allora parte, di 40 milioni di dollari e di acquisire il controllo del Canale di Panama.

L'esempio meglio documentato dell'intervento di Wall Street nelle rivoluzioni è l'operazione di un sindacato di New York nella rivoluzione cinese del 1912, guidata da Sun Yat-sen. Sebbene i guadagni finali del sindacato rimangano poco chiari, le intenzioni e il ruolo del gruppo di finanziatori newyorkesi sono pienamente documentati, con tanto di somme di denaro, informazioni sulle società segrete cinesi affiliate e liste di spedizione degli armamenti da acquistare. Il sindacato di banchieri di New York per la rivoluzione di Sun Yat- sen comprendeva Charles B. Hill, un avvocato dello studio legale Hunt, Hill & Betts. Nel 1912 lo studio si trovava al 165 di Broadway, a New York, ma nel 1917 si trasferì al 120 di Broadway (si veda il capitolo otto per il significato di questo indirizzo). Charles B. Hill era direttore di diverse società controllate da Westinghouse, tra cui Bryant Electric, Perkins Electric Switch e Westinghouse Lamp, tutte affiliate a Westinghouse Electric, la cui sede di New York si trovava anch'essa al 120 di Broadway. Charles R. Crane, organizzatore delle filiali Westinghouse in Russia, ebbe un ruolo noto nella prima e seconda fase della Rivoluzione bolscevica (vedi pagina 26).

Il lavoro del sindacato Hill del 1910 in Cina è documentato nei Laurence Boothe Papers della Hoover Institution.[49] Questi

---

[47] Stati Uniti, Camera, Commissione per gli Affari Esteri, *The Story of Panama*, Hearings on the Rainey Resolution, 1913. p. 53.

[48] Ibidem, p. 60.

[49] Stanford, California. Si veda anche il *Los Angeles Times* del 13 ottobre 1966.

documenti contengono oltre 110 articoli correlati, tra cui lettere di Sun Yat-sen a e dai suoi finanziatori americani. In cambio del sostegno finanziario, Sun Yat-sen promise al sindacato Hill concessioni ferroviarie, bancarie e commerciali nella nuova Cina rivoluzionaria.

Un altro caso di rivoluzione sostenuta dalle istituzioni finanziarie newyorchesi riguardava il Messico nel 1915-16. Von Rintelen, un agente di spionaggio tedesco negli Stati Uniti[50], fu accusato durante il processo del maggio 1917 a New York di aver tentato di "invischiare" gli Stati Uniti con il Messico e il Giappone per dirottare le munizioni che stavano arrivando agli Alleati in Europa.[51] Il pagamento delle munizioni spedite dagli Stati Uniti al rivoluzionario messicano Pancho Villa fu effettuato tramite la Guaranty Trust Company. Il consigliere di Von Rintelen, Sommerfeld, pagò 380.000 dollari tramite la Guaranty Trust e la Mississippi Valley Trust Company alla Western Cartridge Company di Alton, Illinois, per le munizioni spedite a El Paso e destinate a Villa. Questo avveniva a metà del 1915. Il 10 gennaio 1916, Villa uccise diciassette minatori americani a Santa Isabel e il 9 marzo 1916 fece un'incursione a Columbus, nel Nuovo Messico, uccidendo altri diciotto americani.

Il coinvolgimento di Wall Street in queste incursioni al confine messicano è stato oggetto di una lettera (6 ottobre 1916) di Lincoln Steffens, un comunista americano, al colonnello House, assistente di Woodrow Wilson:

Mio caro colonnello House:

> *Poco prima di lasciare New York, lunedì scorso, mi è stato detto in modo convincente che "Wall Street" aveva completato gli accordi per un'altra incursione di banditi messicani negli Stati Uniti: sarebbe stata così tempestiva*

---

[50] In seguito codirettore, insieme a Hjalmar Schacht (banchiere di Hitler) e a Emil Wittenberg, della Nationalbank für Deutschland.

[51] Stati Uniti, Senato, Commissione per le relazioni estere, *Indagine sugli affari messicani*, 1920.

e così atroce da risolvere le elezioni.[52]

Una volta al potere in Messico, il governo Carranza acquistò ulteriori armi negli Stati Uniti. L'American Gun Company stipulò un contratto per la spedizione di 5.000 Mauser e il War Trade Board rilasciò una licenza di spedizione per 15.000 pistole e 15.000.000 di munizioni. L'ambasciatore americano in Messico, Fletcher, "rifiutò categoricamente di raccomandare o autorizzare la spedizione di munizioni, fucili, ecc. a Carranza".[53] Tuttavia, l'intervento del Segretario di Stato Robert Lansing ridusse l'ostacolo a un ritardo temporaneo, e "in breve tempo... [l'American Gun Company] avrebbe avuto il permesso di effettuare la spedizione e la consegna".[54]

Le incursioni negli Stati Uniti da parte di Villa e delle forze di Carranza furono descritte dal *New York Times* come la "rivoluzione texana" (una sorta di prova generale della rivoluzione bolscevica) e furono intraprese congiuntamente da tedeschi e bolscevichi. La testimonianza di John A. Walls, procuratore distrettuale di Brownsville, Texas, davanti al Comitato d'Autunno del 1919, ha fornito prove documentali del legame tra gli interessi bolscevichi negli Stati Uniti, l'attività tedesca e le forze di Carranza in Messico.[55] Di conseguenza, il governo Carranza, il primo al mondo con una costituzione di tipo sovietico (scritta da trotskisti), era un governo con il sostegno di Wall Street. La rivoluzione di Carranza probabilmente non sarebbe riuscita senza le munizioni americane e Carranza non sarebbe rimasto al potere così a lungo senza l'aiuto americano.[56]

---

[52] Lincoln Steffens, *Le lettere di Lincoln Steffens* (New York: Harcourt, Brace, 1941, pag. 386).

[53] Stati Uniti, Senato, Commissione per le relazioni estere, *Indagine sugli affari messicani*, 1920, punti 2 e 18, pag. 681.

[54] Ibidem.

[55] *New York Times*, 23 gennaio 1919.

[56] Stati Uniti, Senato, Commissione per le relazioni estere, op. cit., pp. 795-96.

Un intervento simile nella Rivoluzione bolscevica del 1917 in Russia ruota attorno al banchiere e intermediario svedese Olof Aschberg. Logicamente la storia inizia con i prestiti zaristi pre-rivoluzionari da parte dei sindacati bancari di Wall Street.

Banchieri americani e prestiti zaristi

Nell'agosto 1914 l'Europa entrò in guerra. Secondo il diritto internazionale, i Paesi neutrali (e gli Stati Uniti lo furono fino all'aprile del 1917) non potevano raccogliere prestiti per i Paesi belligeranti. Si trattava di una questione di diritto e di morale.

Quando nel 1915 la Morgan House lanciò i prestiti di guerra per la Gran Bretagna e la Francia, J.P. Morgan sostenne che non si trattava affatto di prestiti di guerra, ma solo di un mezzo per facilitare il commercio internazionale. Tale distinzione era stata in effetti elaborata dal presidente Wilson nell'ottobre del 1914, il quale spiegò che la vendita di obbligazioni negli Stati Uniti per i governi stranieri era in effetti un prestito di risparmi ai governi belligeranti e non finanziava una guerra. D'altra parte, l'accettazione di buoni del Tesoro o di altre prove di debito in pagamento di articoli era solo un mezzo per facilitare il commercio e non per finanziare uno sforzo bellico.[57]

I documenti del Dipartimento di Stato dimostrano che la National City Bank, controllata dagli interessi di Stillman e Rockefeller, e la Guaranty Trust, controllata dagli interessi di Morgan, hanno raccolto congiuntamente ingenti prestiti per la Russia belligerante prima dell'entrata in guerra degli Stati Uniti, e che questi prestiti sono stati raccolti *dopo che* il Dipartimento di Stato ha fatto notare a queste aziende che erano contrari al diritto internazionale. Inoltre, le trattative per i prestiti furono intraprese attraverso le strutture di comunicazione ufficiali del governo statunitense, sotto la copertura del "Cifrario Verde" di alto livello del Dipartimento di Stato. Di seguito sono riportati alcuni estratti di cablogrammi del

---

[57] U.S., Senato, Hearings Before the Special Committee Investigating the Munitions Industry, 73-74th Cong., 1934-37, pt. 25, pagg. 76-66.

Dipartimento di Stato che illustrano il caso.

Il 94 maggio 1916, l'ambasciatore Francis a Pietrogrado inviò il seguente cablogramma al Dipartimento di Stato di Washington per l'inoltro a Frank Arthur Vanderlip, allora presidente della National City Bank di New York. Il cablogramma è stato inviato in cifrario verde ed è stato cifrato e decifrato dai funzionari del Dipartimento di Stato americano a Pietrogrado e a Washington a spese dei contribuenti (file 861.51/110). 563, maggio 94, ore 13.00.

Per Vanderlip National City Bank New York. Cinque. Le nostre precedenti opinioni sul credito si sono rafforzate. Appoggiamo il piano trasmesso come investimento sicuro e speculazione molto interessante in rubli. In considerazione della garanzia del tasso di cambio, abbiamo fissato un tasso leggermente superiore al mercato attuale. A causa dell'opinione sfavorevole creata dal lungo ritardo, abbiamo offerto, sotto la nostra responsabilità, di prendere venticinque milioni di dollari. Riteniamo che gran parte di essi debba essere trattenuta dalla banca e dalle istituzioni alleate. Con la clausola di rispetto le obbligazioni doganali diventano un pegno pratico su più di centocinquanta milioni di dollari all'anno, rendendo la sicurezza assoluta e assicurando il mercato anche in caso di *difetti*. Riteniamo che l'opzione di tre anni sulle obbligazioni sia molto preziosa e per questo motivo l'ammontare del credito in rubli dovrebbe essere ampliato dal gruppo o distribuito agli amici più stretti. L'American International dovrebbe prendere il blocco e noi informeremmo il governo. Penso che si debba formare subito un gruppo per l'acquisto e l'emissione di obbligazioni... Dovremmo assicurarci una garanzia di piena cooperazione. Suggerisco di incontrare personalmente Jack, di fare tutto il possibile per farli lavorare davvero, altrimenti di cooperare e garantire la formazione di un nuovo gruppo. Le opportunità qui nei prossimi dieci anni sono molto grandi per quanto riguarda i finanziamenti statali e industriali e se questa transazione venisse consumata, senza dubbio dovrebbe essere stabilita. Nel rispondere tenete presente la situazione del cavo.

MacRoberts Rich.

FRANCIS, AMBASCIATORE AMERICANO[58]

Ci sono diversi punti da notare sul cavo di cui sopra per capire la storia che segue. In primo luogo, si noti il riferimento all'American International Corporation, un'azienda di Morgan e un nome che ricorre più volte in questa storia. In secondo luogo, "garanzia" si riferisce alla Guaranty Trust Company. Terzo, *"MacRoberts"* era Samuel MacRoberts, vicepresidente e direttore esecutivo della National City Bank.

Il 24 maggio 1916, l'ambasciatore Francis trasmise un messaggio da Rolph Marsh della Guaranty Trust di Pietrogrado alla Guaranty Trust di New York, sempre con lo speciale cifrario verde e ancora una volta utilizzando le strutture del Dipartimento di Stato. Il cablogramma recita come segue:

565, 24 maggio, ore 18.00.

per Guaranty Trust Company New York: Tre.

> *Olof e io riteniamo che la nuova proposta si prenda cura di Olof e che aiuterà piuttosto che danneggiare il vostro prestigio. In una situazione del genere la cooperazione è necessaria se si vogliono realizzare grandi cose qui. Esorto vivamente a concordare con la città di considerare e agire congiuntamente in tutte le grandi proposte qui. Ciò comporta vantaggi decisivi per entrambi e impedisce di giocare l'uno contro l'altro. I rappresentanti della città qui desiderano (scritto a mano) tale cooperazione. La proposta in esame elimina l'opzione del nostro credito in nome, ma entrambi consideriamo il credito in rubli con l'opzione obbligazionaria nelle proposte. Il secondo paragrafo offre un'opportunità meravigliosa e redditizia, che vi invito caldamente ad accettare. Vi prego di trasmettermi la piena autorità di agire in relazione alla città. Considerate la nostra proposta di intrattenimento come una situazione soddisfacente per noi e che ci permette di*

---

[58] Fascicolo decimale del Dipartimento di Stato degli Stati Uniti, 861.51/110 (316-116-682).

fare grandi cose. Ancora una volta vi esorto ad accettare un credito di venticinque milioni di rubli. Nessuna possibilità di perdita e decisi vantaggi speculativi. Esortiamo ancora una volta ad avere il Vicepresidente in loco. L'effetto qui sarà decisamente buono. Il Procuratore residente non ha lo stesso prestigio e peso. La questione passa attraverso l'Ambasciata con una risposta in codice allo stesso modo. Si veda il cablogramma sulle possibilità.

ROLPH MARSH. FRANCIS, AMBASCIATORE AMERICANO

Nota:-Messaggio iniziale in cifrario verde. SALA TELEGRAFI[59]

"Olof" nel cablogramma era Olof Aschberg, banchiere svedese a capo della Nya Banken di Stoccolma. Aschberg era stato a New York nel 1915 per conferire con la Morgan su questi prestiti russi. Ora, nel 1916, si trovava a Pietrogrado con Rolph Marsh della Guaranty Trust e Samuel MacRoberts e Rich della National City Bank ("City" in inglese) per organizzare prestiti per un consorzio Morgan-Rockefeller. L'anno successivo Aschberg, come vedremo in seguito, sarebbe stato conosciuto come il "banchiere bolscevico" e le sue stesse memorie riproducono le prove del suo diritto a questo titolo.

I fascicoli del Dipartimento di Stato contengono anche una serie di cablogrammi tra l'ambasciatore Francis, il segretario ad interim Frank Polk e il segretario di Stato Robert Lansing riguardanti la legalità e la correttezza della trasmissione dei cablogrammi della National City Bank e della Guaranty Trust a spese pubbliche. Il 25 maggio 1916, l'ambasciatore Francis inviò a Washington il seguente messaggio, facendo riferimento ai due precedenti:

569, 25 maggio, ore 13.00.

I miei telegrammi 563 e 565 del 24 maggio sono inviati per i rappresentanti locali delle istituzioni a cui mi rivolgo, nella speranza di consumare un prestito che

---

[59] Fascicolo decimale del Dipartimento di Stato degli Stati Uniti, 861.51/112.

aumenterebbe notevolmente il commercio internazionale e gioverebbe molto alle relazioni diplomatiche. Le prospettive di successo sono promettenti. I rappresentanti di Pietrogrado considerano le condizioni presentate molto soddisfacenti, ma temono che tali rappresentazioni alle loro istituzioni impediscano la consumazione del prestito se il Governo qui è a conoscenza di queste proposte.

FRANCIS, AMBASCIATORE AMERICANO.[60]

La ragione fondamentale addotta da Francis per facilitare i cavi è "la speranza di consumare un prestito che aumenterebbe notevolmente il commercio internazionale". La trasmissione di messaggi commerciali attraverso le strutture del Dipartimento di Stato era stata proibita e il 1° giugno 1916 Polk inviò un messaggio a Francis:

842

Alla luce delle disposizioni del Dipartimento contenute nella circolare telegrafica del 15 marzo (interruzione dell'inoltro dei messaggi commerciali)[61] 1915, si prega di spiegare perché i messaggi 563, 565 e 575 devono essere comunicati.
Di seguito si prega di seguire attentamente le istruzioni del Dipartimento.

Agire. Polk

861.51/112/110

L'8 giugno 1916, il Segretario di Stato Lansing ampliò il divieto di e dichiarò chiaramente che i prestiti proposti erano illegali:

860 Vs. 563, 565, 24 maggio, g: 569 25 maggio.1 pm
Prima di consegnare i messaggi a Vanderlip e alla Guaranty Trust Company, devo chiedere se si riferiscono

---

[60] Fascicolo decimale del Dipartimento di Stato degli Stati Uniti, 861.51/111.

[61] Scritto a mano tra parentesi.

a prestiti del governo russo di qualsiasi tipo. In caso affermativo, mi dispiace che il Dipartimento non possa partecipare alla loro trasmissione, poiché tale azione lo sottoporrebbe a critiche giustificate a causa della partecipazione di questo Governo a operazioni di prestito da parte di un belligerante allo scopo di portare avanti le sue operazioni ostili. Tale partecipazione è contraria alla regola accettata dal diritto internazionale secondo cui i Governi neutrali non dovrebbero prestare la loro assistenza alla raccolta di prestiti di guerra da parte dei belligeranti.

L'ultima riga del cablogramma di Lansing, così come è stata scritta, non è stata trasmessa a Pietrogrado. La riga recitava: "Non è possibile prendere accordi per inviare questi messaggi attraverso i canali russi?".

Come possiamo valutare questi cavi e le parti coinvolte?

Chiaramente gli interessi di Morgan-Rockefeller non erano interessati a rispettare il diritto internazionale. In questi cablogrammi è evidente l'intento di fornire prestiti ai belligeranti. Queste aziende non hanno esitato a utilizzare le strutture del Dipartimento di Stato per i negoziati. Inoltre, nonostante le proteste, il Dipartimento di Stato ha permesso che i messaggi venissero trasmessi. Infine, cosa molto interessante per gli eventi successivi, Olof Aschberg, il banchiere svedese, fu un importante partecipante e intermediario nei negoziati per conto di Guaranty Trust. Diamo quindi un'occhiata più da vicino a Olof Aschberg.

Olof Aschberg a New York, 1916

Olof Aschberg, il "banchiere bolscevico" (o "Bankier der Weltrevolution", come è stato chiamato dalla stampa tedesca), era proprietario della Nya Banken, fondata nel 1912 a Stoccolma. Tra i suoi co-amministratori figuravano membri di spicco delle cooperative svedesi e socialisti svedesi, tra cui G. W. Dahl, K. G.

Rosling e C. Gerhard Magnusson.[62] Nel 1918 la Nya Banken fu inserita nella lista nera alleata per le sue operazioni finanziarie a favore della Germania. In risposta alla lista nera, Nya Banken cambiò nome in Svensk Ekonomiebolaget. La banca rimase sotto il controllo di Aschberg e fu principalmente di sua proprietà. L'agente londinese della banca era la British Bank of North Commerce, il cui presidente era Earl Grey, ex socio di Cecil Rhodes. Nell'interessante cerchia di soci d'affari di Aschberg figuravano anche Krassin, che fino alla Rivoluzione bolscevica (quando cambiò colore per emergere come uno dei principali bolscevichi) era manager russo della Siemens-Schukert a Pietrogrado; Carl Furstenberg, ministro delle Finanze nel primo governo bolscevico; e Max May, vicepresidente responsabile delle operazioni estere della Guaranty Trust di New York. Olof Aschberg aveva una tale considerazione di Max May che una sua fotografia è inclusa nel libro di Aschberg.[63]

Nell'estate del 1916 Olof Aschberg si trovava a New York in rappresentanza della Nya Banken e di Pierre Bark, il ministro delle Finanze zarista. L'attività principale di Aschberg a New York, secondo il *New York Times* (4 agosto 1916), fu quella di negoziare un prestito di 50 milioni di dollari per la Russia con un consorzio di banche americane guidato dalla National City Bank di Stillman. La trattativa si concluse il 5 giugno 1916; i risultati furono un credito russo di 50 milioni di dollari a New York con una commissione bancaria del 7,5% annuo e un corrispondente credito di 150 milioni di rubli per il sindacato NCB in Russia. Il sindacato newyorkese ha poi invertito la rotta e ha emesso a proprio nome certificati al 6,5% sul mercato statunitense per un importo di 50 milioni di dollari. In questo modo, il consorzio NCB ha realizzato un profitto sul prestito di 50 milioni di dollari alla Russia, l'ha fatto fluttuare sul mercato americano con un altro profitto e ha ottenuto un credito di 150 milioni di rubli in Russia.

---

[62] Olof Aschberg, *En Vandrande Jude Fràn Glasbruksgatan* (Stoccolma: Albert Bonniers Förlag, n.d.), pp. 98-99, incluso in *Memoarer* (Stoccolma: Albert Bonniers Förlag, 1946). Si veda anche Gästboken (Stoccolma: Tidens Förlag, 1955) per ulteriore materiale su Aschberg.

[63] Aschberg, p. 123.

Durante la sua visita a New York per conto del governo russo zarista, Aschberg fece alcuni commenti profetici sul futuro dell'America in Russia:

> *L'apertura al capitale americano e all'iniziativa americana, con il risveglio portato dalla guerra, si estenderà a tutto il Paese quando la lotta sarà finita. Ora ci sono molti americani a Pietrogrado, rappresentanti di aziende commerciali, che si tengono in contatto con la situazione, e non appena ci sarà il cambiamento dovrebbe nascere un enorme commercio americano con la Russia.*[64]

Olof Aschberg nella rivoluzione bolscevica

Mentre questa operazione di prestito zarista veniva presentata a New York, Nya Banken e Olof Aschberg incanalavano fondi dal governo tedesco ai rivoluzionari russi, che alla fine avrebbero fatto cadere il "comitato Kerensky" e instaurato il regime bolscevico.

Le prove dell'intimo legame di Olof Aschberg con il finanziamento della Rivoluzione bolscevica provengono da diverse fonti, alcune di maggior valore di altre. La Nya Banken e Olof Aschberg sono citati in primo piano nei documenti di Sisson (si veda il terzo capitolo); tuttavia, George Kennan ha analizzato sistematicamente questi documenti e ha dimostrato che sono falsi, anche se probabilmente si basano in parte su materiale autentico. Altre prove provengono dal colonnello B.V. Nikitine, responsabile del controspionaggio nel governo Kerensky, e consistono in ventinove telegrammi trasmessi da Stoccolma a Pietrogrado, e viceversa, riguardanti il finanziamento dei bolscevichi. Tre di questi telegrammi si riferiscono a banche - i telegrammi 10 e 11 si riferiscono alla Nya Banken, mentre il telegramma 14 si riferisce alla Banca Russo-Asiatica di Pietrogrado. Il telegramma 10 recita come segue:

> *Gisa Furstenberg Saltsjobaden. Fondi molto basso non*

---

[64] *New York Times*, 4 agosto 1916.

può assistere se davvero urgente dare 500 come matite ultimo pagamento enorme perdita originale senza speranza istruire Nya Banken cavo ulteriori 100 mila Sumenson.

Il telegramma 11 recita:

Kozlovsky Sergievskaya 81. Le prime lettere ricevute Nya Banken telegrafato cavo che Soloman offrendo agenzia telegrafica locale si riferisce a Bronck Savelievich Avilov.

Fürstenberg era l'intermediario tra Parvus (Alexander I. Helphand) e il governo tedesco. A proposito di questi trasferimenti, Michael Futrell conclude che:

Si è scoperto che negli ultimi mesi lei [Evegeniya Sumenson] aveva ricevuto quasi un milione di rubli da Furstenberg attraverso la Nya Banken di Stoccolma, e che questo denaro proveniva da fonti tedesche.[65]

Il telegramma 14 della serie Nikitine recita: "Furstenberg Saltsjöbaden. Numero 90 periodo centomila in Russo-Asiatico Sumenson". Il rappresentante statunitense della Russo-Asiatic era la MacGregor Grant Company al 120 di Broadway, New York City, e la banca era finanziata dalla Guaranty Trust negli Stati Uniti e dalla Nya Banken in Svezia.

Un'altra menzione della Nya Banken si trova nel materiale "Le accuse contro i bolscevichi", pubblicato nel periodo di Kerensky. Particolarmente degno di nota è un documento firmato da Gregory Alexinsky, ex membro della Seconda Duma di Stato, in riferimento ai trasferimenti monetari ai bolscevichi. Il documento, in parte, recita come segue:

---

[65] Michael Futrell, *Northern Underground* (London: Faber and Faber, 1963), p. 162.

> *Secondo le informazioni appena ricevute, queste persone di fiducia a Stoccolma erano: il bolscevico Jacob Furstenberg, meglio conosciuto con il nome di "Hanecki" (Ganetskii), e Parvus (Dr. Helfand); a Pietrogrado: l'avvocato bolscevico M. U. Kozlovsky, una donna parente di Hanecki - Sumenson, impegnata in speculazioni insieme ad Hanecki, e altri. Kozlovsky è il principale destinatario del denaro tedesco, che viene trasferito da Berlino attraverso la "Disconto-Gesellschaft" alla "Via Bank" di Stoccolma e poi alla Siberian Bank di Pietrogrado, dove il suo conto ha attualmente un saldo di oltre 2.000.000 di rubli. La censura militare ha portato alla luce uno scambio ininterrotto di telegrammi di natura politica e finanziaria tra gli agenti tedeschi e i leader bolscevichi [Stoccolma-Petrogrado].[66]*

Inoltre, negli archivi del Dipartimento di Stato è presente un messaggio in codice verde dell'ambasciata statunitense a Christiania (chiamata Oslo nel 1925), in Norvegia, datato 21 febbraio 1918, che recita: "Sono informato che i fondi bolscevichi sono depositati presso la Nya Banken, Stoccolma, Legazione Stoccolma consigliata. Schmedeman".[67]

Infine, Michael Furtell, che ha intervistato Olof Aschberg poco prima della sua morte, conclude che i fondi bolscevichi furono effettivamente trasferiti dalla Germania attraverso la Nya Banken e Jacob Furstenberg sotto forma di pagamento per le merci spedite. Secondo Futrell, Aschberg gli confermò che Furstenberg aveva un'attività commerciale con Nya Banken e che Furstenberg aveva anche inviato fondi a Pietrogrado. Queste dichiarazioni sono autenticate nelle memorie di Aschberg (vedi pagina 70). In sintesi, Aschberg, attraverso la sua Nya Banken, era indubbiamente un canale per i fondi utilizzati nella Rivoluzione bolscevica, e Guaranty

---

[66] Cfr. Robert Paul Browder e Alexander F. Kerensky, *The Russian Provisional government, 1917* (Stanford, Calif.: Stanford University Perss, 1961), 3: 1365. "Via Bank" è ovviamente Nya Banken.

[67] Fascicolo decimale del Dipartimento di Stato degli Stati Uniti, 861.00/1130.

Trust era indirettamente collegata attraverso la sua associazione con Aschberg e la sua partecipazione nella MacGregor Grant Co. di New York, agente della Russo-Asiatic Bank, un altro veicolo di trasferimento.

NYA Banken e Guaranty Trust si uniscono a Ruskombank

Alcuni anni dopo, nell'autunno del 1922, i sovietici costituirono la loro prima banca internazionale. Si basava su un sindacato che coinvolgeva i precedenti banchieri privati russi e alcuni nuovi investimenti di banchieri tedeschi, svedesi, americani e britannici. Conosciuta come Ruskombank (Banca commerciale estera o Banca di commercio estero), era diretta da Olof Aschberg; il suo consiglio di amministrazione era composto da banchieri privati zaristi, rappresentanti di banche tedesche, svedesi e americane e, naturalmente, da rappresentanti dell'Unione Sovietica. La legazione statunitense di Stoccolma riferì a Washington su questa questione e notò, in riferimento ad Aschberg, che "la sua reputazione è scarsa". A lui si fa riferimento nel documento 54 dei documenti Sisson e nel dispaccio n. 138 del 4 gennaio 1921 della legazione di Copenaghen".[68]

Il consorzio bancario straniero coinvolto nella Ruskombank rappresentava principalmente capitale britannico. Includeva la Russo-Asiatic Consolidated Limited, che era uno dei maggiori creditori privati della Russia e a cui i sovietici avevano concesso 3

---

[68] U.S. State Dept. Decimal File, 861.516/129, 28 agosto 1922. Un rapporto del Dipartimento di Stato da Stoccolma, datato 9 ottobre 1922 (861.516/137), afferma a proposito di Aschberg: "Ho incontrato il signor Aschberg alcune settimane fa e nella conversazione con lui ha sostanzialmente affermato tutto ciò che appare in questo rapporto. Mi ha anche chiesto di informarmi se potesse visitare gli Stati Uniti e mi ha dato come riferimento alcune delle banche più importanti. In relazione a ciò, tuttavia, desidero richiamare l'attenzione del Dipartimento sul documento 54 dei Sisson Documents, e anche su molti altri dispacci che questa legazione ha scritto riguardo a quest'uomo durante la guerra, la cui reputazione e posizione non è buona. Senza dubbio lavora a stretto contatto con i sovietici e durante tutta la guerra ha collaborato strettamente con i tedeschi" (U.S. State Dept. Decimal File, 861.516/137, Stoccolma, 9 ottobre 1922). Il rapporto è firmato da Ira N. Morris).

milioni di sterline per compensare i danni subiti dalle sue proprietà in Unione Sovietica a causa della nazionalizzazione. Lo stesso governo britannico aveva già acquistato partecipazioni sostanziali nelle banche private russe; secondo un rapporto del Dipartimento di Stato, "il governo britannico è fortemente investito nel consorzio in questione".[69]

Al consorzio furono concesse ampie concessioni in Russia e la banca ebbe un capitale sociale di dieci milioni di rubli d'oro. In un articolo pubblicato sul quotidiano danese *National Titende* si legge che "sono state create possibilità di cooperazione con il governo sovietico laddove i negoziati politici sarebbero stati impossibili".[70] In altre parole, come prosegue il giornale, i politici non erano riusciti a ottenere la cooperazione con i sovietici, ma "si può dare per scontato che lo sfruttamento capitalistico della Russia stia iniziando ad assumere forme più definite".[71]

All'inizio di ottobre del 1922 Olof Aschberg si incontrò a Berlino con Emil Wittenberg, direttore della Nationalbank fur Deutschland, e Scheinmann, capo della Russian State Bank. Dopo aver discusso del coinvolgimento tedesco nella Ruskombank, i tre banchieri si recarono a Stoccolma e lì incontrarono Max May, vicepresidente della Guaranty Trust Company. Max May fu poi designato direttore della Divisione estera della Ruskombank, oltre a Schlesinger, ex capo della Moscow Merchant Bank, Kalaschkin, ex capo della Junker Bank e Ternoffsky, ex capo della Siberian Bank. Quest'ultima banca era stata in parte acquistata dal governo britannico nel 1918. Il professor Gustav Cassell, svedese, accettò di fungere da consulente della Ruskombank. Cassell fu citato in un giornale svedese (*Svenskadagbladet* del 17 ottobre 1922) come segue:

> *Il fatto che in Russia sia nata una banca che si occupa di questioni puramente bancarie è un grande passo avanti,*

---

[69] Ibid. 861.516/130, 13 settembre 1922.

[70] Ibidem.

[71] Ibidem.

> *e mi sembra che questa banca sia stata fondata per fare qualcosa per creare una nuova vita economica in Russia. La Russia ha bisogno di una banca per creare commercio interno ed esterno. Se ci deve essere un commercio tra la Russia e gli altri Paesi, ci deve essere una banca che lo gestisca. Questo passo avanti dovrebbe essere sostenuto in ogni modo dagli altri Paesi, e quando mi è stato chiesto il mio parere ho dichiarato di essere pronto a darlo. Non sono favorevole a una politica negativa e credo che si debba cogliere ogni opportunità per contribuire a una ricostruzione positiva. La grande questione è come riportare la borsa russa alla normalità. È una questione complicata e richiederà un'indagine approfondita. Per risolvere questo problema sono naturalmente più che disposto a partecipare al lavoro. Lasciare la Russia a le proprie risorse e il proprio destino è una follia.[72]*

L'edificio dell'ex Banca Siberiana a Pietrogrado fu utilizzato come sede della Ruskombank, i cui obiettivi erano la raccolta di prestiti a breve termine in paesi stranieri, l'introduzione di capitali stranieri nell'Unione Sovietica e, in generale, la facilitazione del commercio russo all'estero. Fu inaugurata il 1° dicembre 1922 a Mosca e contava circa 300 dipendenti.

In Svezia la Ruskombank era rappresentata dalla Svenska Ekonomibolaget di Stoccolma, la Nya Banken di Olof Aschberg con un nuovo nome, e in Germania dalla Garantie und Creditbank fur Den Osten di Berlino. Negli Stati Uniti la banca era rappresentata dalla Guaranty Trust Company di New York. Al momento dell'apertura della banca, Olof Aschberg commentò:

> *La nuova banca si occuperà dell'acquisto di macchinari e materie prime dall'Inghilterra e dagli Stati Uniti e fornirà garanzie per il completamento dei contratti. La questione degli acquisti in Svezia non si è ancora posta,*

---

[72] Ibidem, 861.516/140, Stoccolma, 23 ottobre 1922.

ma si spera che ciò avvenga in seguito.[73]

Al momento di entrare in Ruskombank, Max May di Guaranty Trust ha fatto una dichiarazione simile:

> *Gli Stati Uniti, essendo un Paese ricco e con industrie ben sviluppate, non hanno bisogno di importare nulla dall'estero, ma... sono molto interessati a esportare i loro prodotti in altri Paesi e considerano la Russia il mercato più adatto a questo scopo, tenendo conto delle vaste esigenze della Russia in tutte le linee della sua vita economica.*[74]

May ha dichiarato che la Banca Commerciale Russa era "molto importante" e che avrebbe "ampiamente finanziato tutte le linee di industria russa".

Fin dall'inizio le operazioni della Ruskombank furono limitate dal monopolio sovietico del commercio estero. La banca ebbe difficoltà a ottenere anticipi sulle merci russe depositate all'estero. Poiché venivano trasmessi a nome delle delegazioni commerciali sovietiche, molti fondi della Ruskombank erano bloccati in depositi presso la Banca di Stato russa. Infine, all'inizio del 1924 la Banca Commerciale Russa fu fusa con il Commissariato sovietico per il commercio estero e Olof Aschberg fu licenziato dalla sua posizione presso la banca perché, secondo quanto si sosteneva a Mosca, aveva utilizzato in modo improprio i fondi della banca. Il suo legame originario con la banca era dovuto alla sua amicizia con Maxim Litvinov. Grazie a questo legame, si legge in un rapporto del Dipartimento di Stato, Olof Aschberg aveva accesso a grandi somme di denaro per far fronte ai pagamenti dei beni ordinati dai sovietici in Europa:

> *Queste somme sono state apparentemente depositate presso la Ekonomibolaget, una società bancaria privata,*

---

[73] Ibidem, 861.516/147, 8 dicembre 1922.

[74] Ibidem, 861.516/144, 18 novembre 1922.

> *di proprietà del signor Aschberg. Si sostiene ora che gran parte di questi fondi siano stati utilizzati dal signor Aschberg per fare investimenti per il suo conto personale e che ora stia cercando di mantenere la sua posizione nella banca attraverso il possesso di questo denaro. Secondo il mio informatore, il signor Aschberg non è stato l'unico a trarre profitto dalle sue operazioni con i fondi sovietici, ma ha diviso i guadagni con coloro che sono responsabili della sua nomina nella Russian Commerce Bank, tra cui Litvinoff.[75]*

Ruskombank divenne poi Vneshtorg, nome con cui è conosciuta oggi.

Dobbiamo ora tornare sui nostri passi e analizzare le attività della Guaranty Trust Company, associata di Aschberg a New York, durante la prima guerra mondiale, per gettare le basi dell'esame del suo ruolo nell'era rivoluzionaria in Russia.

Guaranty Trust e lo spionaggio tedesco negli Stati Uniti, 1914-1917[76]

Durante la Prima guerra mondiale la Germania raccolse a New York fondi considerevoli per lo spionaggio e le operazioni segrete in Nord America e in Sud America. È importante registrare il flusso di questi fondi perché provengono dalle stesse aziende - Guaranty Trust e American International Corporation - che furono coinvolte nella rivoluzione bolscevica e nelle sue conseguenze. Per non parlare del fatto (descritto nel terzo capitolo) che anche il governo tedesco finanziò le attività rivoluzionarie di Lenin.

Un riassunto dei prestiti concessi dalle banche americane agli interessi tedeschi durante la Prima Guerra Mondiale è stato fornito

---

[75] Ibidem, 861.316/197, Stoccolma, 7 marzo 1924.

[76] Questa sezione si basa sulle audizioni della Commissione Overman, U.S., Senato, *Brewing and Liquor Interests and German and Bolshevik Propaganda*, Hearings before the Subcommittee on the Judiciary, 65th Cong., 1919, 2:2154-74.

alla Commissione Overman del Senato degli Stati Uniti nel 1919 dai servizi segreti militari americani. Il riassunto si basava sulla deposizione di Karl Heynen, giunto negli Stati Uniti nell'aprile 1915 per assistere il dottor Albert negli affari commerciali e finanziari del governo tedesco. Il lavoro ufficiale di Heynen era il trasporto di merci dagli Stati Uniti alla Germania attraverso Svezia, Svizzera e Olanda. In realtà, era impegnato fino alle orecchie in operazioni segrete.

Secondo Heynen, i principali prestiti tedeschi raccolti negli Stati Uniti tra il 1915 e il 1918 furono i seguenti: Il primo prestito, di 400.000 dollari, fu concesso nel settembre 1914 dalle banche d'investimento Kuhn, Loeb & Co. Una garanzia di 25 milioni di marchi fu depositata presso Max M. Warburg ad Amburgo, la filiale tedesca di Kuhn, Loeb & Co. Il capitano George B. Lester dei servizi segreti militari statunitensi ha riferito al Senato che la risposta di Heynen alla domanda "Perché siete andati da Kuhn, Loeb & Co?" fu: "Kuhn, Loeb & Co. li consideravamo i banchieri naturali del governo tedesco e della Reichsbank".

Il secondo prestito, di 1,3 milioni di dollari, non proveniva direttamente dagli Stati Uniti, ma fu negoziato da John Simon, un agente della Suedeutsche Disconto-Gesellschaft, per ottenere fondi per effettuare spedizioni in Germania.

Il terzo prestito è stato concesso dalla Chase National Bank (del gruppo Morgan) per un importo di tre milioni di dollari. Il quarto prestito fu concesso dalla Mechanics and Metals National Bank per un importo di un milione di dollari. Questi prestiti finanziarono le attività di spionaggio tedesche negli Stati Uniti e in Messico. Alcuni fondi sono stati ricondotti a Sommerfeld, che era un consulente di Von Rintelen (un altro agente dello spionaggio tedesco) e che in seguito fu associato a Hjalmar Schacht e Emil Wittenberg. Sommerfeld doveva acquistare munizioni da utilizzare in Messico. Aveva un conto presso la Guaranty Trust Company e da questo venivano effettuati pagamenti alla Western Cartridge Co. di Alton, Illinois, per munizioni che venivano spedite a El Paso per essere utilizzate in Messico dai banditi di Pancho Villa. Circa 400.000 dollari furono spesi per munizioni, propaganda messicana e attività simili.

L'allora ambasciatore tedesco Conte Von Bernstorff ha raccontato la sua amicizia con Adolph von Pavenstedt, socio anziano della Amsinck & Co. che era controllata e, nel novembre 1917, di proprietà della American International Corporation. L'American International è una figura importante nei capitoli successivi; il suo consiglio di amministrazione conteneva i nomi chiave di Wall Street: Rockefeller, Kahn, Stillman, du Pont, Winthrop, ecc. Secondo Von Bernstorff, Von Pavenstedt "conosceva intimamente tutti i membri dell'Ambasciata".[77] Lo stesso Von Bernstorff considerava Von Pavenstedt uno dei più rispettati, "se non *il* più rispettato tedesco imperiale di New York".[78] In effetti, Von Pavenstedt è stato "per molti anni il capo delle paghe del sistema spionistico tedesco in questo Paese".[79] In altre parole, non c'è dubbio che la Armsinck & Co. controllata dalla American International Corporation, fosse intimamente associata al finanziamento dello spionaggio tedesco in tempo di guerra negli Stati Uniti. A conferma dell'ultima affermazione di Von Bernstorff, esiste una fotografia di un assegno a favore della Amsinck & Co. datato 8 dicembre 1917 - appena quattro settimane dopo l'inizio della Rivoluzione bolscevica in Russia - firmato Von Papen (un altro operatore dello spionaggio tedesco) e con un controfoglio recante la notazione "spese di viaggio su Von W [cioè Von Wedell]". French Strothers,[80] che ha pubblicato la fotografia, ha dichiarato che questo assegno è la prova che Von Papen "si è reso complice di un crimine contro le leggi americane"; inoltre, rende Amsinck & Co. soggetta a un'accusa simile.

Paul Bolo-Pasha, un altro agente dello spionaggio tedesco e un importante finanziere francese già al servizio del governo egiziano, arrivò a New York nel marzo 1916 con una lettera di presentazione a Von Pavenstedt. Tramite quest'ultimo, Bolo-Pasha incontrò Hugo Schmidt, direttore della Deutsche Bank di Berlino e suo

---

[77] Conte Von Bernstorff, *My Three Years in America* (New York: Scribner's, 1920), p. 261.

[78] Ibidem.

[79] Ibidem.

[80] French Strothers, *Fighting Germany's Spies* (Garden City, N.Y.: Doubleday, Page, 1918), p. 152.

rappresentante negli Stati Uniti. Uno dei progetti di Bolo-Pasha consisteva nell'acquistare giornali stranieri per orientarne gli editoriali a favore della Germania. I fondi per questo programma furono predisposti a Berlino sotto forma di credito presso la Guaranty Trust Company, con il credito successivamente messo a disposizione di Amsinck & Co. Adolph von Pavenstedt, di Amsinck, a sua volta mise i fondi a disposizione di Bolo-Pasha.

In altre parole, sia la Guaranty Trust Company che la Amsinck & Co. una filiale dell'American International Corporation, erano direttamente coinvolte nell'attuazione dello spionaggio tedesco e di altre attività negli Stati Uniti. È possibile stabilire alcuni collegamenti tra queste aziende e ciascuno dei principali operatori tedeschi negli Stati Uniti: Dr. Albert, Karl Heynen, Von Rintelen, Von Papan, il conte Jacques Minotto (vedi sotto) e Paul Bolo-Pasha.

Nel 1919 la Commissione Overman del Senato stabilì anche che il Guaranty Trust aveva avuto un ruolo attivo nel finanziamento degli sforzi tedeschi nella Prima Guerra Mondiale in modo "non neutrale". La testimonianza dell'ufficiale dei servizi segreti americani Becker lo dimostra chiaramente:

In questa missione Hugo Schmidt [della Deutsche Bank] fu largamente assistito da alcuni istituti bancari americani. È successo mentre eravamo neutrali, ma hanno agito a scapito degli interessi britannici; ho molti dati sull'attività della Guaranty Trust Co. a questo proposito e vorrei sapere se la commissione desidera che io li approfondisca.

SENATORE NELSON: È una filiale della City Bank, vero?

MR. No.

SENATORE OVERMAN: Se era contrario agli interessi britannici non era neutrale, e penso che avreste fatto meglio a lasciarlo emergere.

SENATORE KING: Era una normale transazione bancaria?

MR. BECKER: È una questione di opinioni. Ha a che fare con il camuffamento degli scambi in modo da farli sembrare neutrali, mentre in realtà si trattava di scambi tedeschi su Londra. Come risultato di queste operazioni a cui la Guaranty Trust Co. partecipò principalmente tra il 1° agosto 1914 e il momento in cui l'America entrò in guerra, la Deutsche Banke nelle sue filiali in Sud America riuscì a negoziare 4.670.000 sterline di cambi a Londra in tempo di guerra.

SENATORE OVERMAN: Penso che sia competente.[81]

Ciò che è veramente importante non è tanto il fatto che sia stata fornita assistenza finanziaria alla Germania, che era solo illegale, quanto il fatto che i direttori di Guaranty Trust assistessero finanziariamente gli Alleati allo stesso tempo. In altre parole, Guaranty Trust finanziava entrambe le parti del conflitto. Ciò solleva la questione della moralità.

Il Fondo di garanzia - Fili di Minotto-Caillaux[82]

Il conte Jacques Minotto è il filo conduttore più improbabile, ma verificabile e persistente, che collega la rivoluzione bolscevica in Russia con le banche tedesche, lo spionaggio tedesco della Prima Guerra Mondiale negli Stati Uniti, la Guaranty Trust Company di New York, l'abortita rivoluzione bolscevica francese e i relativi processi per spionaggio Caillaux-Malvy in Francia.

Jacques Minotto è nato il 17 febbraio 1891 a Berlino, figlio di padre austriaco, discendente dalla nobiltà italiana, e di madre tedesca. Il giovane Minotto fu educato a Berlino e poi entrò a lavorare presso la Deutsche Bank di Berlino nel 1912. Quasi subito Minotto fu inviato negli Stati Uniti come assistente di Hugo Schmidt, vice direttore della Deutsche Bank e suo rappresentante a New York. Dopo un anno di permanenza a New York, Minotto fu inviato dalla

---

[81] Stati Uniti, Senato, Commissione Overman, 2:2009.

[82] Questa sezione si basa sulle seguenti fonti (oltre a quelle citate altrove): Jean Bardanne, *Le Colonel Nicolai: espion de genie* (Paris: Editions Siboney, n.d.); Cours de Justice, *Affaire Caillaux, Loustalot et Comby: Procedure Generale Interrogatoires* (Parigi, 1919), pp. 349-50, 937-46; Paul Vergnet, *L'Affaire Caillaux* (Parigi 1918), in particolare il capitolo intitolato "Marx de Mannheim"; Henri Guernut, Emile Kahn e Camille M. Lemercier, *Etudes documentaires sur L'Affaire Caillaux* (Parigi, n.d.), pp. 1012-15; e George Adam, *Treason and Tragedy: An Account of French War Trials* (Londra: Jonathan Cape, 1929).

Deutsche Bank a Londra, dove circolò negli ambienti politici e diplomatici di spicco del sito. Allo scoppio della Prima Guerra Mondiale, Minotto tornò negli Stati Uniti e incontrò immediatamente l'ambasciatore tedesco Conte Von Bernstorff, dopodiché entrò alle dipendenze della Guaranty Trust Company di New York. Alla Guaranty Trust, Minotto era agli ordini diretti di Max May, direttore del dipartimento estero e socio del banchiere svedese Olof Aschberg. Minotto non era un funzionario di banca di poco conto. Gli interrogatori del processo Caillaux a Parigi nel 1919 stabilirono che Minotto lavorava direttamente sotto Max May. Il 25 ottobre 1914, Guaranty Trust inviò Jacques Minotto in Sud America per fare un rapporto sulla situazione politica, finanziaria e commerciale. Come a Londra, Washington e New York, anche qui Minotto si muoveva nei più alti circoli diplomatici e politici. Uno degli scopi della missione di Minotto in America Latina era quello di stabilire il meccanismo con cui il Guaranty Trust avrebbe potuto essere utilizzato come intermediario per la già citata raccolta di fondi tedeschi sul mercato monetario di Londra, allora negata alla Germania a causa della Prima Guerra Mondiale. Minotto tornò negli Stati Uniti, rinnovò la sua collaborazione con il conte Von Bernstorff e il conte Luxberg e successivamente, nel 1916, cercò di ottenere una posizione presso l'Intelligence Navale degli Stati Uniti.

In seguito fu arrestato con l'accusa di attività filotedesche. Al momento dell'arresto Minotto lavorava nello stabilimento di Chicago del suocero Louis Swift, della Swift & Co. Swift ha fornito la garanzia per la cauzione di 50.000 dollari necessaria per liberare Minotto, che era rappresentato da Henry Veeder, l'avvocato della Swift & Co. Louis Swift fu a sua volta arrestato per attività filotedesche in un secondo momento. Una coincidenza interessante e non trascurabile è che il "Maggiore" Harold H. Swift, fratello di Louis Swift, era un membro della missione della Croce Rossa di William Boyce Thompson a Pietrogrado nel 1917, ovvero uno dei gruppi di avvocati e uomini d'affari di Wall Street i cui legami intimi con la Rivoluzione russa saranno descritti più avanti. Helen Swift Neilson, sorella di Louis e Harold Swift, fu poi collegata al centro filocomunista Abraham Lincoln Center "Unity". Questo stabilisce un piccolo legame tra le banche tedesche, le banche americane, lo spionaggio tedesco e, come vedremo più avanti, la Rivoluzione bolscevica.[83]

Joseph Caillaux era un famoso (a volte definito famigerato) politico francese. Fu anche associato al conte Minotto nelle operazioni di quest'ultimo in America Latina per conto della Guaranty Trust, e in seguito fu coinvolto nei famosi casi di spionaggio francese del 1919, che avevano connessioni bolsceviche. Nel 1911, Caillaux divenne ministro delle Finanze e più tardi, nello stesso anno, divenne premier di Francia. John Louis Malvy divenne sottosegretario di Stato nel governo Caillaux. Alcuni anni dopo Madame Caillaux uccise Gaston Calmette, editore dell'importante giornale parigino *Figaro*. L'accusa ha sostenuto che Madame Caillaux uccise Calmette per impedire la pubblicazione di alcuni documenti compromettenti. Questa vicenda portò alla partenza di Caillaux e della moglie dalla Francia. La coppia si recò in America Latina e lì incontrò il conte Minotto, agente della Guaranty Trust Company che si trovava in America Latina per creare intermediari per la finanza tedesca. Il conte Minotto era socialmente legato ai coniugi Caillaux a Rio de Janeiro e San Paolo, Brasile, a Montevideo, Uruguay, e a Buenos Aires, Argentina. In altre parole, il conte Minotto fu un compagno costante dei coniugi Caillaux durante la loro permanenza in America Latina.[84] Al ritorno in Francia, Caillaux e la moglie soggiornarono a Biarritz, ospiti di Paul Bolo-Pasha, che, come abbiamo visto, era anche un operatore dello spionaggio tedesco negli Stati Uniti e in Francia.[85] Più tardi, nel luglio 1915, il conte Minotto, arrivato in Francia dall'Italia, si incontrò con i coniugi Caillaux; nello stesso anno i coniugi Caillaux fecero di nuovo visita a Bolo-Pasha a Biarritz. In altre parole, nel 1915 e nel 1916 Caillaux stabilì una relazione sociale continua con il conte Minotto e Bolo-Pasha, entrambi agenti dello spionaggio tedesco negli Stati Uniti.

Il lavoro di Bolo-Pasha in Francia fu quello di guadagnare influenza

---

[83] Questa interrelazione è ampiamente trattata nel rapporto in tre volumi del Comitato Overman del 1919. Vedi bibliografia.

[84] Si veda Rudolph Binion, *Defeated Leaders* (New York: Columbia University Press, 1960).

[85] George Adam, Treason and Tragedy: An Account of French War Trials (Londra: Jonathan Cape, 1929).

per la Germania sui giornali parigini *Le Temps* e *Figaro*. Bolo-Pasha si recò quindi a New York, dove arrivò il 24 febbraio 1916. Qui doveva negoziare con un prestito di 2 milioni di dollari - e qui fu associato a Von Pavenstedt, l'importante agente tedesco della Amsinck & Co.[86] Severance Johnson, in *The Enemy Within*, ha collegato Caillaux e Malvy all'abortita rivoluzione bolscevica francese del 1918 e afferma che se la rivoluzione fosse riuscita, "Malvy sarebbe stato il Trotsky di Francia e Caillaux il suo Lenin".[87] Caillaux e Malvy formarono un partito socialista radicale in Francia utilizzando fondi tedeschi e furono processati per questi sforzi sovversivi. Gli interrogatori del tribunale nei processi per spionaggio in Francia del 1919 introducono testimonianze sui banchieri di New York e sui loro rapporti con questi operatori dello spionaggio tedesco. Vengono inoltre illustrati i legami tra il Conte Minotto e Caillaux, nonché il rapporto tra la Guaranty Trust Company e la Deutsche Bank e la collaborazione tra Hugo Schmidt della Deutsche Bank e Max May della Guaranty Trust Company. L'interrogatorio francese (pagina 940) riporta il seguente estratto della deposizione newyorkese del conte Minotto (pagina 10, ritradotto dal francese):

DOMANDA: Per ordine di chi si trovava al Guaranty Trust?

RISPOSTA: Agli ordini del signor Max May.

DOMANDA: Era un vicepresidente?

RISPOSTA: Era Vicepresidente e Direttore del Dipartimento degli Esteri.

In seguito, nel 1922, Max May divenne direttore della Ruskom-bank sovietica e rappresentò gli interessi della Guaranty Trust in quella banca. L'interrogatorio francese stabilisce che il conte Minotto, un agente dello spionaggio tedesco, era alle dipendenze della Guaranty Trust Company; che Max May era il suo superiore e che Max May era anche strettamente legato al banchiere bolscevico Olof Aschberg. In breve: Max May della Guaranty Trust era legato alla

---

[86] Ibidem.

[87] *Il nemico interno* (Londra: George Allen & Unwin, 1920).

raccolta illegale di fondi e allo spionaggio tedesco negli Stati Uniti durante la Prima Guerra Mondiale; era legato indirettamente alla Rivoluzione bolscevica e direttamente alla creazione della Ruskombank, la prima banca internazionale dell'Unione Sovietica.

È troppo presto per tentare una spiegazione di questa attività internazionale apparentemente incoerente, illegale e talvolta immorale. In generale, ci sono due spiegazioni plausibili: la prima, una ricerca incessante di profitti; la seconda - che concorda con le parole di Otto Kahn della Kuhn, Loeb & Co. e dell'American International Corporation nell'epigrafe di questo capitolo - la realizzazione di obiettivi socialisti, obiettivi che "dovrebbero e possono essere raggiunti" con mezzi non socialisti.

Capitolo V

La missione della Croce Rossa americana in Russia - 1917

> *Il povero signor Billings credeva di essere a capo di una missione scientifica per il soccorso della Russia... In realtà non era altro che una maschera - l'aspetto della missione della Croce Rossa non era altro che una maschera.*
>
> Cornelius Kelleher, assistente di William Boyce Thompson (in George F. Kennan, La Russia esce dalla guerra)

Il progetto di Wall Street in Russia nel 1917 utilizzava la Missione della Croce Rossa come veicolo operativo. Sia la Guaranty Trust che la National City Bank avevano rappresentanti in Russia al momento della rivoluzione. Frederick M. Corse, della filiale della National City Bank di Pietrogrado, era addetto alla missione della Croce Rossa americana, di cui si parlerà a lungo in seguito. La Guaranty Trust era rappresentata da Henry Crosby Emery. Emery fu temporaneamente trattenuto dai tedeschi nel 1918 e poi passò a rappresentare Guaranty Trust in Cina.

Fino al 1915 circa, la persona più influente nella sede nazionale della Croce Rossa Americana a Washington era la signorina Mabel Boardman. Attiva ed energica promotrice, la signorina Boardman era stata la forza motrice dell'impresa della Croce Rossa, anche se la sua dotazione proveniva da persone ricche e importanti, tra cui J. P. Morgan, la signora E. H. Harriman, Cleveland H. Dodge e la signora Russell Sage. La campagna di raccolta fondi del 1910 per 2 milioni di dollari, ad esempio, ebbe successo solo perché sostenuta da questi ricchi residenti di New York. In effetti, la maggior parte del denaro proveniva da New York. Lo stesso J.P. Morgan contribuì con 100.000 dollari e altri sette contribuenti di New York ammassarono 300.000 dollari. Solo una persona al di fuori di New York contribuì con oltre 10.000 dollari, William J. Boardman, il padre della signorina Boardman. Henry P. Davison fu presidente del Comitato di raccolta fondi di New York del 1910 e in seguito divenne presidente del Consiglio di guerra della Croce Rossa americana. In altre parole, nella Prima Guerra Mondiale la Croce Rossa dipendeva fortemente da Wall Street, e in particolare dalla Morgan.

La Croce Rossa non era in grado di far fronte alle esigenze della Prima Guerra Mondiale e di fatto fu rilevata da questi banchieri di New York. Secondo John Foster Dulles, questi uomini d'affari "consideravano la Croce Rossa americana come un braccio virtuale del governo e pensavano di dare un contributo incalcolabile alla vittoria della guerra".[88] In questo modo si fecero beffe del motto della Croce Rossa: "Neutralità e umanità".

In cambio della raccolta di fondi, Wall Street chiese il Consiglio di Guerra della Croce Rossa; e su raccomandazione di Cleveland H. Dodge, uno dei finanziatori di Woodrow Wilson, Henry P. Davison, socio della J.P. Morgan Company, divenne presidente. L'elenco degli amministratori della Croce Rossa iniziò quindi ad assumere l'aspetto dell'elenco dei direttori di New York: John D. Ryan, presidente della Anaconda Copper Company (vedi frontespizio); George W. Hill, presidente della American Tobacco Company; Grayson M.P. Murphy, vicepresidente della Guaranty Trust Company; e Ivy Lee, esperta di pubbliche relazioni per i Rockefeller. Harry Hopkins, che in seguito raggiungerà la fama sotto il presidente Roosevelt, diventerà assistente del direttore generale della Croce Rossa a Washington.

La questione di una missione della Croce Rossa in Russia è stata sottoposta alla terza riunione del Consiglio di Guerra ricostituito, che si è tenuta nell'edificio della Croce Rossa, a Washington, D.C., venerdì 29 maggio 1917, alle 11:00. Il presidente Davison è stato incaricato di esplorare l'idea con Alexander Legge della

---

[88] John Foster Dulles, *American Red Cross* (New York: Harper, 1950).

International Harvester Company. Successivamente la International Harvester, che aveva notevoli interessi in Russia, fornì 200.000 dollari per contribuire al finanziamento della missione russa. In una riunione successiva fu reso noto che William Boyce Thompson, direttore della Federal Reserve Bank di New York, si era "offerto di pagare l'intero costo della commissione"; l'offerta fu accettata in un telegramma: "Il vostro desiderio di pagare le spese della commissione in Russia è molto apprezzato e dal nostro punto di vista molto importante".[89]

I membri della missione non ricevettero alcuna retribuzione. Tutte le spese furono pagate da William Boyce Thompson e i 200.000 dollari dell'International Harvester furono apparentemente utilizzati in Russia per sovvenzioni politiche. Dai documenti dell'ambasciata americana a Pietrogrado sappiamo che la Croce Rossa statunitense diede 4.000 rubli al principe Lvoff, presidente del Consiglio dei Ministri, per "soccorrere i rivoluzionari" e 10.000 rubli in due pagamenti a Kerensky per "soccorrere i rifugiati politici".

Missione della Croce Rossa Americana in Russia, 1917

Nell'agosto del 1917 la Missione della Croce Rossa Americana in Russia aveva solo un rapporto nominale con la Croce Rossa Americana e deve essere stata davvero la missione della Croce Rossa più insolita della storia. Tutte le spese, comprese quelle delle uniformi - i membri erano tutti colonnelli, maggiori, capitani o tenenti - furono pagate di tasca di William Boyce Thompson. Un osservatore contemporaneo ha definito il gruppo di soli ufficiali un "esercito haytiano":

La delegazione della Croce Rossa Americana, circa quaranta tra colonnelli, maggiori, capitani e tenenti, è arrivata ieri. È guidata dal colonnello (dottore) Billings di Chicago, e comprende il colonnello William B. Thompson e molti medici e civili, tutti con titoli militari; abbiamo soprannominato la delegazione "Esercito Haytiano" perché non c'erano soldati semplici. Per quanto ne so, sono venuti a

---

[89] Verbali del Consiglio di Guerra della Croce Rossa Nazionale Americana (Washington, D.C., maggio 1917)

svolgere una missione non ben definita, infatti il governatore Francis mi disse qualche tempo fa che aveva chiesto che non venissero ammessi, perché c'erano già troppe missioni dai vari alleati in Russia. A quanto pare, questa Commissione pensava che ci fosse urgente bisogno di medici e infermieri in Russia; in realtà, al momento c'è un'eccedenza di talenti medici e infermieri, nativi e stranieri, nel Paese e molti ospedali vuoti nelle grandi città.[90]

La missione comprendeva in realtà solo ventiquattro persone (e non quaranta), con gradi militari da tenente colonnello a tenente, ed era completata da tre inservienti, due fotografi cinematografici e due interpreti, senza gradi. Solo cinque (su ventiquattro) erano medici; inoltre, c'erano due ricercatori medici. La missione arrivò in treno a Pietrogrado via Siberia nell'agosto 1917. I cinque medici e gli inservienti rimasero un mese e tornarono negli Stati Uniti l'11 settembre. Il dottor Frank Billings, capo della missione e professore di medicina all'Università di Chicago, si disse disgustato dalle attività apertamente politiche della maggior parte della missione. Gli altri medici erano William S. Thayer, professore di medicina presso la Johns Hopkins University; D. J. McCarthy, membro dell'Istituto Phipps per lo studio e la prevenzione della tubercolosi, a Filadelfia; Henry C. Sherman, professore di chimica alimentare alla Columbia University; C. E. A. Winslow, professore di batteriologia e igiene alla Yale Medical School; Wilbur E. Post, professore di medicina al Rush Medical College; il dottor Malcolm Grow, del Medical Officers Reserve Corps dell'Esercito degli Stati Uniti; e Orrin Wightman, professore di medicina clinica al New York Polyclinic Hospital. George C. Whipple era indicato come professore di ingegneria sanitaria all'Università di Harvard, ma in realtà era socio dello studio Hazen, Whipple & Fuller, consulente ingegneristico di New York. Questo è significativo perché Malcolm Pirnie - di cui si parlerà più avanti - era indicato come assistente di ingegneria sanitaria e impiegato come ingegnere da Hazen, Whipple & Fuller.

La maggior parte della missione, come si vede dalla tabella, era composta da avvocati, finanzieri e loro assistenti, provenienti dal distretto finanziario di New York. La missione fu finanziata da

---

[90] Diario di Gibbs, 9 agosto 1917. Società storica dello Stato del Wisconsin.

William B. Thompson, descritto nella circolare ufficiale della Croce Rossa come "Commissario e direttore degli affari; direttore della United States Federal Bank di New York". Thompson portò con sé Cornelius Kelleher, descritto come addetto alla missione ma in realtà segretario di Thompson e con lo stesso indirizzo - 14 Wall Street, New York City. La pubblicità della missione era curata da Henry S. Brown, allo stesso indirizzo. Thomas Day Thacher era un avvocato di Simpson, Thacher & Bartlett, uno studio fondato dal padre, Thomas Thacher, nel 1884, che si occupava di riorganizzazioni e fusioni ferroviarie. Thomas junior lavorò dapprima per lo studio di famiglia, divenne assistente del procuratore degli Stati Uniti sotto Henry L. Stimson e tornò allo studio di famiglia nel 1909. Il giovane Thacher era un amico intimo di Felix Frankfurter e in seguito divenne assistente di Raymond Robins, sempre nella missione della Croce Rossa. Nel 1925 fu nominato giudice distrettuale sotto il presidente Coolidge, divenne procuratore generale sotto Herbert Hoover e fu direttore del William Boyce Thompson Institute.

La missione della Croce Rossa Americana in Russia nel 1917

Membri della comunità finanziaria di Wall Street e loro affiliazioni	Medici	Inservienti, interpreti, ecc.
Andrews (Tabacco Liggett & Myers)	Billings (medico)	Brooks (inserviente)
Barr (Chase National Bank)	Crescere (medico)	Clark (inserviente)
Brown (c/o William B. Thompson)	McCarthy (ricerca medica; medico)	Rocchia (inserviente)
Cochran (Co. McCann)	Posta (medico)	
Kelleher (c/o William B. Thompson)	Sherman (chimica degli	Travis (film)

		alimenti)
Nicholson (Swirl & Co.)	Thayer (medico)	Wyckoff (film)
Pirnie (Hazen, Whipple & Fuller)		
Redfield (Stetson, Jennings & Russell)	Wightman (medicina)	Hardy (giustizia)
Robins (promotore minerario)	Winslow (igiene)	Corno (trasporto)
Swift (Swift & Co.)		
Thacher (Simpson, Thacher & Bartlett)		
Thompson (Federal Reserve Bank of N.Y.)		
Wardwell (Stetson, Jennings & Russell)		
Whipple (Hazen, Whipple & Fuller)		
Corse (Banca nazionale della città)		
Magnuson (raccomandato dall'agente confidenziale del colonnello Thompson)		

Alan Wardwell, anch'egli vice commissario e segretario del presidente, era un avvocato dello studio legale Stetson, Jennings & Russell di Broad Street 15, New York City, e H. B. Redfield era il segretario legale di Wardwell. Il maggiore Wardwell era figlio di William Thomas Wardwell, tesoriere di lunga data della Standard Oil of New Jersey e della Standard Oil of New York. L'anziano Wardwell fu uno dei firmatari del famoso accordo fiduciario della

Standard Oil, membro del comitato per l'organizzazione delle attività della Croce Rossa nella guerra ispano-americana e direttore della Greenwich Savings Bank. Suo figlio Alan fu direttore non solo della Greenwich Savings, ma anche della Bank of New York and Trust Co. e della Georgian Manganese Company (insieme a W. Averell Harriman, direttore della Guaranty Trust). Nel 1917 Alan Wardwell fu affiliato a Stetson, Jennings 8c Russell e successivamente si unì a Davis, Polk, Wardwell, Gardner & Read (Frank L. Polk fu segretario di Stato ad interim durante il periodo della rivoluzione bolscevica). La commissione Overman del Senato notò che Wardwell era favorevole al regime sovietico, anche se Poole, il funzionario del Dipartimento di Stato sul posto, osservò che "il maggiore Wardwell ha, tra tutti gli americani, la più ampia conoscenza personale del terrore" (316-23-1449). Negli anni Venti Wardwell fu attivo con la Camera di Commercio russo-americana nel promuovere gli obiettivi commerciali sovietici.

Il tesoriere della missione era James W. Andrews, revisore dei conti della Liggett & Myers Tobacco Company di St. Louis. Robert I. Barr, un altro membro, era indicato come vice commissario; era vice presidente della Chase Securities Company (120 Broadway) e della Chase National Bank. William Cochran, del 61 di Broadway, New York City, è indicato come responsabile della pubblicità. Raymond Robins, un promotore minerario, fu incluso come vice commissario e descritto come "un economista sociale". Infine, la missione comprendeva due membri della Swift & Company di Union Stockyards, Chicago. Gli Swift sono stati già menzionati in precedenza per il loro legame con lo spionaggio tedesco negli Stati Uniti durante la Prima Guerra Mondiale. Harold H. Swift, vice commissario, era assistente del vice presidente della Swift & Company; anche William G. Nicholson lavorava presso la Swift & Company, Union Stockyards.

Due persone si sono aggiunte in modo non ufficiale alla missione dopo il suo arrivo a Pietrogrado: Frederick M. Corse, rappresentante della National City Bank a Pietrogrado, e Herbert A. Magnuson, "altamente raccomandato da John W. Finch, l'agente confidenziale in Cina del colonnello William B. Thompson".[91]

Le carte di Pirnie, depositate presso la Hoover Institution, contengono materiale primario sulla missione. Malcolm Pirnie era un ingegnere impiegato presso lo studio Hazen, Whipple & Fuller, ingegneri consulenti, di 42 Street, New York City. Pirnie era un membro della missione, indicato su un manifesto come assistente ingegnere sanitario. Anche George C. Whipple, socio dello studio, faceva parte del gruppo. Le carte di Pirnie includono un telegramma originale di William B. Thompson, che invita l'assistente ingegnere sanitario Pirnie a incontrarsi con lui e Henry P. Davison, presidente del Consiglio di guerra della Croce Rossa e socio dello studio J.P. Morgan, prima di partire per la Russia. Il telegramma recita come segue:

WESTERN UNION TELEGRAM New York, 21 giugno 1917

A Malcolm Pirnie

> *Mi piacerebbe molto che lei cenasse con me al Metropolitan Club, tra la sedicesima strada e la Fifth Avenue di New York, alle otto di domani venerdì sera, per incontrare il signor H. P. Davison.*

> W. B. Thompson, 14 Wall Street

I documenti non chiariscono perché Davison, socio di Morgan, e Thompson, direttore della Federal Reserve Bank - due dei più importanti uomini di finanza di New York - desiderassero cenare con un assistente ingegnere sanitario in procinto di partire per la Russia. I documenti non spiegano nemmeno perché Davison non abbia potuto incontrare successivamente il dottor Billings e la commissione stessa, né perché sia stato necessario avvisare Pirnie della sua impossibilità a farlo. Ma possiamo supporre che la copertura ufficiale della missione - le attività della Croce Rossa - fosse molto meno interessante delle attività di Thompson-Pirnie, qualunque esse fossero. Sappiamo che Davison scrisse al dottor

---

[91] Relazione di Billings a Henry P. Davison, 22 ottobre 1917, Archivio della Croce Rossa Americana.

Billings il 25 giugno 1917:

Caro dottor Billings:

> *È una delusione per me e per i miei colleghi del Consiglio di Guerra non aver potuto incontrare i membri della vostra Commissione...*

Una copia di questa lettera fu inviata anche all'assistente dell'ingegnere sanitario Pirnie insieme a una lettera personale del banchiere Morgan Henry P. Davison, che recitava:

Mio caro signor Pirnie:

> *Sono certo che comprenderete appieno il motivo della lettera al dottor Billings, la cui copia è allegata, e la accetterete nello spirito con cui è stata inviata...*

Lo scopo della lettera di Davison al dottor Billings era quello di scusarsi con la commissione e con Billings per non aver potuto incontrarli. Possiamo quindi supporre che Davison e Pirnie avessero preso accordi più profondi riguardo alle attività della missione in Russia sul sito e che tali accordi fossero noti a Thompson. La probabile natura di queste attività sarà descritta in seguito.[92]

La missione della Croce Rossa americana (o forse dovremmo chiamarla missione di Wall Street in Russia) impiegò anche tre interpreti russo-inglesi: Il capitano Ilovaisky, un bolscevico russo; Boris Relnstein, un russo-americano, poi segretario di Lenin e capo dell'Ufficio di Propaganda Rivoluzionaria Internazionale di Karl Radek, che impiegava anche John Reed e Albert Rhys Williams; e Alexander Gumberg (alias Berg, vero nome Michael Gruzenberg), fratello di Zorin, un ministro bolscevico. Gumberg era anche il

---

[92] I documenti di Pirnie ci permettono anche di fissare con precisione le date in cui i membri della missione lasciarono la Russia. Nel caso di William B. Thompson, questa data è fondamentale per l'argomentazione di questo libro: Thompson lasciò Pietrogrado per Londra il 4 dicembre 1917. George F. Kennan afferma che Thompson lasciò Pietrogrado il 27 novembre 1917 (*Russia Leaves the War*, p. 1140).

principale agente bolscevico in Scandinavia. In seguito divenne assistente confidenziale di Floyd Odlum della Atlas Corporation negli Stati Uniti e consigliere di Reeve Schley, vicepresidente della Chase Bank.

È opportuno chiedersi, di sfuggita, quanto siano state utili le traduzioni fornite da questi interpreti: Quanto erano utili le traduzioni fornite da questi interpreti? Il 13 settembre 1918, H. A. Doolittle, viceconsole americano a Stoccolma, riferì al Segretario di Stato di una conversazione con il capitano Ilovaisky (che era un "intimo amico personale" del colonnello Robins della Missione della Croce Rossa) riguardo a un incontro tra il Soviet di Murman e gli Alleati. La questione dell'invito agli Alleati a sbarcare a Murman era in discussione al Soviet, con il Maggiore Thacher della Missione della Croce Rossa che agiva per gli Alleati. Ilovaisky interpretò le opinioni di Thacher per il Soviet. Ilovaisky parlò a lungo in russo, presumibilmente traducendo per Thacher, ma in realtà per Trotsky...". "Gli Stati Uniti non avrebbero mai permesso un simile sbarco e avrebbero sollecitato il rapido riconoscimento dei sovietici e della loro politica".[93] A quanto pare Thacher sospettò di essere stato tradotto male ed espresse la sua indignazione. Tuttavia, "Ilovaisky telegrafò immediatamente la sostanza al quartier generale bolscevico e, attraverso il loro ufficio stampa, la fece apparire su tutti i giornali come proveniente dalle osservazioni del maggiore Thacher e come l'opinione generale di tutti i rappresentanti americani veramente accreditati".[94]

Ilovaisky raccontò a Maddin Summers, console generale degli Stati Uniti a Mosca, diversi casi in cui lui (Ilovaisky) e Raymond Robins della Missione della Croce Rossa avevano manipolato la stampa bolscevica, soprattutto "per quanto riguarda il richiamo dell'ambasciatore Francis". Ammise che non erano stati scrupolosi, "ma avevano agito secondo le loro idee di diritto, indipendentemente dal fatto che potessero essere in conflitto con la

---

[93] Fascicolo decimale del Dipartimento di Stato degli Stati Uniti, 861.00/3644.

[94] Ibidem.

politica dei rappresentanti americani accreditati".[95]

Questa era la missione della Croce Rossa americana in Russia nel 1917.

Missione della Croce Rossa Americana in Romania

Nel 1917 la Croce Rossa americana inviò anche una missione di assistenza medica in Romania, allora in lotta contro le Potenze Centrali come alleato della Russia. Un confronto tra la missione della Croce Rossa americana in Russia e quella inviata in Romania suggerisce che la missione della Croce Rossa con sede a Pietrogrado aveva ben pochi legami ufficiali con la Croce Rossa e ancor meno con l'assistenza medica. Mentre la Missione della Croce Rossa in Romania sosteneva valorosamente i principi gemelli della Croce Rossa di "umanità" e "neutralità", la Missione della Croce Rossa a Pietrogrado abusava palesemente di entrambi.

La missione della Croce Rossa Americana in Romania lasciò gli Stati Uniti nel luglio 1917 e si stabilì a Jassy. La missione era composta da trenta persone guidate dal presidente Henry W. Anderson, un avvocato della Virginia. Di queste trenta persone, sedici erano medici o chirurghi. In confronto, su ventinove persone della Missione della Croce Rossa in Russia, solo tre erano medici, anche se altri quattro membri provenivano da università ed erano specializzati in campi medici. Al massimo, sette potevano essere classificati come medici nella missione in Russia, contro i sedici della missione in Romania. Il numero di inservienti e infermieri era circa lo stesso in entrambe le missioni. Il confronto significativo, tuttavia, è che la missione rumena aveva solo due avvocati, un tesoriere e un ingegnere. La missione russa aveva quindici avvocati e uomini d'affari. Nessuno degli avvocati o dei medici della missione rumena proveniva dall'area di New York, mentre tutti gli avvocati e gli uomini d'affari della missione russa, tranne uno (un "osservatore" del Dipartimento di Giustizia di Washington), provenivano da quell'area. Vale a dire che più della metà del totale della missione russa proveniva dal distretto finanziario di New

---

[95] Ibid.

York. In altre parole, la composizione relativa di queste missioni conferma che la missione in Romania aveva uno scopo legittimo - praticare la medicina - mentre la missione russa aveva un obiettivo non medico e strettamente politico. Dal punto di vista del personale, poteva essere classificata come una missione commerciale o finanziaria, ma dalle sue azioni era un gruppo di azione politica sovversiva.

Personale delle missioni della Croce Rossa Americana in Russia e Romania, 1917

	MISSIONE DELLA CROCE ROSSA AMERICANA DI	
Personale	**Russia**	**Romania**
Medico (medici e chirurghi)	7	16
Inservienti, infermieri	7	10
Avvocati e uomini d'affari	15	4
TOTALE	29	30

FONTI: Croce Rossa Americana, Washington, D.C. Dipartimento di Stato americano, ambasciata di Pietrogrado, dossier della Croce Rossa, 1917.

La Missione della Croce Rossa in Romania rimase nella sua sede di Jassy per il resto del 1917 e per tutto il 1918. Il personale medico della Missione della Croce Rossa Americana in Russia - i sette medici - lasciò disgustato nell'agosto 1917, protestando per le attività politiche del colonnello Thompson, e tornò negli Stati Uniti. Di conseguenza, nel settembre 1917, quando la missione rumena si appellò a Pietrogrado per avere medici e infermieri americani per aiutare nelle condizioni di quasi crisi a Jassy, non c'erano medici o infermieri americani in Russia disponibili per andare in Romania.

Mentre la maggior parte della missione in Russia occupava il suo tempo in manovre politiche interne, la missione in Romania si gettò nel lavoro di soccorso non appena arrivò. Il 17 settembre 1917, un cablogramma confidenziale di Henry W. Anderson, presidente della missione in Romania, all'ambasciatore americano Francis a Pietrogrado richiese un aiuto immediato e urgente sotto forma di 5 milioni di dollari per far fronte all'imminente catastrofe in Romania. Seguì una serie di lettere, cablogrammi e comunicazioni da Anderson a Francis per chiedere, senza successo, aiuto.

Il 28 settembre 1917, Vopicka, ministro americano in Romania, inviò un lungo cablogramma a Francis, da trasmettere a Washington, e ripeté l'analisi di Anderson sulla crisi rumena e sul pericolo di epidemie - e peggio - con l'avvicinarsi dell'inverno:

> *Sono necessari fondi considerevoli e misure eroiche per evitare un disastro di vasta portata... Inutile cercare di gestire la situazione senza qualcuno che abbia autorità e accesso al governo... Con un'organizzazione adeguata che si occupi del trasporto, della ricezione e della distribuzione dei rifornimenti.*

Le mani di Vopicka e Anderson erano legate, poiché tutte le forniture e le transazioni finanziarie rumene erano gestite dalla Missione della Croce Rossa a Pietrogrado - e Thompson e il suo staff di quindici avvocati e uomini d'affari di Wall Street avevano apparentemente questioni di maggiore interesse rispetto agli affari della Croce Rossa rumena. Nei fascicoli dell'ambasciata di Pietrogrado presso il Dipartimento di Stato americano non c'è alcuna indicazione che Thompson, Robins o Thacher si siano mai occupati della situazione urgente in Romania nel 1917 o nel 1918. Le comunicazioni dalla Romania andavano all'ambasciatore Francis o a uno dei suoi collaboratori dell'ambasciata, e occasionalmente attraverso il consolato di Mosca. Nell'ottobre 1917 la situazione rumena raggiunse il punto di crisi. Il 5 ottobre Vopicka inviò un messaggio a Davison a New York (via Pietrogrado):

> *Il problema più urgente... Si temono effetti disastrosi... Potreste organizzare una spedizione speciale... Bisogna affrettarsi o è troppo tardi.*

Il 5 novembre Anderson inviò una lettera all'ambasciata di

Pietrogrado in cui affermava che i ritardi nell'invio di aiuti erano già "costati diverse migliaia di vite". Il 13 novembre Anderson inviò una lettera all'ambasciatore Francis riguardo alla mancanza di interesse di Thompson per le condizioni della Romania:

> *Ho chiesto a Thompson di fornirmi i dettagli di tutte le spedizioni ricevute, ma non li ho ottenuti... Gli ho anche chiesto di tenermi aggiornato sulle condizioni di trasporto, ma ho ricevuto pochissime informazioni.*

Anderson chiese quindi all'ambasciatore Francis di intercedere per suo conto affinché i fondi per la Croce Rossa rumena fossero gestiti in un conto separato a Londra, direttamente sotto Anderson e sottratti al controllo della missione di Thompson.

Thompson nella Russia di Kerensky

Cosa faceva allora la Missione della Croce Rossa? Thompson si fece certamente una reputazione di vita sfarzosa a Pietrogrado, ma a quanto pare intraprese solo due progetti importanti nella Russia di Kerensky: il sostegno a un programma di propaganda americana e il sostegno al Prestito della Libertà russo. Subito dopo il suo arrivo in Russia, Thompson si incontrò con Madame Breshko-Breshkovskaya e David Soskice, segretario di Kerenskij, e accettò di contribuire con 2 milioni di dollari a un comitato per l'educazione popolare affinché potesse "avere una propria stampa e... assumere uno staff di docenti, con illustrazioni cinematografiche" (861.00/1032); ciò allo scopo propagandistico di esortare la Russia a continuare la guerra contro la Germania. Secondo Soskice, "un pacchetto di 50.000 rubli" fu dato alla Breshko-Breshkovskaya con la dichiarazione: "Questo è per voi da spendere secondo il vostro miglior giudizio". Altri 2.100.000 rubli furono depositati su un conto corrente bancario. Una lettera di J. P. Morgan al Dipartimento di Stato (861.51/190) conferma che Morgan inviò 425.000 rubli a Thompson su richiesta di quest'ultimo per il Russian Liberty Loan; J. P. comunicò anche l'interesse della società Morgan riguardo alla "saggezza di fare una sottoscrizione individuale attraverso il signor Thompson" al Russian Liberty Loan. Queste somme furono trasmesse attraverso la filiale della National City Bank di

Pietrogrado.

Thompson regala ai bolscevichi 1 milione di dollari

Di maggiore importanza storica, tuttavia, fu l'assistenza fornita ai bolscevichi prima da Thompson e poi, dopo il 4 dicembre 1917, da Raymond Robins.

Il contributo di Thompson alla causa bolscevica fu registrato dalla stampa americana contemporanea. Il *Washington Post* del 2 febbraio 1918 riportava i seguenti paragrafi:

DÀ AI BOLSCEVICHI UN MILIONE

> *W. B. Thompson, donatore della Croce Rossa, ritiene che il partito sia stato travisato. New York, 2 febbraio (1918). William B. Thompson, che è stato a Pietrogrado dal luglio al novembre scorso, ha dato un contributo personale di 1.000.000 di dollari ai bolscevichi per diffondere la loro dottrina in Germania e in Austria.*

Thompson ha avuto l'opportunità di studiare le condizioni russe come capo della missione della Croce Rossa americana, le cui spese sono state ampiamente coperte dai suoi contributi personali. Egli ritiene che i bolscevichi costituiscano la più grande forza contro il filogermanesimo in Russia e che la loro propaganda abbia minato i regimi militaristi degli Imperi Generali.

Il signor Thompson deprecа le critiche americane ai bolscevichi. Ritiene che siano stati travisati e ha dato il suo contributo finanziario alla causa nella convinzione che sarà un denaro ben speso per il futuro della Russia e per la causa alleata.

La biografia di Hermann Hagedorn *The Magnate: William Boyce Thompson and His Time (1869-1930)* riproduce una fotografia di un cablogramma inviato da J.P. Morgan a New York a W.B. Thompson, "Care American Red Cross, Hotel Europe, Petrograd". Il cablogramma reca la data di ricezione a Pietrogrado "8-Dek 1917" (8 dicembre 1917) e recita:

New York Y757/5 24W5 Nil - Ricevuto il vostro secondo

cablogramma. Abbiamo pagato alla National City Bank un milione di dollari come da istruzioni - Morgan.
La filiale della National City Bank di Pietrogrado era stata esentata dal decreto di nazionalizzazione bolscevico - l'unica banca russa straniera o nazionale ad esserlo. Hagedorn afferma che il milione di dollari versato sul conto della NCB di Thompson fu usato per "scopi politici".

Il promotore minerario socialista Raymond Robins[96]

William B. Thompson lasciò la Russia all'inizio di dicembre del 1917 per tornare in patria. Viaggiò via Londra, dove, in compagnia di Thomas Lamont della J.P. Morgan, visitò il Primo Ministro Lloyd George, episodio che riprenderemo nel prossimo capitolo. Il suo vice, Raymond Robins, fu lasciato a capo della missione della Croce Rossa in Russia. L'impressione generale che il colonnello Robins diede nei mesi successivi non fu trascurata dalla stampa. Nelle parole del giornale russo *Russkoe Slovo*, Robins "da un lato rappresenta il lavoro americano e dall'altro il capitale americano, che sta cercando di conquistare i mercati russi attraverso i sovietici".[97]

Raymond Robins iniziò la sua vita come direttore di uno spaccio di una società di fosfati della Florida. Da questa base sviluppò un giacimento di caolino, poi effettuò prospezioni in Texas e nei territori indiani alla fine del XIX secolo. Spostandosi a nord in Alaska, Robins fece fortuna nella corsa all'oro del Klondike. Poi, senza alcun motivo osservabile, passò al socialismo e al movimento riformista. Nel 1912 era un membro attivo del Partito Progressista di Roosevelt. Nel 1917 si unì alla missione della Croce Rossa americana in Russia come "economista sociale".

Esistono numerose prove, tra cui le stesse dichiarazioni di Robins, che i suoi appelli riformisti al bene sociale erano poco più che

---

[96] Robins è l'ortografia corretta. Il nome è sempre scritto "Robbins" negli archivi del Dipartimento Stale.

[97] U.S. State Dept. Decimal File, 316-11-1265, 19 marzo 1918.

coperture per l'acquisizione di ulteriore potere e ricchezza, che ricordano i suggerimenti di Frederick Howe in *Confessioni di un monopolista*. Ad esempio, nel febbraio 1918 Arthur Bullard si trovava a Pietrogrado con il Comitato statunitense per l'informazione pubblica ed era impegnato a scrivere un lungo memorandum per il colonnello Edward House. Questo memorandum fu consegnato a Robins da Bullard per commenti e critiche prima che lo trasmettesse a House a Washington. I commenti di Robins, molto poco socialisti e imperialisti, furono che il manoscritto era "insolitamente accurato, lungimirante e ben fatto", ma che aveva una o due riserve - in particolare, che il riconoscimento dei bolscevichi era atteso da tempo, che avrebbe dovuto essere effettuato immediatamente, e che se gli Stati Uniti avessero riconosciuto i bolscevichi, avrebbero potuto farlo.Se gli Stati Uniti avessero riconosciuto i bolscevichi, "credo che ora saremmo in grado di controllare le risorse in eccesso della Russia e avremmo ufficiali di controllo in tutti i punti della frontiera".[98]

Questo desiderio di ottenere "il controllo delle risorse in eccesso della Russia" era ovvio anche per i russi. Sembra un riformatore sociale della Croce Rossa americana o un promotore minerario di Wall Street impegnato nell'esercizio pratico dell'imperialismo?

In ogni caso, Robins non fece mistero del suo sostegno ai bolscevichi.[99] Appena tre settimane dopo l'inizio della fase bolscevica della Rivoluzione, Robins inviò una lettera a Henry Davison presso il quartier generale della Croce Rossa: "La prego di insistere con il Presidente sulla necessità di continuare i nostri rapporti con il governo bolscevico". È interessante notare che questo cablogramma era in risposta a un cablogramma in cui si diceva a Robins che il "Presidente desidera che i rappresentanti degli Stati Uniti non comunichino direttamente con il governo bolscevico".[100] Diversi rapporti del Dipartimento di Stato lamentavano la natura partigiana delle attività di Robins. Ad esempio, il 27 marzo 1919,

---

[98] Bullard ms., U.S. State Dept. Decimal File, 316-11-1265.

[99] La *New World Review* (autunno 1967, p. 40) commenta Robins, notando che era "solidale con gli obiettivi della Rivoluzione, sebbene fosse un capitalista".

[100] Ambasciata di Pietrogrado, fascicolo della Croce Rossa.

Harris, console americano a Vladivostok, commentò una lunga conversazione avuta con Robins e protestò per le grossolane inesattezze nei resoconti di quest'ultimo. Harris scrisse: "Robins mi ha dichiarato che nessun prigioniero di guerra tedesco e austriaco si era unito all'esercito bolscevico fino al maggio 1918. Robbins sapeva che questa affermazione era assolutamente falsa". Harris procedette poi a fornire i dettagli delle prove a disposizione di Robins.[101]

Harris ha concluso: "Robbins ha deliberatamente falsato i fatti riguardanti la Russia in quel momento e lo ha fatto da allora".

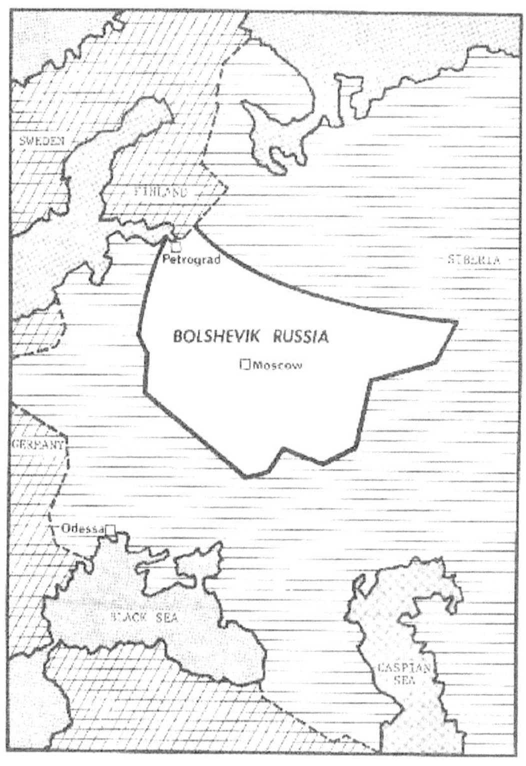

Limite dell'area controllata dai bolscevichi, gennaio 1918

---

[101] Fascicolo decimale del Dipartimento di Stato degli Stati Uniti, 861.00/4168.

Tornato negli Stati Uniti nel 1918, Robins continuò a impegnarsi a favore dei bolscevichi. Quando i file dell'Ufficio sovietico furono sequestrati dal Comitato Lusk, si scoprì che Robins aveva intrattenuto una "considerevole corrispondenza" con Ludwig Martens e altri membri dell'Ufficio. Uno dei documenti più interessanti sequestrati fu una lettera di Santeri Nuorteva (alias Alexander Nyberg), il primo rappresentante sovietico negli Stati Uniti, al "compagno Cahan", editore del *New York Daily Forward*. La lettera invitava i fedeli del partito a preparare la strada a Raymond Robins:

(Al quotidiano) AVANTI 6 luglio 1918

Caro compagno Cahan:

> *È della massima importanza che la stampa socialista chieda a gran voce che il colonnello Raymond Robins, appena tornato dalla Russia a capo della missione della Croce Rossa, sia ascoltato in un rapporto pubblico al popolo americano. Il pericolo di un intervento armato è notevolmente aumentato. I reazionari stanno usando l'avventura ceco-slovacca per provocare l'invasione. Robins ha tutti i fatti su questo e sulla situazione in Russia in generale. Egli assume il nostro punto di vista. Allego copia dell'editoriale di Call, che mostra una linea generale di argomentazione, e anche alcuni fatti sui ceco-slovacchi.*
>
> *Fraternamente,*
> *PS&AU Santeri Nuorteva*

La Croce Rossa Internazionale e la rivoluzione

All'insaputa dei suoi amministratori, la Croce Rossa è stata usata di tanto in tanto come veicolo o copertura per attività rivoluzionarie. L'uso dei marchi della Croce Rossa per scopi non autorizzati non è raro. Quando lo zar Nicola fu trasferito da Pietrogrado a Tobolsk, presumibilmente per la sua sicurezza (anche se la direzione era verso il pericolo piuttosto che verso la sicurezza), il treno portava cartelli della Croce Rossa giapponese. I documenti del Dipartimento di Stato contengono esempi di attività rivoluzionarie sotto la copertura delle attività della Croce Rossa. Ad esempio, un funzionario russo della Croce Rossa (Chelgajnov) fu arrestato in Olanda nel 1919 per atti rivoluzionari (316-21-107). Durante la rivoluzione bolscevica ungherese del 1918, guidata da Bela Kun, membri russi della Croce Rossa (o rivoluzionari che operavano come membri della Croce Rossa russa) furono trovati a Vienna e Budapest. Nel 1919 l'ambasciatore americano a Londra comunicò a Washington una notizia sconvolgente: attraverso il governo britannico aveva appreso che "diversi americani arrivati in questo Paese con l'uniforme della Croce Rossa e che hanno dichiarato di essere bolscevichi... stavano procedendo attraverso la Francia verso la Svizzera per diffondere la propaganda bolscevica". L'ambasciatore notò che circa 400 persone della Croce Rossa americana erano arrivate a Londra nel novembre e dicembre 1918; di questo numero un quarto tornò negli Stati Uniti e "il resto insistette per andare in Francia". In seguito, il 15 gennaio 1918, fu riferito che un redattore di un giornale sindacale di Londra era stato avvicinato in tre diverse occasioni da tre diversi funzionari della Croce Rossa americana che si erano offerti di portare commissioni ai bolscevichi in Germania. Il redattore aveva suggerito all'ambasciata statunitense di sorvegliare il personale della Croce Rossa americana. Il Dipartimento di Stato americano prese sul serio queste notizie e Polk inviò una lettera per ottenere i nomi, affermando: "Se è vero, lo considero della massima importanza" (861.00/3602 e /3627).

In sintesi: l'immagine che ci facciamo della missione della Croce Rossa americana in Russia nel 1917 è ben lontana da quella di un umanitarismo neutrale. La missione era in realtà una missione dei finanzieri di Wall Street per influenzare e spianare la strada al controllo, attraverso Kerensky o i rivoluzionari bolscevichi, del mercato e delle risorse russe. Nessun'altra spiegazione può spiegare le azioni della missione. Tuttavia, né Thompson né Robins erano bolscevichi. E nessuno dei due era nemmeno un socialista coerente. Chi scrive propende per l'interpretazione che gli appelli socialisti di ciascuno dei due fossero una copertura per obiettivi più prosaici. Ognuno di loro aveva un obiettivo commerciale, cioè cercava di usare il processo politico in Russia per fini finanziari personali. Non importava se il popolo russo voleva i bolscevichi. Non importava se il regime bolscevico avrebbe agito contro gli Stati Uniti, come poi coerentemente fece. L'obiettivo principale era quello di acquisire influenza politica ed economica con il nuovo regime, a prescindere dalla sua ideologia. Se William Boyce Thompson avesse agito da solo, la sua direzione della Federal Reserve Bank sarebbe stata irrilevante. Tuttavia, il fatto che la sua missione sia stata dominata da rappresentanti delle istituzioni di Wall Street solleva un serio interrogativo: in effetti, se la missione fosse un'operazione pianificata e premeditata da un sindacato di Wall Street. Questo il lettore dovrà giudicarlo da sé, man mano che il resto della storia si dipanerà.

Capitolo VI

Consolidamento ed esportazione della Rivoluzione

Il grande libro di Marx, Das Kapital, è allo stesso tempo
un monumento al ragionamento e un deposito di fatti.
Lord Milner, membro del gabinetto di guerra britannico,
1917, e direttore della London Joint Stock Bank.

W illiam Boyce Thompson è un nome sconosciuto nella storia del XX secolo, eppure Thompson ha svolto un ruolo cruciale nella Rivoluzione bolscevica.[102] Infatti, se Thompson non fosse stato in Russia nel 1917, la storia successiva avrebbe potuto seguire un corso molto diverso. Senza l'assistenza finanziaria e, soprattutto, diplomatica e propagandistica fornita a Trotsky e Lenin da Thompson, Robins e dai loro soci newyorkesi, i bolscevichi sarebbero potuti appassire e la Russia si sarebbe evoluta in una società socialista ma costituzionale.

Chi era William Boyce Thompson? Thompson era un promotore di titoli minerari, uno dei migliori in un settore ad alto rischio. Prima della Prima Guerra Mondiale si occupava delle operazioni di borsa per gli interessi del rame di Guggenheim. Quando i Guggenheim ebbero bisogno di capitali rapidi per una lotta in borsa con John D. Rockefeller, fu Thompson a promuovere la Yukon Consolidated Goldfields di fronte a un pubblico ignaro per raccogliere una cassa di 3,5 milioni di dollari. Thompson era il manager del consorzio Kennecott, un'altra operazione di Guggenheim, valutata 200 milioni

---

[102] Per una biografia si veda Hermann Hagedorn, *The Magnate: William Boyce Thompson and His Time (1869-1930)* (New York: Reynal & Hitchcock, 1935).

di dollari. Fu Guggenheim Exploration, invece, ad accettare le opzioni di Thompson sulla ricca Nevada Consolidated Copper Company. Circa tre quarti della Guggenheim Exploration Company originale erano controllati dalla famiglia Guggenheim, dalla famiglia Whitney (proprietaria della rivista *Metropolitan*, che impiegava il bolscevico John Reed) e da John Ryan. Nel 1916 gli interessi dei Guggenheim si riorganizzarono in Guggenheim Brothers e vi entrò William C. Potter, che in precedenza faceva parte dell'American Smelting and Refining Company di Guggenheim, ma che nel 1916 era il primo vicepresidente della Guaranty Trust.

La straordinaria abilità nel raccogliere capitali per le rischiose promozioni minerarie fece guadagnare a Thompson una fortuna personale e la direzione della Inspiration Consolidated Copper Company, della Nevada Consolidated Copper Company e della Utah Copper Company, tutti importanti produttori nazionali di rame. Il rame è, ovviamente, un materiale importante per la produzione di munizioni. Thompson fu anche direttore della Chicago Rock Island & Pacific Railroad, della Magma Arizona Railroad e della Metropolitan Life Insurance Company. E, cosa particolarmente interessante per questo libro, Thompson era "uno dei più grandi azionisti della Chase National Bank". Fu Albert H. Wiggin, presidente della Chase Bank, a spingere Thompson per un posto nel Federal Reserve System; nel 1914 Thompson divenne il primo direttore a tempo pieno della Federal Reserve Bank di New York, la banca più importante del Federal Reserve System.

Nel 1917, quindi, William Boyce Thompson era un operatore finanziario di notevoli mezzi, di comprovata abilità, con un talento per la promozione e l'attuazione di progetti capitalistici e con un pronto accesso ai centri del potere politico e finanziario. Era lo stesso uomo che prima aveva sostenuto Aleksandr Kerensky e che poi era diventato un ardente sostenitore dei bolscevichi, lasciando in eredità un simbolo superstite di questo sostegno: un pamphlet elogiativo in russo, "Pravda o Rossii i Bol'shevikakh".[103]

Prima di lasciare la Russia, all'inizio del dicembre 1917, Thompson

---

[103] Polkovnik' Villiam' Boic' Thompson', "Pravda o Rossii i Bol'shevikakh" (New York: Russian-American Publication Society, 1918).

consegnò la missione della Croce Rossa americana al suo vice Raymond Robins. Robins organizzò quindi i rivoluzionari russi per attuare il piano di Thompson per diffondere la propaganda bolscevica in Europa (vedi Appendice 3). Un documento del governo francese lo conferma: "Sembrava che il colonnello Robins... fosse in grado di inviare una missione sovversiva di bolscevichi russi in Germania per scatenarvi una rivoluzione".[104] Questa missione portò all'aborto della rivolta spartachista tedesca del 1918. Il piano generale comprendeva anche schemi per far cadere la letteratura bolscevica in aereo o per farla passare di nascosto attraverso le linee tedesche.

Alla fine del 1917 Thompson si preparò a lasciare Pietrogrado e a vendere la Rivoluzione bolscevica ai governi europei e statunitensi. A tal fine, Thompson inviò un cablogramma a Thomas W. Lamont, socio dello studio Morgan che si trovava a Parigi con il colonnello E. M. House. Lamont registrò la ricezione di questo cablogramma nella sua biografia:

> *Proprio mentre la Missione della Casa stava completando le sue discussioni a Parigi nel dicembre 1917, ricevetti un messaggio sorprendente dal mio vecchio amico di scuola e di lavoro, William Boyce Thompson, che si trovava allora a Pietrogrado a capo della Missione della Croce Rossa Americana.[105]*

Lamont si recò a Londra e incontrò Thompson, che era partito da Pietrogrado il 5 dicembre, aveva viaggiato via Bergen, in Norvegia, ed era arrivato a Londra il 10 dicembre. Il risultato più importante ottenuto da Thompson e Lamont a Londra fu quello di convincere il gabinetto di guerra britannico - allora decisamente antibolscevico -

---

[104] John Bradley, *Intervento alleato in Russia* (Londra: Weidenfeld and Nicolson, 1968).

[105] Thomas W. Lamont, *Across World Frontiers* (New York: Harcourt, Brace, 1959), p. 85. Si vedano anche le pagg. 94-97 per il massiccio battimani sull'incapacità del presidente Wilson di agire tempestivamente per farsi amico il regime sovietico. Corliss Lamont, suo figlio, divenne un [font-line domestic leftist] negli Stati Uniti.

che il regime bolscevico era arrivato per restare e che la politica britannica avrebbe dovuto smettere di essere antibolscevica, accettare le nuove realtà e sostenere Lenin e Trotsky. Thompson e Lamont lasciarono Londra il 18 dicembre e arrivarono a New York il 25 dicembre 1917. Tentarono lo stesso processo di conversione negli Stati Uniti.

Una consultazione con Lloyd George

I documenti segreti del Gabinetto di Guerra britannico sono ora disponibili e riportano le argomentazioni utilizzate da Thompson per convincere il governo britannico ad adottare una politica filo-bolscevica. Il primo ministro della Gran Bretagna era David Lloyd George. Le macchinazioni politiche e private di Lloyd George rivaleggiavano con quelle di un politico di Tammany Hall, eppure durante la sua vita e per decenni dopo, i biografi non riuscirono, o non vollero, venirne a capo. Nel 1970 Donald McCormick, con il suo libro *La maschera di Merlino*, ha sollevato il velo di segretezza. McCormick dimostra che nel 1917 David Lloyd George si era impantanato *"troppo* profondamente nelle maglie degli intrighi internazionali in materia di armamenti per essere un agente libero" e che era dipendente da Sir Basil Zaharoff, un commerciante internazionale di armamenti, la cui considerevole fortuna era stata costruita vendendo armi a entrambe le parti in diverse guerre.[106] Zaharoff esercitava un enorme potere dietro le quinte e, secondo McCormick, veniva consultato dai leader alleati sulle politiche di guerra. In più di un'occasione, riferisce McCormick, Woodrow Wilson, Lloyd George e Georges Clemenceau si incontrarono nella casa parigina di Zaharoff. McCormick osserva che "gli statisti e i leader alleati erano obbligati a consultarlo prima di pianificare qualsiasi grande attacco". I servizi segreti britannici, secondo McCormick, "scoprirono documenti che incriminavano i servitori della Corona come agenti segreti di Sir Basil Zaharoff, *con la*

---

[106] Donald McCormick, *The Mask of Merlin* (Londra: MacDonald, 1963; New York: Holt, Rinehart and Winston, 1964), p. 208. La vita privata di Lloyd George lo avrebbe certamente reso ricattabile.

consapevolezza di Lloyd George".[107] Nel 1917 Zaharoff era legato ai bolscevichi; cercava di deviare le munizioni dagli antibolscevichi ed era già intervenuto a favore del regime bolscevico sia a Londra che a Parigi.

Alla fine del 1917, quindi, quando Lamont e Thompson arrivarono a Londra, il Primo Ministro Lloyd George era indebitato con potenti interessi internazionali nel settore degli armamenti che erano alleati dei bolscevichi e fornivano assistenza per estendere il potere bolscevico in Russia. Il primo ministro britannico che incontrò William Thompson nel 1917 non era allora un agente libero; Lord Milner era il potere dietro le quinte e, come suggerisce l'epigrafe di questo capitolo, era favorevole al socialismo e a Karl Marx.

I documenti "segreti" del Gabinetto di Guerra riportano il "resoconto del Primo Ministro di una conversazione con il signor Thompson, un americano tornato dalla Russia",[108] e il rapporto fatto dal Primo Ministro al Gabinetto di Guerra dopo l'incontro con Thompson.[109] Il documento del Gabinetto recita come segue:

> *Il Primo Ministro ha riferito di una conversazione avuta con un certo signor Thompson - un viaggiatore americano e un uomo di considerevoli mezzi - che era appena tornato dalla Russia e che aveva dato un'impressione alquanto diversa di ciò che si credeva in quel paese. Il succo delle sue osservazioni era che la Rivoluzione era arrivata per restare; che gli Alleati non si erano dimostrati sufficientemente solidali con la Rivoluzione; e che MM. Trotzki e Lenin non erano al soldo dei tedeschi, essendo quest'ultimo un professore piuttosto illustre. Thompson ha aggiunto che, a suo avviso, gli Alleati dovrebbero condurre in Russia una*

---

[107] Ibidem. Corsivo di McCormick.

[108] Documenti del Gabinetto di guerra britannico, no. 302, sec. 2 (Public Records Office, Londra).

[109] Il memorandum scritto che Thompson presentò a Lloyd George e che divenne la base per la dichiarazione del Gabinetto di Guerra è disponibile presso le fonti d'archivio statunitensi ed è stampato integralmente nell'Appendice 3.

propaganda attiva, portata avanti da una qualche forma di Consiglio alleato composto da uomini appositamente selezionati; inoltre, egli ritiene che, nel complesso, tenuto conto del carattere del governo russo de facto, i vari governi alleati non siano adeguatamente rappresentati a Pietrogrado. Secondo Thompson, era necessario che gli Alleati si rendessero conto che l'esercito e il popolo russo erano fuori dalla guerra e che gli Alleati avrebbero dovuto scegliere tra la Russia amica e quella neutrale ostile.

È stata discussa la questione se gli Alleati non debbano cambiare la loro politica nei confronti del governo russo de facto, dato che i bolscevichi sono stati dichiarati dal signor Thompson come tedeschi. A questo proposito Lord Robert Cecil ha richiamato l'attenzione sulle condizioni dell'armistizio tra l'esercito tedesco e quello russo, che prevedeva, tra l'altro, il commercio tra i due Paesi e l'istituzione di una Commissione Acquisti a Odessa, l'intero accordo ovviamente dettato dai tedeschi. Lord Robert Cecil espresse l'opinione che i tedeschi avrebbero cercato di continuare l'armistizio finché l'esercito russo non si fosse dissolto.

Sir Edward Carson ha letto una comunicazione, firmata da M. Trotzki, che gli era stata inviata da un cittadino britannico, direttore della filiale russa della Vauxhall Motor Company, appena tornato dalla Russia [Paper G.T. - 3040]. Questo rapporto indicava che la politica di M. Trotzki era, in apparenza, ostile all'organizzazione della società civile piuttosto che favorevole alla Germania. D'altra parte, si suggeriva che un atteggiamento di questo tipo non era affatto incompatibile con il fatto che Trotzki fosse un agente tedesco, il cui scopo era rovinare la Russia affinché la Germania potesse fare ciò che desiderava in quel Paese. Dopo aver ascoltato il rapporto e le argomentazioni di Lloyd George, il Gabinetto di Guerra decise di assecondare Thompson e i bolscevichi. Milner aveva un ex console britannico in Russia, Bruce Lockhart, pronto e in attesa. Lockhart fu informato e inviato in Russia con l'istruzione di lavorare informalmente con i sovietici.

L'accuratezza del lavoro di Thompson a Londra e la pressione che fu in grado di esercitare sulla situazione

> *sono suggerite dai successivi rapporti che giunsero nelle mani del Gabinetto di Guerra, provenienti da fonti autentiche. Tali rapporti forniscono una visione di Trotsky e dei bolscevichi molto diversa da quella presentata da Thompson, eppure furono ignorati dal Gabinetto. Nell'aprile del 1918 il generale Jan Smuts riferì al Gabinetto di Guerra il suo colloquio con il generale Nieffel, capo della Missione militare francese, appena tornato dalla Russia:*
> *Trotski (sic)... era un consumato furfante che può non essere filo-tedesco, ma è assolutamente filo-Trotski e filo-rivoluzionario e non ci si può fidare in alcun modo di lui. La sua influenza è dimostrata dal modo in cui è arrivato a dominare Lockhart, Robins e il rappresentante francese. Egli [Nieffel] consiglia grande prudenza nel trattare con Trotski, che ammette essere l'unico uomo veramente capace in Russia.[110]*

Alcuni mesi dopo Thomas D. Thacher, avvocato di Wall Street e altro membro della Missione americana della Croce Rossa in Russia, si trovava a Londra. Il 13 aprile 1918, Thacher scrisse all'ambasciatore americano a Londra di aver ricevuto una richiesta da H. P. Davison, un socio di Morgan, *di* "conferire con Lord Northcliffe" riguardo alla situazione in Russia e poi di andare a Parigi "per altre conferenze". Lord Northcliffe era malato e Thacher lasciò a un altro socio di Morgan, Dwight W. Morrow, un memorandum da presentare a Northcliffe al suo ritorno a Londra.[111] Questo memorandum non solo conteneva suggerimenti espliciti sulla politica russa che sostenevano la posizione di Thompson, ma affermava addirittura che "si dovrebbe dare la massima assistenza al governo sovietico nei suoi sforzi per organizzare un esercito rivoluzionario volontario". Le quattro proposte principali contenute nel rapporto Thacher sono:

---

[110] Il memorandum completo si trova nell'archivio decimale del Dipartimento di Stato americano, 316-13-698.

[111] Carte del Gabinetto di guerra, 24/49/7197 (G.T. 4322) Segreto, 24 aprile 1918.

Prima di tutto... gli Alleati dovrebbero scoraggiare l'intervento giapponese in Siberia.

In secondo luogo, si dovrebbe dare la massima assistenza al governo sovietico nei suoi sforzi per organizzare un esercito rivoluzionario volontario.

In terzo luogo, i governi alleati dovrebbero dare il loro sostegno morale al popolo russo nei suoi sforzi per elaborare un proprio sistema politico libero dal dominio di qualsiasi potenza straniera...

In quarto luogo, fino al momento in cui non si verificherà un conflitto aperto tra il governo tedesco e il governo sovietico della Russia, ci sarà la possibilità di una pacifica penetrazione commerciale da parte delle agenzie tedesche in Russia. Finché non ci sarà una rottura aperta, sarà probabilmente impossibile impedire del tutto questo commercio. Si dovrebbero quindi adottare misure per impedire, per quanto possibile, il trasporto di grano e materie prime dalla Russia alla Germania.[112]

Le intenzioni e gli obiettivi di Thompson

Perché un importante finanziere di Wall Street, nonché direttore della Federal Reserve Bank, avrebbe voluto organizzare e assistere i rivoluzionari bolscevichi? Perché non uno, ma diversi soci di Morgan, lavorando di concerto, avrebbero voluto incoraggiare la formazione di un "esercito rivoluzionario volontario" sovietico - un esercito presumibilmente dedicato al rovesciamento di Wall Street, che comprendeva Thompson, Thomas Lamont, Dwight Morrow, lo studio Morgan e tutti i loro associati?

Thompson fu almeno diretto sui suoi obiettivi in Russia: voleva mantenere la Russia in guerra con la Germania (ma sostenne davanti al Gabinetto di Guerra britannico che la Russia era comunque fuori

---

[112] Lettera riprodotta integralmente nell'Appendice 3. Va notato che abbiamo identificato Thomas Lamont, Dwight Morrow e H. P. Davison come strettamente coinvolti nello sviluppo della politica verso i bolscevichi. Tutti erano soci dello studio J.P. Morgan. Thacher lavorava presso lo studio legale Simpson, Thacher & Bartlett ed era un amico intimo di Felix Frankfurter.

dalla guerra) e mantenere la Russia come mercato per le imprese americane del dopoguerra. Il memorandum di Thompson a Lloyd George del dicembre 1917 descrive questi obiettivi.[113] Il memorandum inizia così: "La situazione russa è perduta e la Russia è completamente aperta allo sfruttamento tedesco non contrastato...". " e conclude: "Credo che un lavoro intelligente e coraggioso impedirà ancora alla Germania di occupare il campo a se stessa e quindi di sfruttare la Russia a spese degli Alleati". Di conseguenza, era lo sfruttamento commerciale e industriale tedesco della Russia che Thompson temeva (questo si riflette anche nel memorandum di Thacher) e che portò Thompson e i suoi amici di New York ad allearsi con i bolscevichi. Inoltre, questa interpretazione si riflette in una dichiarazione quasi scherzosa fatta da Raymond Robins, il vice di Thompson, a Bruce Lockhart, l'agente britannico:

> *Sentirete dire che sono il rappresentante di Wall Street; che sono al servizio di William B. Thompson per procurargli il rame dell'Altai; che ho già preso per me 500.000 acri dei migliori terreni boschivi della Russia; che ho già copiato la ferrovia transiberiana; che mi hanno dato il monopolio del platino della Russia; che questo spiega il mio lavoro per il soviet... Sentirete questi discorsi. Ora, non credo che sia vero, signor Commissario, ma supponiamo che lo sia. Supponiamo che io sia qui per conquistare la Russia per Wall Street e gli uomini d'affari americani. Supponiamo che lei sia un lupo britannico e io un lupo americano, e che quando questa guerra sarà finita ci sbraneremo a vicenda per il mercato russo; facciamolo in modo perfettamente franco, da uomini, ma supponiamo allo stesso tempo che siamo lupi abbastanza intelligenti, e che sappiamo che se non cacciamo insieme in questo momento il lupo tedesco ci sbranerà entrambi, e allora mettiamoci al lavoro.[114]*

---

[113] Si veda l'Appendice 3.

[114] U.S., Senato, *Propaganda bolscevica*, audizioni davanti a una

Tenendo presente questo aspetto, diamo uno sguardo alle motivazioni personali di Thompson. Thompson era un finanziatore, un promotore e, sebbene non avesse interessi precedenti in Russia, aveva finanziato personalmente la missione della Croce Rossa in Russia e l'aveva usata come veicolo per manovre politiche. Dal quadro complessivo possiamo dedurre che le motivazioni di Thompson erano principalmente finanziarie e commerciali. In particolare, Thompson era interessato al mercato russo e a come questo mercato potesse essere influenzato, deviato e catturato per essere sfruttato nel dopoguerra da uno o più sindacati di Wall Street. Certamente Thompson vedeva la Germania come un nemico, ma non tanto un nemico politico quanto un nemico economico o commerciale. L'industria e le banche tedesche erano il vero nemico. Per sconfiggere la Germania, Thompson era disposto a investire in qualsiasi veicolo di potere politico che potesse raggiungere il suo obiettivo. In altre parole, Thompson era un imperialista americano che lottava contro l'imperialismo tedesco, e questa lotta fu abilmente riconosciuta e sfruttata da Lenin e Trotsky.

Le prove confermano questo approccio apolitico. All'inizio di agosto del 1917, William Boyce Thompson pranzò all'ambasciata americana di Pietrogrado con Kerenskij, Terestchenko e l'ambasciatore americano Francis. Durante il pranzo Thompson mostrò ai suoi ospiti russi un cablogramma che aveva appena inviato all'ufficio di New York di J.P. Morgan, chiedendo il trasferimento di 425.000 rubli per coprire una sottoscrizione personale al nuovo Russian Liberty Loan. Thompson chiese anche a Morgan di "informare i miei amici che raccomando questi titoli come il miglior investimento bellico che conosca. Sarà lieto di occuparsi del loro acquisto qui senza alcun compenso"; quindi si offrì personalmente di partecipare al venti per cento di un sindacato di New York che acquistava cinque milioni di rubli del prestito russo. Non inaspettatamente, Kerensky e Terestchenko si dichiararono "molto gratificati" dal sostegno di Wall Street. L'ambasciatore Francis, tramite un cablogramma, informò prontamente il Dipartimento di Stato che la commissione della Croce Rossa stava "lavorando armoniosamente con me" e che avrebbe avuto un "effetto

---

sottocommissione della Commissione giudiziaria, 65° Cong., 1919, p. 802.

eccellente".[115] Altri scrittori hanno raccontato come Thompson abbia tentato di convincere i contadini russi a sostenere Kerenskij investendo 1 milione di dollari di tasca propria e fondi del governo americano dello stesso ordine di grandezza in attività di propaganda. Successivamente, il Comitato per l'educazione civica nella Russia libera, guidato dalla rivoluzionaria "Nonna" Breshkovskaya, con David Soskice (segretario privato di Kerensky) come dirigente, istituì giornali, uffici stampa, tipografie e oratori per promuovere l'appello "Combatti il kaiser e salva la rivoluzione". È degno di nota che la campagna di Kerensky finanziata da Thompson avesse lo stesso appello - "Mantenere la Russia in guerra" - come il suo sostegno finanziario ai bolscevichi. Il legame comune tra il sostegno di Thompson a Kerenskij e quello a Trotskij e Lenin era: "Continuare la guerra contro la Germania" e tenere la Germania fuori dalla Russia.

In breve, dietro e al di sotto degli aspetti militari, diplomatici e politici della Prima guerra mondiale, era in corso un'altra battaglia, vale a dire la manovra per il potere economico mondiale postbellico da parte di operatori internazionali dotati di forza e influenza significative. Thompson non era un bolscevico e nemmeno un filobolscevico. Non era nemmeno favorevole a Kerensky. E non era nemmeno filoamericano. *La motivazione principale era la conquista del mercato russo del dopoguerra.* Si trattava di un obiettivo commerciale, non ideologico. L'ideologia poteva influenzare operatori rivoluzionari come Kerensky, Trotsky, Lenin e altri, ma non i finanzieri.

Il memorandum di Lloyd George dimostra la parzialità di Thompson né per Kerensky né per i bolscevichi: "Dopo il rovesciamento dell'ultimo governo Kerensky abbiamo materialmente aiutato la diffusione della letteratura bolscevica, distribuendola tramite agenti e aerei all'esercito tedesco".[116] Questo è stato scritto a metà dicembre 1917, solo cinque settimane dopo l'inizio della Rivoluzione bolscevica e meno di quattro mesi dopo che Thompson aveva espresso il suo sostegno a Kerensky durante un pranzo

---

[115] Fascicolo decimale del Dipartimento di Stato degli Stati Uniti, 861.51/184.

[116] Si veda l'Appendice 3.

nell'ambasciata americana.

Thompson torna negli Stati Uniti

Thompson tornò e girò gli Stati Uniti con un appello pubblico per il riconoscimento dei sovietici. In un discorso tenuto al Rocky Mountain Club di New York nel gennaio 1918, Thompson chiese assistenza per il nascente governo bolscevico e, rivolgendosi a un pubblico composto in gran parte da occidentali, evocò lo spirito dei pionieri americani:

Questi uomini non avrebbero esitato a lungo ad estendere il riconoscimento e a dare il massimo aiuto e la massima solidarietà al governo operaio della Russia, perché nel 1819 e negli anni successivi abbiamo avuto là fuori governi bolscevichi... e anche governi molto buoni.[117]

È difficile paragonare l'esperienza dei pionieri della nostra frontiera occidentale allo spietato sterminio dell'opposizione politica allora in corso in Russia. Per Thompson, la promozione di questo fenomeno era senza dubbio simile alla sua promozione delle azioni minerarie nei giorni passati. Non sappiamo cosa pensassero i presenti, ma nessuno ha sollevato obiezioni. L'oratore era un rispettato direttore della Federal Reserve Bank di New York, un milionario che si era fatto da solo (e questo conta molto). E dopo tutto, non era appena tornato dalla Russia? Ma non tutto era roseo. Il biografo di Thompson, Hermann Hagedorn, ha scritto che Wall Street era "sbalordita", che i suoi amici erano "scioccati" e "dicevano che aveva perso la testa , che era diventato lui stesso bolscevico".[118]

Mentre Wall Street si chiedeva se fosse davvero "diventato bolscevico", Thompson trovò simpatia tra i colleghi direttori del consiglio della Federal Reserve Bank di New York. Il codirettore W. L. Saunders, presidente della Ingersoll-Rand Corporation e direttore della FRB, scrisse al presidente Wilson il 17 ottobre 1918,

---

[117] Inserita dal senatore Calder nel *Congressional Record*, 31 gennaio 1918, pag. 1409.

[118] Hagedorn, op. tit., p. 263.

dichiarando di essere "solidale con la forma di governo sovietica"; allo stesso tempo negò qualsiasi altro motivo, come "prepararsi ora per ottenere il commercio del mondo dopo la guerra".[119]

Il più interessante dei colleghi direttori di Thompson era George Foster Peabody, vicepresidente della Federal Reserve Bank di New York e amico intimo del socialista Henry George. Peabody aveva fatto fortuna con la manipolazione delle ferrovie, così come Thompson aveva fatto fortuna con la manipolazione delle azioni di rame. Peabody divenne quindi attivo a favore della proprietà governativa delle ferrovie e adottò apertamente la socializzazione.[120] Come conciliava Peabody il suo successo nell'impresa privata con la promozione della proprietà pubblica? Secondo il suo biografo Louis Ware, "il suo ragionamento gli diceva che era importante che questa forma di trasporto fosse gestita come un servizio pubblico piuttosto che a vantaggio di interessi privati". Questo ragionamento altisonante e benefico non è affatto veritiero. Sarebbe più corretto affermare che, data l'influenza politica dominante di Peabody e dei suoi colleghi finanzieri a Washington, con il controllo governativo delle ferrovie potevano evitare più facilmente i rigori della concorrenza. Grazie all'influenza politica potevano manipolare il potere di polizia dello Stato per ottenere ciò che non erano stati in grado di ottenere, o che era troppo costoso, con l'impresa privata. In altre parole, il potere di polizia dello Stato era un mezzo per mantenere un monopolio privato. Questo è esattamente ciò che aveva proposto Frederick C. Howe. L'idea di una Russia socialista pianificata centralmente deve aver attratto Peabody. Pensate: un gigantesco monopolio di Stato! E Thompson, suo amico e collega direttore, aveva una pista privilegiata con i ragazzi che gestivano l'operazione![121]

---

[119] Fascicolo decimale del Dipartimento di Stato degli Stati Uniti, 861.00/3005.

[120] Louis Ware, *George Foster Peabody* (Athens: University of Georgia Press, 1951).

[121] Se questo argomento sembra troppo inverosimile, il lettore dovrebbe vedere Gabriel Kolko, *Railroads and Regulation 1877-1916* (New York: W. W. Norton, 1965), che descrive come le pressioni per il controllo governativo e la formazione della Interstate Commerce Commission provenissero dai

Gli ambasciatori non ufficiali: Robins, Lockhart e Sadoul

I bolscevichi, da parte loro, valutarono correttamente la mancanza di simpatia dei rappresentanti di Pietrogrado delle tre principali potenze occidentali: Stati Uniti, Gran Bretagna e Francia. Gli Stati Uniti erano rappresentati dall'ambasciatore Francis, che non aveva alcuna simpatia per la rivoluzione. La Gran Bretagna era rappresentata da Sir James Buchanan, che aveva forti legami con la monarchia zarista ed era sospettato di aver favorito la fase Kerenskiana della rivoluzione. La Francia era rappresentata dall'ambasciatore Paleologo, dichiaratamente antibolscevico. All'inizio del 1918 fecero la loro comparsa altri tre personaggi, che divennero *di fatto* i rappresentanti di questi Paesi occidentali, scalzando i rappresentanti ufficialmente riconosciuti.

Raymond Robins subentrò a W. B. Thompson nella missione della Croce Rossa all'inizio del dicembre 1917, ma si occupò più di questioni economiche e politiche che di ottenere aiuti e assistenza per la Russia colpita dalla povertà. Il 26 dicembre 1917, Robins inviò una lettera al socio di Morgan Henry Davison, temporaneamente direttore generale della Croce Rossa americana: "La prego di insistere presso il Presidente sulla necessità di continuare i nostri rapporti con il governo bolscevico".[122] Il 23 gennaio 1918 Robins inviò una lettera a Thompson, allora a New York:

> *Il governo sovietico è oggi più forte che mai. La sua autorità e il suo potere si sono notevolmente consolidati con lo scioglimento dell'Assemblea Costituente... Non posso insistere troppo sull'importanza di un rapido riconoscimento dell'autorità bolscevica... Sisson approva questo testo e chiede di mostrare questo cablogramma a Creel. Thacher e Wardwell*

---

proprietari delle ferrovie, non dagli agricoltori e dagli utenti dei servizi ferroviari.

[122] C. K. Cumming e Waller W. Pettit, *Russian-American Relations, Documents and Papers* (New York: Harcourt, Brace & Howe, 1920), doc. 44.

concordano.[123]

Più tardi, nel 1918, al suo ritorno negli Stati Uniti, Robins presentò una relazione al Segretario di Stato Robert Lansing contenente questo paragrafo iniziale: "Cooperazione economica americana con la Russia; la Russia accoglierà con favore l'assistenza americana nella ricostruzione economica".[124]

Il costante impegno di Robins a favore della causa bolscevica gli conferì un certo prestigio nel campo bolscevico e forse anche una certa influenza politica. Nel novembre 1918 l'ambasciata statunitense a Londra affermò che "Salkind deve la sua nomina ad ambasciatore bolscevico in Svizzera a un americano... nientemeno che il signor Raymond Robins".[125] All'incirca in quel periodo cominciarono a giungere a Washington notizie che Robins era egli stesso un bolscevico; ad esempio, la seguente notizia da Copenaghen, datata 3 dicembre 1918:

> *Riservato. Secondo una dichiarazione fatta da Radek a George de Patpourrie, ex console generale dell'Austria-Ungheria a Mosca, il colonnello Robbins [sic], già capo della missione della Croce Rossa americana in Russia, si trova attualmente a Mosca per negoziare con il governo sovietico e le arti come intermediario tra i bolscevichi e i loro amici negli Stati Uniti. L'impressione è che in alcuni ambienti il colonnello Robbins sia egli stesso un bolscevico, mentre altri sostengono che non lo sia, ma che le sue attività in Russia siano state contrarie agli interessi dei governi associati.*[126]

I materiali contenuti negli archivi dell'Ufficio sovietico di New York e sequestrati dal Comitato Lusk nel 1919 confermano che sia

---

[123] Ibidem, doc. 54.

[124] Ibidem, doc. 92.

[125] U.S. State Dept. Decimal File, 861.00/3449. Ma si veda Kennan, *Russia Leaves the War*, pp. 401-5.

[126] Ibidem, 861.00 3333.

Robins che la moglie erano strettamente legati alle attività bolsceviche negli Stati Uniti e alla formazione dell'Ufficio sovietico di New York.[127]

Il governo britannico stabilì relazioni non ufficiali con il regime bolscevico inviando in Russia un giovane agente di lingua russa, Bruce Lockhart. Lockhart era, in effetti, l'omologo di Robins; ma a differenza di quest'ultimo, Lockhart aveva canali diretti con il Ministero degli Esteri. Lockhart non era stato scelto dal Segretario agli Esteri o dal Ministero degli Esteri; entrambi erano dispiaciuti per la nomina. Secondo Richard Ullman, Lockhart fu "scelto per la sua missione dagli stessi Milner e Lloyd George...". Maxim Litvinov, in qualità di rappresentante sovietico non ufficiale in Gran Bretagna, scrisse per Lockhart una lettera di presentazione a Trotsky, in cui definiva l'agente britannico "un uomo assolutamente onesto che comprende la nostra posizione e simpatizza con noi".[128]

Abbiamo già notato le pressioni su Lloyd George affinché assumesse una posizione filo-bolscevica, in particolare quelle di William B. Thompson e quelle indirette di Sir Basil Zaharoff e Lord Milner. Milner era, come suggerisce l'epigrafe di questo capitolo, estremamente prosocialista. Edward Crankshaw ha delineato succintamente la dualità di Milner.

Alcuni dei passaggi [in Milner] sull'industria e sulla società... sono passaggi che qualsiasi socialista sarebbe orgoglioso di aver scritto. Ma non sono stati scritti da un socialista. Sono stati scritti da "l'uomo che ha fatto la guerra boera". Alcuni dei passaggi sull'imperialismo e sul fardello dell'uomo bianco potrebbero essere stati scritti da un irriducibile conservatore. Sono stati scritti da un allievo di Karl Marx.[129]

Secondo Lockhart, il direttore della banca socialista Milner era un uomo che gli ispirava "il più grande affetto e la più grande

---

[127] Si veda il capitolo 7.

[128] Richard H. Ullman, *Intervention and the War* (Princeton, N.J.: Princeton University Press, 1961), t). 61.

[129] Edward Crankshaw, *L'idea abbandonata: A Study o! Viscount Milner* (Londra: Longmans Green, 1952), p. 269.

adorazione". [130]Lockhart racconta come Milner abbia personalmente sponsorizzato la sua nomina in Russia, l'abbia spinta fino al livello di gabinetto e, dopo la sua nomina, abbia parlato "quasi quotidianamente" con Lockhart. Pur aprendo la strada al riconoscimento dei bolscevichi, Milner promosse anche il sostegno finanziario ai loro oppositori nella Russia meridionale e altrove, come fece Morgan a New York. Questa duplice politica è coerente con la tesi che il *modus operandi* degli internazionalisti politicizzati - come Milner e Thompson - fosse quello di puntare il denaro dello Stato su qualsiasi cavallo rivoluzionario o controrivoluzionario che sembrasse un possibile vincitore. Gli internazionalisti, ovviamente, rivendicavano tutti i benefici successivi. L'indizio si trova forse nell'osservazione di Bruce Lockhart secondo cui Milner era un uomo che "credeva nello Stato altamente organizzato".[131]

Il governo francese nominò un simpatizzante ancora più apertamente bolscevico, Jacques Sadoul, un vecchio amico di Trotsky.[132]

In sintesi, i governi alleati neutralizzarono i propri rappresentanti diplomatici a Pietrogrado e li sostituirono con agenti non ufficiali più o meno simpatizzanti dei bolscevichi.

I rapporti di questi ambasciatori non ufficiali erano in diretto contrasto con le richieste di aiuto rivolte all'Occidente dall'interno della Russia. Maxim Gorky protestava per il tradimento degli ideali rivoluzionari da parte del gruppo Lenin-Trotsky, che aveva imposto in Russia il pugno di ferro di uno Stato di polizia:

> *Noi russi siamo un popolo che non ha mai lavorato in libertà, che non ha mai avuto la possibilità di sviluppare tutti i suoi poteri e i suoi talenti. E quando penso che la rivoluzione ci dà la possibilità di lavorare liberamente,*

---

[130] Robert Hamilton Bruce Lockhart, *British Agent* (New York: Putnam's, 1933), pag. 119.

[131] Ibidem, p. 204.

[132] Si veda Jacques Sadoul, *Notes sur la révolution bolchevique* (Paris: Éditions de la sirène, 1919).

di creare con una gioia molteplice, il mio cuore si riempie di grande speranza e di gioia, anche in questi giorni maledetti che sono sporchi di sangue e di alcol.
È qui che inizia la linea della mia decisa e inconciliabile separazione [dalle folli azioni dei commissari del popolo]. Considero il massimalismo delle idee molto utile per la sconfinata anima russa ; il suo compito è quello di sviluppare in quest'anima grandi e coraggiose esigenze, di richiamare lo spirito combattivo e l'attività così necessari, di promuovere l'iniziativa in quest'anima indolente e di darle forma e vita in generale.
Ma il massimalismo pratico degli anarco-comunisti e dei visionari dello Smolny è rovinoso per la Russia e, soprattutto, per la classe operaia russa. I commissari del popolo trattano la Russia come materiale per un esperimento. Il popolo russo è per loro quello che il cavallo è per i dotti batteriologi che lo inoculano con il tifo affinché nel suo sangue si sviluppi la linfa anti-tifo. Ora i commissari stanno tentando questo esperimento predestinato al fallimento sul popolo russo senza pensare che il cavallo, tormentato e mezzo affamato, potrebbe morire.
I riformatori dello Smolny non si preoccupano della Russia. Stanno sacrificando a sangue freddo la Russia in nome del loro sogno di rivoluzione mondiale ed europea. E finché potrò, lo farò presente al proletario russo: "Sei condotto alla distruzione"! Sei usato come materiale per un esperimento disumano!".

In contrasto con i rapporti degli ambasciatori non ufficiali simpatizzanti erano anche i rapporti dei rappresentanti diplomatici di vecchia data. Tipico di molti messaggi che affluirono a Washington all'inizio del 1918 - in particolare dopo l'espressione di sostegno di Woodrow Wilson ai governi bolscevichi - fu il seguente cablogramma dalla legazione statunitense a Berna, in Svizzera:

Per Polk. Il messaggio del Presidente al Console di Mosca non è stato compreso qui e la gente si chiede perché il Presidente esprima sostegno ai bolscevichi, alla luce degli stupri, degli omicidi e dell'anarchia di queste bande.[133]

Il continuo sostegno dell'amministrazione Wilson ai bolscevichi portò alle dimissioni di De Witt C. Poole, il capace incaricato d'affari americano ad Arcangelo (Russia):

> *È mio dovere spiegare francamente al Dipartimento la perplessità in cui mi ha gettato la dichiarazione sulla politica russa adottata dalla Conferenza di Pace, il 22 gennaio, su mozione del Presidente. La dichiarazione riconosce molto felicemente la rivoluzione e conferma ancora una volta quella totale assenza di simpatia per qualsiasi forma di contro-rivoluzione che è sempre stata una nota chiave della politica americana in Russia, ma non contiene una sola [parola] di condanna per l'altro nemico della rivoluzione - il governo bolscevico.*[134]

Così, già nei primi giorni del 1918, il tradimento della rivoluzione libertaria era stato notato da osservatori acuti come Maxim Gorky e De Witt C. Poole. Le dimissioni di Poole scossero il Dipartimento di Stato, che richiese la "massima reticenza riguardo al suo desiderio di dimettersi" e affermò che "sarà necessario sostituirla in modo naturale e normale per evitare gravi e forse disastrosi effetti sul morale delle truppe americane nel distretto di Arcangelo che potrebbero portare alla perdita di vite americane".[135]

Così non solo i governi alleati neutralizzarono i propri rappresentanti governativi, ma gli Stati Uniti ignorarono gli appelli provenienti dall'interno e dall'esterno della Russia a cessare il sostegno ai bolscevichi. Il sostegno influente ai sovietici proveniva in larga misura dall'area finanziaria di New York (poco sostegno effettivo proveniva dai rivoluzionari statunitensi interni). In particolare, proveniva dall'American International Corporation,

---

[133] U.S. State Dept. Decimal File, 861.00/1305, 15 marzo 1918.

[134] Ibidem, 861.00/3804.

[135] Ibidem.

un'azienda controllata da Morgan.

Esportare la rivoluzione: Jacob H. Rubin

Siamo ora in grado di confrontare due casi - non certo gli unici - in cui i cittadini americani Jacob Rubin e Robert Minor hanno contribuito a esportare la rivoluzione in Europa e in altre parti della Russia.

Jacob H. Rubin era un banchiere che, secondo le sue stesse parole, "ha contribuito a formare il governo sovietico di Odessa".[136] Rubin era presidente, tesoriere e segretario della Rubin Brothers di 19 West 34 Street, New York City. Nel 1917 fu associato alla Union Bank di Milwaukee e alla Provident Loan Society di New York. Tra i fiduciari della Provident Loan Society vi erano persone citate altrove come legate alla Rivoluzione bolscevica: P. A. Rockefeller, Mortimer L. Schiff e James Speyer.

Per un qualche processo - raccontato solo vagamente nel suo libro *I Live to Tell*[137] - *Rubin* si trovava a Odessa nel febbraio 1920 e divenne oggetto di un messaggio dell'ammiraglio McCully al Dipartimento di Stato (datato 13 febbraio 1920, 861.00/6349). Il messaggio riportava che Jacob H. Rubin della Union Bank di Milwaukee si trovava a Odessa e desiderava rimanere con i bolscevichi - "Rubin non vuole andarsene, ha offerto i suoi servizi ai bolscevichi e apparentemente simpatizza con loro". In seguito Rubin tornò negli Stati Uniti e nel 1921 testimoniò davanti alla Commissione Affari Esteri della Camera.

> *Ero stato con la Croce Rossa Americana a Odessa. Ero lì quando l'Armata Rossa prese possesso di Odessa. A quel tempo ero favorevole al governo sovietico, perché ero un socialista ed ero stato membro di quel partito per 20 anni. Devo ammettere che in una certa misura ho*

---

[136] U.S., House, Committee on Foreign Affairs, *Conditions in Russia*, 66th Cong., 3d sess., 1921.

[137] Jacob H. Rubin, *I Live to Tell: The Russian Adventures of an American Socialist* (Indianapolis: Bobbs-Merrill, 1934).

> *contribuito alla formazione del governo sovietico di Odessa.*[138]

Pur aggiungendo che era stato arrestato come spia dal governo Denikin della Russia del Sud, non sappiamo molto di più su Rubin. Sappiamo invece molto di più su Robert Minor, che fu colto in flagrante e rilasciato con un meccanismo che ricorda la liberazione di Trotsky da un campo di prigionia di Halifax.

Esportare la rivoluzione: Robert Minor

Il lavoro di propaganda bolscevica in Germania,[139] finanziato e organizzato da William Boyce Thompson e Raymond Robins, fu attuato sul campo da cittadini americani, sotto la supervisione del Commissariato del Popolo per gli Affari Esteri di Trotsky:

Una delle prime innovazioni di Trotsky al Ministero degli Esteri era stata quella di istituire un Ufficio Stampa sotto Karl Radek e un Ufficio di Propaganda Rivoluzionaria Internazionale sotto Boris Reinstein, tra i cui assistenti c'erano John Reed e Albert Rhys Williams.

Un giornale tedesco, Die Fackel (La Fiaccola), fu stampato in edizioni di mezzo milione al giorno e inviato con un treno speciale ai Comitati centrali dell'esercito di Minsk, Kiev e altre città, che a loro volta lo distribuirono in altri punti del fronte.[140]

Robert Minor era un agente dell'ufficio di propaganda di Reinstein. Gli antenati di Minor erano importanti nella prima storia americana. Il generale Sam Houston, primo presidente della Repubblica del Texas, era parente della madre di Minor, Routez Houston. Altri parenti erano Mildred Washington, zia di George Washington, e il

---

[138] Stati Uniti, Camera, Commissione per gli affari esteri, op. cit.

[139] Cfr. George G. Bruntz, *Allied Propaganda and the Collapse of the German Empire in 1918* (Stanford, Calif.: Stanford University Press, 1938), pp. 144-55; cfr. anche qui p. 82.

[140] John W. Wheeler-Bennett, *The Forgotten Peace* (New York: William Morrow, 1939).

generale John Minor, responsabile della campagna elettorale di Thomas Jefferson. Il padre di Minor era un avvocato della Virginia emigrato in Texas. Dopo anni difficili con pochi clienti, divenne un giudice di San Antonio.

Robert Minor era un vignettista di talento e un socialista. Lasciò il Texas per venire in Oriente. Alcuni dei suoi contributi apparvero su *Masses*, una rivista filo-bolscevica. Nel 1918 Minor era vignettista nello staff del *Philadelphia Public Ledger*. Nel marzo 1918 Minor lasciò New York per raccontare la rivoluzione bolscevica. Mentre si trovava in Russia, Minor si unì all'Ufficio di Propaganda Rivoluzionaria Internazionale di Reinstein (vedi diagramma), insieme a Philip Price, corrispondente del *Daily Herald* e del *Manchester Guardian*, e a Jacques Sadoul, ambasciatore francese non ufficiale e amico di Trotsky.

Ottimi dati sulle attività di Price, Minor e Sadoul sono sopravvissuti su sotto forma di un rapporto speciale segreto di Scotland Yard (Londra), n. 4, intitolato "Il caso di Philip Price e Robert Minor", nonché nei rapporti del Dipartimento di Stato di Washington.[141] Secondo questo rapporto di Scotland Yard, Philip Price si trovava a Mosca a metà del 1917, prima della Rivoluzione bolscevica, e ammise: "Sono coinvolto fino al collo nel movimento rivoluzionario". Tra la rivoluzione e l'autunno del 1918, Price lavorò con Robert Minor nel Commissariato per gli Affari Esteri.

---

[141] Una copia di questo rapporto di Scotland Yard si trova nell'archivio decimale del Dipartimento di Stato degli Stati Uniti, 316-23-1184 9.

ORGANIZZAZIONE DELLA PROPAGANDA ESTERA
LAVORO NEL 1918

| COMMISSARIATO DEL POPOLO PER GLI AFFARI ESTERI |

(Trotsky)

| UFFICIO STAMPA |

(Radek)

| UFFICIO DI PROPAGANDA RIVOLUZIONARIA INTERNAZIONALE |

(Reinstein)

Operatori sul campo

John Reed Louis Bryant Albert Rhys Williams

Robert Minor Philip Price Jacques Sadoul

Nel novembre 1918 Minor e Price lasciarono la Russia e si recarono in Germania.[142] I loro prodotti di propaganda furono utilizzati per la prima volta sul fronte russo di Murman; i volantini furono lanciati dagli aerei bolscevichi tra le truppe britanniche, francesi e americane

---

[142] Joseph North, *Robert Minor: Artist and Crusader* (New York: International Publishers, 1956).

- secondo il programma di William Thompson.[143] La decisione di inviare Sadoul, Price e Minor in Germania fu presa dal Comitato esecutivo centrale del Partito Comunista. In Germania le loro attività vennero notate dall'intelligence britannica, francese e americana. Il 15 febbraio 1919, il tenente J. Habas dell'esercito americano fu inviato a Düsseldorf, allora sotto il controllo di un gruppo rivoluzionario spartachista; si finse un disertore dell'esercito americano e offrì i suoi servizi agli spartachisti. Habas conobbe Philip Price e Robert Minor e suggerì di stampare alcuni opuscoli da distribuire alle truppe americane. Il rapporto di Scotland Yard riferisce che Price e Minor avevano già scritto diversi opuscoli per le truppe britanniche e americane, che Price aveva tradotto in inglese alcune opere di Wilhelm Liebknecht e che entrambi stavano lavorando ad altri scritti di propaganda. Habas riferì che Minor e Price dissero di aver lavorato insieme in Siberia alla stampa di un giornale bolscevico in lingua inglese da distribuire per via aerea alle truppe americane e britanniche.[144]

L'8 giugno 1919, Robert Minor viene arrestato a Parigi dalla polizia francese e consegnato alle autorità militari americane a Coblenza. Contemporaneamente, gli spartachisti tedeschi furono arrestati dalle autorità militari britanniche nella zona di Colonia. In seguito, gli spartachisti furono condannati con l'accusa di cospirazione per provocare ammutinamento e sedizione tra le forze alleate. Price fu arrestato ma, come Minor, rapidamente liberato. Questo frettoloso rilascio fu annotato dal Dipartimento di Stato:

> *Robert Minor è stato rilasciato, per ragioni non del tutto chiare, dal momento che le prove contro di lui sembrano essere state sufficienti a garantire la condanna. Il rilascio avrà un effetto negativo, perché si ritiene che Minor sia stato intimamente legato all'IWW in*

---

[143] Esempi dei testi di propaganda di Minor sono ancora negli archivi del Dipartimento di Stato americano. Si vedano le pagg. 197-200 su Thompson.

[144] Si veda l'Appendice 3.

America.[145]

Il meccanismo con cui Robert Minor ottenne il suo rilascio è registrato negli archivi del Dipartimento di Stato. Il primo documento rilevante, datato 12 giugno 1919, proviene dall'ambasciata statunitense di Parigi e indirizzato al Segretario di Stato di Washington, con la dicitura URGENTE E RISERVATO.[146] Il Ministero degli Esteri francese informava l'ambasciata che l'8 giugno Robert Minor, "un corrispondente americano", era stato arrestato a Parigi e consegnato al quartier generale della Terza Armata americana a Coblenza. I documenti trovati su Minor sembrano "confermare i rapporti forniti sulle sue attività". Sembra quindi accertato che Minor sia entrato in relazione a Parigi con i partigiani dichiarati del bolscevismo". L'ambasciata considerava Minor un "uomo particolarmente pericoloso". L'ambasciata riteneva che si trattasse di una questione di esclusiva competenza delle forze armate, per cui non prevedeva alcuna azione, anche se le istruzioni sarebbero state ben accette.

Il 14 giugno, il giudice R. B. Minor a San Antonio, Texas, telegrafò a Frank L. Polk del Dipartimento di Stato:

> *La stampa riporta la detenzione di mio figlio Robert Minor a Parigi per motivi sconosciuti. Vi prego di fare tutto il possibile per proteggerlo Mi riferisco ai senatori del Texas. [R. P. Minor, giudice distrettuale, San Antonio, Texas.[147]*

Polk telegrafò al giudice Minor che né il Dipartimento di Stato né il Dipartimento della Guerra avevano informazioni sulla detenzione di Robert Minor e che il caso era ora all'attenzione delle autorità militari di Coblenza. Il 13 giugno il Dipartimento di Stato ricevette un messaggio "strettamente confidenziale e urgente" da Parigi che riportava una dichiarazione dell'Ufficio di intelligence militare

---

[145] Fascicolo decimale del Dipartimento di Stato degli Stati Uniti, 316-23-1184.

[146] Ibidem, 861.00/4680 (316-22-0774).

[147] Ibidem, 861.00/4685 (/783).

(Coblenza) sulla detenzione di Robert Minor: "Minor è stato arrestato a Parigi dalle autorità francesi su richiesta dell'intelligence militare britannica e immediatamente consegnato al quartier generale americano di Coblenza".[148] Era accusato di aver scritto e diffuso letteratura rivoluzionaria bolscevica, stampata a Dusseldorf, tra le truppe britanniche e americane nelle zone da loro occupate. Le autorità militari intendevano esaminare le accuse contro Minor e, se fondate, processarlo davanti alla corte marziale. Se le accuse non fossero state fondate, era loro intenzione consegnare Minor alle autorità britanniche, "che originariamente avevano richiesto che i francesi lo consegnassero loro".[149] Il giudice Minor in Texas contattò autonomamente Morris Sheppard, senatore americano del Texas, e Sheppard contattò il colonnello House a Parigi. Il 17 giugno 1919, il colonnello House inviò al senatore Sheppard quanto segue:

> *Sia io che l'Ambasciatore americano stiamo seguendo il caso di Robert Minor. Sono informati che è detenuto dalle autorità militari americane a Colonia con gravi accuse, di cui è difficile scoprire l'esatta natura. Tuttavia, faremo tutto il possibile per assicurargli una giusta considerazione.[150]*

Sia il senatore Sheppard che il deputato Carlos Bee (14° distretto, Texas) manifestarono il loro interesse al Dipartimento di Stato. Il 27 giugno 1919, il deputato Bee chiese agevolazioni affinché il giudice Minor potesse inviare al figlio 350 dollari e un messaggio. Il 3 luglio il senatore Sheppard scrisse a Frank Polk, affermando di essere "molto interessato" al caso di Robert Minor e chiedendo se lo Stato potesse accertarne lo stato e se Minor fosse correttamente sotto la giurisdizione delle autorità militari. L'8 luglio l'ambasciata di Parigi inviò un messaggio a Washington: "Confidenziale. Minor rilasciato dalle autorità americane... torna negli Stati Uniti con la prima nave disponibile". Questo improvviso rilascio incuriosì il Dipartimento di

---

[148] Fascicolo decimale del Dipartimento di Stato degli Stati Uniti, 861.00/4688 (/788).

[149] Ibidem.

[150] Ibidem, 316-33-0824.

Stato e il 3 agosto il Segretario di Stato Lansing inviò a Parigi un messaggio: "Segreto. In riferimento al precedente, sono molto ansioso di ottenere le ragioni del rilascio di Minor da parte delle autorità militari".

In origine, le autorità dell'esercito americano volevano che fossero i britannici a processare Robert Minor perché "temevano che la politica potesse intervenire negli Stati Uniti per impedire una condanna se il prigioniero fosse stato processato dalla corte marziale americana". Tuttavia, il governo britannico sostenne che Minor era un cittadino degli Stati Uniti, che le prove dimostravano che aveva preparato propaganda contro le truppe americane in primo luogo, e che, di conseguenza - così suggerì il Capo di Stato Maggiore britannico - Minor avrebbe dovuto essere processato da una corte americana. Il Capo di Stato Maggiore britannico "considerava della massima importanza ottenere una condanna, se possibile".[151]

I documenti dell'ufficio del Capo di Stato Maggiore della Terza Armata riguardano i dettagli interni del rilascio di Minor.[152] Un telegramma del 23 giugno 1919 del Maggiore Generale Harbord, Capo di Stato Maggiore della Terza Armata (in seguito presidente del Consiglio di Amministrazione della International General Electric, il cui centro esecutivo, per coincidenza, si trovava anch'esso al 120 di Broadway), al Comandante Generale della Terza Armata, affermava che il Comandante in Capo John J. Pershing "ordina di sospendere l'azione nel caso contro Minor in attesa di ulteriori ordini". Esiste anche un memorandum firmato dal generale di brigata W. A. Bethel nell'ufficio del giudice avvocato, datato 28 giugno 1919, contrassegnato come "Segreto e confidenziale" e intitolato "Robert Minor, in attesa di processo da parte di una commissione militare presso il quartier generale della Terza Armata". Il promemoria esamina il caso legale contro Minor. Tra i punti sollevati da Bethel c'è il fatto che gli inglesi erano ovviamente riluttanti a trattare il caso Minor perché "temono l'opinione americana nel caso di un processo da parte loro a un americano per

---

[151] Fascicolo decimale del Dipartimento di Stato degli Stati Uniti, 861.00/4874.

[152] Ufficio del Capo di Stato Maggiore dell'Esercito degli Stati Uniti, Archivio Nazionale, Washington.

un reato di guerra in Europa", anche se il reato di cui Minor è accusato è il più grave "che un uomo possa commettere". Si tratta di un'affermazione significativa; Minor, Price e Sadoul stavano attuando un programma progettato dal direttore della Federal Reserve Bank Thompson, fatto confermato dal memorandum dello stesso Thompson (vedi Appendice 3). Non era quindi Thompson (e Robins), in qualche misura, soggetto alle stesse accuse?

Dopo aver interrogato Siegfried, il testimone contro Minor, e aver esaminato le prove, Bethel commentò:

> *Credo fermamente che Minor sia colpevole, ma se fossi seduto in tribunale, non lo dichiarerei colpevole sulla base delle prove ora disponibili - la testimonianza di un solo uomo che agisce in qualità di detective e informatore.*

Bethel continua affermando che entro una settimana o dieci giorni si saprà se è disponibile una conferma sostanziale della testimonianza di Siegfried. Se fosse disponibile, "penso che Minor dovrebbe essere processato", ma "se non è possibile avere una conferma, penso che sarebbe meglio archiviare il caso".

Questa dichiarazione di Bethel fu trasmessa in forma diversa dal generale Harbord in un telegramma del 5 luglio al generale Malin Craig (Capo di Stato Maggiore della Terza Armata, Coblenza):

> *In riferimento al caso contro Minor, a meno che non siano stati rintracciati altri testimoni oltre a Siegfried entro questo momento, C in C ordina che il caso venga archiviato e Minor liberato. Si prega di prendere atto e di dichiarare l'azione.*

La risposta di Craig al generale Harbord (5 luglio) riporta che Minor è stato liberato a Parigi e aggiunge: "Questo è in accordo con i suoi desideri e si adatta ai nostri scopi". Craig aggiunge anche che sono *stati* ottenuti altri testimoni.

Questo scambio di telegrammi suggerisce un certo grado di fretta nel far cadere le accuse contro Robert Minor, e la fretta suggerisce pressioni. Non è stato fatto alcun tentativo significativo di sviluppare prove. L'intervento del colonnello House e del generale Pershing ai più alti livelli di Parigi e il cablogramma del colonnello House al senatore Morris Sheppard danno peso ai resoconti dei giornali americani secondo i quali sia House che il presidente Wilson erano responsabili del frettoloso rilascio di Minor senza processo.[153]

Minor tornò negli Stati Uniti e, come Thompson e Robins prima di lui, girò gli Stati Uniti promuovendo le meraviglie della Russia bolscevica.

Riassumendo, scopriamo che il direttore della Federal Reserve Bank William Thompson fu attivo nel promuovere gli interessi bolscevichi in diversi modi: produzione di un pamphlet in russo, finanziamento di operazioni bolsceviche, discorsi, organizzazione (con Robins) di una missione rivoluzionaria bolscevica in Germania (e forse in Francia) e, con il socio Morgan Lamont, influenzamento di Lloyd George e del gabinetto di guerra britannico per ottenere un cambiamento della politica britannica. Inoltre, Raymond Robins fu citato dal governo francese per aver organizzato i bolscevichi russi per la rivoluzione tedesca. Sappiamo che Robins lavorava apertamente per gli interessi sovietici in Russia e negli Stati Uniti. Infine, scopriamo che Robert Minor, uno dei propagandisti rivoluzionari utilizzati nel programma di Thompson, fu rilasciato in circostanze che suggeriscono l'intervento dei più alti livelli del governo statunitense.

Ovviamente, questa è solo una frazione di un quadro molto più ampio. Non si tratta di eventi accidentali o casuali. Costituiscono uno schema coerente e continuo per diversi anni. Suggeriscono una potente influenza ai livelli più alti di diversi governi.

---

[153] U.S., Senato, *Congressional Record, ottobre* 1919, pp. 6430, 6664-66, 7353-54; e *New York Times*, ottobre 1919. Si veda anche *Sacramento Bee,* 17 luglio 1919.

Capitolo VII

I bolscevichi tornano a New York

> *Martens è molto in vista. Non sembrano esserci dubbi sul suo legame con la Guarantee [sic] Trust Company, anche se è sorprendente che un'impresa così grande e influente abbia rapporti con un'impresa bolscevica.*
>
> Rapporto dei servizi segreti di Scotland Yard,
> Londra, 1919[154]

Sulla scia dei successi iniziali della rivoluzione, i sovietici non persero tempo a tentare, attraverso gli ex residenti statunitensi, di stabilire relazioni diplomatiche con gli Stati Uniti e di creare punti di propaganda negli Stati Uniti. Nel giugno 1918 il console americano ad Harbin inviò una lettera a Washington:

> *Albert R. Williams, portatore Dipartimento passaporto 52.913 15 maggio 1917 procedere Stati Uniti per stabilire ufficio informazioni per il governo sovietico per cui ha autorità scritta. Devo dare il visto?[155]*

Washington negò il visto e quindi Williams non ebbe successo nel suo tentativo di stabilire qui un ufficio informazioni. Williams fu seguito da Alexander Nyberg (alias Santeri Nuorteva), un ex finlandese immigrato negli Stati Uniti nel gennaio 1912, che divenne il primo rappresentante sovietico operativo negli Stati Uniti. Nyberg era un attivo propagandista. Infatti, nel 1919 era, secondo J.

---

[154] Copia nel fascicolo decimale del Dipartimento di Stato americano, 316-22-656.

[155] Ibidem, 861.00/1970.

Edgar Hoover (in una lettera al Comitato statunitense per gli Affari Esteri), "il precursore di LCAK Martens e con Gregory Weinstein l'individuo più attivo della propaganda ufficiale bolscevica negli Stati Uniti".[156]

Nyberg non ebbe troppo successo né come rappresentante diplomatico né, infine, come propagandista. I documenti del Dipartimento di Stato registrano un colloquio con Nyberg da parte dell'ufficio dei consiglieri, datato 29 gennaio 1919. Nyberg era accompagnato da H. Kellogg, descritto come "cittadino americano, laureato ad Harvard" e, cosa più sorprendente, da un certo McFarland, avvocato dell'organizzazione Hearst. I registri del Dipartimento di Stato mostrano che Nyberg fece "molte inesattezze riguardo all'atteggiamento nei confronti del governo bolscevico" e sostenne che Peters, il capo della polizia terroristica Lett a Pietrogrado, era solo un "poeta di buon cuore". Nyberg chiese al dipartimento di inviare un cablogramma a Lenin, "sulla base della teoria che potrebbe essere utile per realizzare la conferenza proposta dagli Alleati a Parigi".[157] Il messaggio proposto, un appello sconclusionato a Lenin affinché ottenesse l'accettazione internazionale presentandosi alla Conferenza di Parigi, non fu inviato.[158]

Un'incursione nell'ufficio sovietico di New York

Alexander Nyberg (Nuorteva) fu quindi licenziato e sostituito dall'Ufficio sovietico, istituito all'inizio del 1919 nel World Tower Building, 110 West 40 Street, New York City. L'ufficio era diretto da un cittadino tedesco, Ludwig C.A.K. Martens, solitamente indicato come il primo ambasciatore dell'Unione Sovietica negli Stati Uniti, che fino a quel momento era stato vicepresidente dello studio di ingegneria Weinberg & Posner, situato al 120 di Broadway, a New York. Non è stato spiegato il motivo per cui

---

[156] U.S., House, Committee on Foreign Affairs, *Conditions in Russia*, 66th Cong., 3d sess., 1921, p. 78.

[157] Fascicolo decimale del Dipartimento di Stato degli Stati Uniti, 316-19-1120.

[158] Ibidem.

l'"ambasciatore" e i suoi uffici si trovassero a New York anziché a Washington D.C.; ciò suggerisce che l'obiettivo principale fosse il commercio piuttosto che la diplomazia. In ogni caso, il Bureau lanciò subito un appello per il commercio russo con gli Stati Uniti. L'industria era crollata e la Russia aveva estremo bisogno di macchinari, merci ferroviarie, abbigliamento, prodotti chimici, farmaci - in effetti, tutto ciò che viene utilizzato da una civiltà moderna. In cambio i sovietici offrirono oro e materie prime. L'Ufficio sovietico procedette quindi a stipulare contratti con le imprese americane, ignorando i fatti dell'embargo e del non riconoscimento. Allo stesso tempo, forniva sostegno finanziario al nascente Partito Comunista degli Stati Uniti.[159]

Il 7 maggio 1919, il Dipartimento di Stato respinse l'intervento degli imprenditori a favore del Bureau (già citato altrove) e ripudiò Ludwig Martens, il Bureau sovietico e il governo bolscevico della Russia. Questa smentita ufficiale non scoraggiò i cacciatori di ordini dell'industria americana. Quando il 12 giugno 1919 gli uffici del Soviet Bureau vennero perquisiti dai rappresentanti del Comitato Lusk dello Stato di New York, vennero alla luce file di lettere indirizzate a e provenienti da uomini d'affari americani, in rappresentanza di quasi mille aziende. Il rapporto speciale n. 5 (segreto) del British Home Office Directorate of Intelligence, emesso da Scotland Yard, Londra, il 14 luglio 1919, e scritto da Basil H. Thompson, si basava su questo materiale sequestrato:

> *... Martens e i suoi soci si sono adoperati fin dall'inizio per suscitare l'interesse dei capitalisti americani e si ritiene che il Bureau abbia ricevuto il sostegno finanziario di alcune imprese russe di esportazione e della Guarantee [sic] Trust Company, che però ha smentito l'accusa di finanziare l'organizzazione di Martens.[160]*

---

[159] Cfr. Benjamin Gitlow, U.S., House, *Un-American Propaganda Activities* (Washington, 1939), vol. 7-8, p. 4539.

[160] Copia nel fascicolo decimale del Dipartimento di Stato americano, 316-22-656. La conferma del coinvolgimento della Guaranty Trust è contenuta in

Thompson ha rilevato che l'affitto mensile degli uffici del Soviet Bureau era di 300 dollari e gli stipendi degli uffici ammontavano a circa 4.000 dollari. I fondi di Martens per pagare queste fatture provenivano in parte da corrieri sovietici - come John Reed e Michael Gruzenberg - che portavano diamanti dalla Russia per venderli negli Stati Uniti, e in parte da società commerciali americane, tra cui la Guaranty Trust Company di New York. I rapporti britannici riassumono i file sequestrati dagli investigatori di Lusk negli uffici del Bureau, e questo riassunto è degno di essere citato per intero:

(1) All'epoca in cui il Presidente si recò per la prima volta in Francia, c'era un intrigo per far sì che l'Amministrazione utilizzasse Nuorteva come intermediario con il governo sovietico russo, al fine di ottenere il suo riconoscimento da parte dell'America. Si cercò di coinvolgere il colonnello House e c'è una lunga e interessante lettera a Frederick C. Howe, sul cui sostegno e simpatia Nuorteva sembrava contare. Esistono altri documenti che collegano Howe a Martens e Nuorteva.

(2) Esiste un fascicolo di corrispondenza con Eugene Debs.

(3) Una lettera di Amos Pinchot a William Kent della U.S. Tariff Commission in una busta indirizzata al senatore Lenroot, presenta Evans Clark "ora nel Bureau della Repubblica Sovietica Russa". "Vuole parlare con lei del riconoscimento di Kolchak e dell'innalzamento del blocco, ecc.

(4) Un rapporto a Felix Frankfurter, datato 27 maggio 1919, parla della virulenta campagna di diffamazione del governo russo.

(5) Esiste una notevole corrispondenza tra il colonnello e la signora Raymond Robbins [sic] e Nuorteva, sia nel 1918 che nel 1919. Nel luglio del 1918 la signora Robbins chiese a Nuorteva degli articoli per "Life and Labour", l'organo della National Women's Trade League. Nel febbraio e marzo 1919, Nuorteva cercò, tramite Robbins, di farsi invitare a testimoniare davanti alla commissione Overman. Voleva anche che Robbins denunciasse i documenti di

---

successivi rapporti di intelligence.

Sisson.

(6) In una lettera della Jansen Cloth Products Company, New York, a Nuorteva, datata 30 marzo 1918, E. Werner Knudsen afferma di aver saputo che Nuorteva intende prendere accordi per l'esportazione di prodotti alimentari attraverso la Finlandia e offre i suoi servizi. Abbiamo un dossier su Knudsen, che ha passato informazioni da e per la Germania attraverso il Messico per quanto riguarda le spedizioni britanniche.[161]

Ludwig Martens, continuava il rapporto dell'intelligence, era in contatto con tutti i leader della "sinistra" negli Stati Uniti, compresi John Reed, Ludwig Lore e Harry J. Boland, il ribelle irlandese. Martens aveva organizzato una vigorosa campagna contro Aleksandr Kolchak in Siberia. Il rapporto conclude:

> *[L'organizzazione di Martens è un'arma potente per sostenere la causa bolscevica negli Stati Uniti e... è in stretto contatto con i promotori di agitazioni politiche in tutto il continente americano.*

L'elenco di Scotland Yard del personale impiegato dall'Ufficio sovietico a New York coincide abbastanza fedelmente con un elenco simile contenuto negli archivi del Comitato Lusk ad Albany, New York, che oggi sono aperti al pubblico.[162] C'è una differenza essenziale tra i due elenchi: l'analisi britannica includeva il nome di "Julius Hammer", mentre Hammer era stato omesso dal rapporto del

---

[161] Su Frederick C. Howe si vedano le pagg. 16 e 177, per una prima affermazione del modo in cui i finanzieri usano la società e i suoi problemi per i propri fini; su Felix Frankfurter, poi giudice della Corte Suprema, si veda l'Appendice 3 per una prima lettera di Frankfurter a Nuorteva; su Raymond Robins si veda pag. 100.

[162] L'elenco del personale dell'Ufficio sovietico stilato dal Comitato Lusk è riportato nell'Appendice 3. L'elenco comprende Kenneth Durant, aiutante del colonnello House; Dudley Field Malone, nominato dal presidente Wilson collettore delle dogane del porto di New York; e Morris Hillquit, intermediario finanziario tra il banchiere newyorkese Eugene Boissevain da un lato, e John Reed e l'agente sovietico Michael Gruzenberg dall'altro.

Comitato Lusk.[163] Il rapporto britannico descrive Julius Hammer come segue:

> *Con Julius Hammer, Martens ha un vero bolscevico e un ardente aderente alla sinistra, arrivato non molto tempo fa dalla Russia. È stato uno degli organizzatori del movimento di sinistra a New York e parla alle riunioni sulla stessa piattaforma di leader di sinistra come Reed, Hourwich, Lore e Larkin.*
>
> *Esistono anche altre prove del lavoro di Hammer per conto dei sovietici. In una lettera inviata dalla National City Bank di New York al Dipartimento del Tesoro degli Stati Uniti si afferma che i documenti ricevuti dalla banca da Martens sono stati "testimoniati da un certo Dr. Julius Hammer per il Direttore ad interim del Dipartimento Finanziario" dell'Ufficio sovietico.*[164]

La famiglia Hammer ha avuto stretti legami con la Russia e il regime sovietico dal 1917 a oggi. Armand Hammer è oggi in grado di acquisire i più lucrosi contratti sovietici. Jacob, nonno di Armand Hammer, e Julius sono nati in Russia. Armand, Harry e Victor, figli di Julius, sono nati negli Stati Uniti e sono cittadini statunitensi. Victor era un noto artista; suo figlio - anch'egli di nome Armand - e sua nipote sono cittadini sovietici e risiedono in Unione Sovietica. Armand Hammer è presidente della Occidental Petroleum Corporation e ha un figlio, Julian, che è direttore della pubblicità e delle pubblicazioni della Occidental Petroleum.

Julius Hammer fu un membro di spicco e finanziatore dell'ala sinistra del Partito Socialista. Al congresso del 1919 Hammer fece parte, insieme a Bertram D. Wolfe e Benjamin Gitlow, del comitato direttivo che diede vita al Partito Comunista degli Stati Uniti.

Nel 1920 Julius Hammer fu condannato da tre anni e mezzo a quindici anni a Sing Sing per aborto criminale. Lenin suggerì - a

---

[163] Julius Hammer era il padre di Armand Hammer, oggi presidente della Occidental Petroleum Corp. di Los Angeles.

[164] Si veda l'Appendice 3.

ragione - che Julius era stato "imprigionato con l'accusa di praticare aborti illegali, ma in realtà a causa del comunismo".[165] Altri membri del Partito Comunista statunitense furono condannati al carcere per sedizione o deportati in Unione Sovietica. I rappresentanti sovietici negli Stati Uniti fecero sforzi strenui, ma senza successo, per far rilasciare Julius e i suoi compagni di partito.

Un altro membro di spicco dell'Ufficio sovietico era il segretario aggiunto Kenneth Durant, ex aiutante del colonnello House. Nel 1920 Durant fu identificato come un corriere sovietico. L'Appendice 3 riproduce una lettera a Kenneth Durant, sequestrata dal Dipartimento di Giustizia degli Stati Uniti nel 1920, che descrive lo stretto rapporto di Durant con la gerarchia sovietica. La lettera è stata inserita nel verbale delle audizioni di una commissione parlamentare nel 1920, con il seguente commento:

MR. NEWTON: È interesse di questa commissione sapere quale fosse la natura di quella lettera, e ho una copia della lettera che voglio inserire nel verbale in relazione alla testimonianza del testimone. MR. Mason: Quella lettera non è mai stata mostrata al testimone. Egli ha detto di non averla mai vista, di aver chiesto di vederla e che il dipartimento si è rifiutato di mostrargliela. Non metteremmo un testimone al banco dei testimoni e gli chiederemmo di testimoniare su una lettera senza averla vista.

MR. NEWTON: Il testimone ha dichiarato di avere una lettera di questo tipo e ha affermato che l'hanno trovata nel suo cappotto nel bagagliaio, credo. La lettera era indirizzata a un certo Kenneth Durant e conteneva un'altra busta, anch'essa sigillata. I funzionari del governo le hanno aperte e ne hanno fatto una copia fotostatica. La lettera, posso dire, è firmata da un uomo di nome *"Bill"*. Si riferisce in particolare a denaro sovietico depositato a Christiania, in Norvegia, una parte del quale è stata consegnata ai funzionari del governo sovietico in questo Paese.[166]

Kenneth Durant, che fungeva da corriere sovietico nel trasferimento

---

[165] V. I. Lenin, *Polnoe Sobranie Sochinenii*, 5a ed. (Mosca, 1958), 53:267.

[166] U.S., House, Committee. on Foreign Affairs, *Conditions in Russia*, 66th Cong., 3d sess., 1921, p. 75. "Bill" era William Bobroff, agente sovietico.

dei fondi, era tesoriere del Soviet Bureau e addetto stampa ed editore di *Soviet Russia*, l'organo ufficiale del Soviet Bureau. Durant proveniva da una famiglia benestante di Filadelfia. Trascorse la maggior parte della sua vita al servizio dei sovietici, prima come responsabile del lavoro pubblicitario presso il Bureau sovietico e poi, dal 1923 al 1944, come direttore dell'ufficio della *Tass* sovietica negli Stati Uniti. J. Edgar Hoover ha descritto Durant come "in ogni momento... particolarmente attivo negli interessi di Martens e del governo sovietico".[167]

Anche Felix Frankfurter - in seguito giudice della Corte Suprema - era importante nei file del Bureau sovietico. Una lettera di Frankfurter all'agente sovietico Nuorteva è riprodotta nell'Appendice 3 e suggerisce che Frankfurter avesse una certa influenza sul Bureau.

In breve, il Bureau sovietico non avrebbe potuto essere istituito senza un'assistenza influente da parte degli Stati Uniti. Parte di questa assistenza proveniva da specifiche nomine influenti nello staff del Soviet Bureau e parte da aziende commerciali esterne al Bureau, , che erano riluttanti a rendere pubblico il loro sostegno.

Alleati aziendali per il Bureau sovietico

Il 1° febbraio 1920, la prima pagina del *New York Times* riportava un riquadro in cui si affermava che Martens sarebbe stato arrestato e deportato in Russia. Allo stesso tempo Martens era ricercato come testimone per comparire davanti a una sottocommissione del Comitato per le relazioni estere del Senato che indagava sulle attività sovietiche negli Stati Uniti. Dopo essersi nascosto per qualche giorno, Martens si presentò alla commissione, rivendicando il privilegio diplomatico e rifiutandosi di consegnare i documenti "ufficiali" in suo possesso. Poi, dopo una raffica di pubblicità, Martens "cedette", consegnò i suoi documenti e ammise di aver svolto attività rivoluzionarie negli Stati Uniti con l'obiettivo finale di rovesciare il sistema capitalistico.

---

[167] Ibidem, p. 78.

Martens si vantò con i media e il Congresso che le grandi aziende, tra cui gli imballatori di Chicago, stavano aiutando i sovietici:

> *Secondo Martens, invece di fare propaganda tra i radicali e il proletariato, ha indirizzato la maggior parte dei suoi sforzi per convincere a schierarsi dalla parte della Russia i grandi interessi commerciali e manifatturieri di questo Paese, gli imballatori, la United States Steel Corporation, la Standard Oil Company e altre grandi imprese impegnate nel commercio internazionale. Martens ha affermato che la maggior parte delle grandi aziende del Paese lo stavano aiutando nel suo sforzo di far riconoscere al governo il governo sovietico.*[168]

Questa affermazione è stata ampliata da A. A. Heller, addetto commerciale presso l'Ufficio sovietico:

> *"Tra le persone che ci hanno aiutato a ottenere il riconoscimento dal Dipartimento di Stato ci sono i grandi imballatori di Chit ago, Armour, Swift, Nelson Morris e Cudahy.... Tra le altre aziende ci sono... l'American Steel Export Company, la Lehigh Machine Company, l'Adrian Knitting Company, l'International Harvester Company, l'Aluminum Goods Manufacturing Company, l'Aluminum Company of America, l'American Car and Foundry Export Company, M.C.D. Borden & Sons".*[169]

Il *New York Times* ha seguito queste affermazioni e ha riportato i commenti delle aziende citate. "Non ho mai sentito parlare di quest'uomo [Martens] in vita mia", ha dichiarato G. F. Swift, Jr. responsabile del reparto esportazioni della Swift & Co. "Sono certo che non abbiamo mai avuto rapporti di alcun tipo con lui".[170] Il

---

[168] *New York Times*, 17 novembre 1919.

[169] Ibidem.

[170] Ibidem.

Times aggiunge che O. H. Swift, l'unico altro membro dell'azienda che è stato possibile contattare, "ha anche negato di essere a conoscenza di Martens o del suo ufficio a New York". La dichiarazione di Swift era evasiva al massimo. Quando gli investigatori della Commissione Lusk sequestrarono i fascicoli del Bureau sovietico, trovarono la corrispondenza tra il Bureau e quasi tutte le aziende citate da Martens e Heller. L'"elenco delle aziende che si sono offerte di fare affari con il Soviet Bureau russo", compilato da questi file, includeva una voce (pagina 16), "Swift and Company, Union Stock Yards, Chicago, Ill". In altre parole, Swift *era stato* in comunicazione con Martens nonostante la sua smentita al *New York Times*.

Il *New York Times* ha contattato la United States Steel e ha riferito: "Il giudice Elbert H. Gary ha detto ieri sera che non c'era alcun fondamento per l'affermazione che il rappresentante sovietico avesse avuto rapporti con la United States Steel Corporation". Questo è tecnicamente corretto. La United States Steel Corporation non è elencata nei file sovietici, ma l'elenco contiene (pagina 16) un'affiliata, "United States Steel Products Co., 30 Church Street, New York City".

L'elenco del Comitato di Lusk riporta quanto segue su altre aziende citate da Martens e Heller: Standard Oil - non elencata. Armour 8c Co., confezionatori di carne - elencati come "Armour Leather" e "Armour & Co. Union Stock Yards, Chicago". Morris Go., confezionatori di carne, è elencata a pagina 13. Cudahy - elencata a pagina 6. American Steel Export Co. - elencata a pagina 2 con sede presso il Woolworth Building; si era offerta di commerciare con l'URSS. Lehigh Machine Co. - non elencata. Adrian Knitting Co. - elencata a pagina 1. International Harvester Co. elencata a pagina 11. Aluminum Goods Manufacturing Co. - elencata a pagina 1. Aluminum Company of America - non elencata. American Car and Foundry Export - l'elenco più vicino è "American Car Co. - Philadelphia". M.C.D. Borden 8c Sons - elencata come situata al 90 di Worth Street, a pagina 4.

Sabato *21* giugno 1919, Santeri Nuorteva (Alexander Nyberg) confermò in un'intervista alla stampa il ruolo di International Harvester:

D: [da un giornalista del *New York* Times]: Qual è la sua attività?

R: Direttore degli acquisti nella Russia sovietica.

D: Cosa avete fatto per raggiungere questo obiettivo?

R: Mi sono rivolto ai produttori americani.

D: Nominateli.

R: International Harvester Corporation è una di queste.

D: Chi ha visto?

R: Signor Koenig.

D: Sei andato a trovarlo?

R: Sì.

D: Dare altri nomi.

R: Ho visitato tantissime persone, circa 500, e non ricordo tutti i nomi. Abbiamo dei fascicoli in ufficio che li riportano.[171]

In breve, le affermazioni di Heller e Martens relative ai loro diffusi contatti con alcune imprese statunitensi sono state comprovate dai fascicoli dell'ufficio sovietico. D'altra parte, per ragioni proprie, queste imprese non sembravano disposte a confermare le loro attività.

I banchieri europei aiutano i bolscevichi

Oltre a Guaranty Trust e al banchiere privato Boissevain di New York, alcuni banchieri europei diedero un aiuto diretto per mantenere ed espandere la presa bolscevica sulla Russia. Un rapporto del Dipartimento di Stato del 1918 della nostra ambasciata di Stoccolma descrive dettagliatamente questi trasferimenti finanziari. Il Dipartimento ha elogiato il suo autore, affermando che i suoi "rapporti sulle condizioni in Russia, sulla diffusione del bolscevismo in Europa e sulle questioni finanziarie... si sono dimostrati molto utili per il Dipartimento. Il Dipartimento è molto

---

[171] *New York Times*, 21 giugno 1919.

gratificato dalla sua abile gestione degli affari della legazione".[172] Secondo questo rapporto, uno di questi "banchieri bolscevichi" che agiscono per conto del nascente regime sovietico è Dmitri Rubenstein, dell'ex banca russo-francese di Pietrogrado. Rubenstein, collaboratore del famigerato Grigori Rasputin, era stato imprigionato nella Pietrogrado prerivoluzionaria in relazione alla vendita della Second Russian Life Insurance Company. Il manager e direttore americano della Second Russian Life Insurance Company era John MacGregor Grant, con sede al 120 di Broadway, New York City. Grant era anche il rappresentante a New York della Banque Russo-Asiatique di Putiloff. Nell'agosto 1918 Grant fu inserito (per ragioni sconosciute) nella "lista dei sospetti" del Military Intelligence Bureau.[173] Ciò potrebbe essere avvenuto perché Olof Aschberg all'inizio del 1918 riferì di aver aperto un credito estero a Pietrogrado "con la John MacGregor Grant Co, impresa di esportazione, che [Aschberg] finanzia in Svezia e che è finanziata in America dalla Guarantee [sic] Trust Co".[174] Dopo la rivoluzione Dmitri Rubenstein si trasferì a Stoccolma e divenne agente finanziario dei bolscevichi. Il Dipartimento di Stato ha osservato che Rubenstein, pur non essendo un bolscevico, è stato spregiudicato nel fare soldi e si sospetta che possa fare la prevista visita in America nell'interesse dei bolscevichi e per pagare i bolscevichi.[175]

Un altro "banchiere bolscevico" di Stoccolma era Abram Givatovzo, cognato di Trotsky e Lev Kamenev. Il rapporto del Dipartimento di Stato affermava che Givatovzo, pur fingendo di essere "molto antibolscevico", aveva in realtà ricevuto "grandi somme" di denaro dai bolscevichi tramite corriere per finanziare le operazioni rivoluzionarie. Givatovzo faceva parte di un sindacato che comprendeva Denisoff dell'ex Banca Siberiana, Kamenka della Banca Asoff Don e Davidoff della Banca di Commercio Estero. Questo sindacato vendette le attività dell'ex Banca Siberiana al

---

[172] U.S. State Dept. Decimal File, 861.51/411, 23 novembre 1918.

[173] Ibidem, 316-125-1212.

[174] Stati Uniti, Dipartimento di Stato, Relazioni estere degli Stati Uniti: 1918, Russia, 1:373.

[175] U.S. State Dept. Decimal File, 861.00/4878, 21 luglio 1919.

governo britannico.

Un altro banchiere privato zarista, Gregory Lessine, gestiva gli affari bolscevichi attraverso lo studio Dardel e Hagborg. Altri "banchieri bolscevichi" citati nel rapporto sono Stirrer e Jakob Berline, che in precedenza controllava, attraverso la moglie, la Nelkens Bank di Pietrogrado. Isidor Kon fu utilizzato da questi banchieri come agente.

Il più interessante di questi banchieri europei che operavano per conto dei bolscevichi era Gregory Benenson, già presidente a Pietrogrado della Russian and English Bank - una banca che annoverava nel suo consiglio di amministrazione Lord Balfour (segretario di Stato per gli affari esteri in Inghilterra) e Sir I. M. H. Amory, oltre a S. H. Cripps e H. Guedalla. Benenson si recò a Pietrogrado dopo la rivoluzione e poi a Stoccolma. Secondo un funzionario del Dipartimento di Stato, "portò con sé dieci milioni di rubli, che mi offrì a un prezzo elevato per l'uso della nostra Ambasciata Arcangelo". Benenson aveva un accordo con i bolscevichi per scambiare sessanta milioni di rubli con 1,5 milioni di sterline.

Nel gennaio 1919 i banchieri privati di Copenaghen associati alle istituzioni bolsceviche si allarmarono per le voci secondo cui la polizia politica danese aveva segnalato la legazione sovietica e le persone in contatto con i bolscevichi per l'espulsione dalla Danimarca. Questi banchieri e la legazione cercarono frettolosamente di rimuovere i loro fondi dalle banche danesi - in particolare, sette milioni di rubli dalla Revisionsbanken.[176] Inoltre, documenti riservati furono nascosti negli uffici della compagnia di assicurazioni Martin Larsen.

Di conseguenza, possiamo identificare un modello di assistenza da parte dei banchieri capitalisti all'Unione Sovietica. Alcuni di questi erano banchieri americani, altri erano banchieri zaristi esiliati e residenti in Europa, altri ancora erano banchieri europei. Il loro obiettivo comune era il profitto, non l'ideologia.

Gli aspetti discutibili dell'operato di questi "banchieri bolscevichi",

---

[176] Ibidem, 316-21-115/21.

come venivano chiamati, emergono dal quadro degli eventi contemporanei in Russia. Nel 1919 le truppe francesi, britanniche e americane combattevano contro le truppe sovietiche nella regione di Arcangelo. In uno scontro dell'aprile 1919, ad esempio, le perdite americane furono di un ufficiale, cinque uomini uccisi e nove dispersi.[177] In effetti, a un certo punto del 1919, il generale Tasker H. Bliss, comandante statunitense ad Arcangelo, affermò la dichiarazione britannica secondo cui "le truppe alleate nei distretti di Murmansk e Arcangelo rischiavano di essere sterminate se non fossero state prontamente rinforzate".[178] I rinforzi erano quindi in arrivo sotto il comando del generale di brigata W. P. Richardson.

In breve, mentre Guaranty Trust e le aziende americane di primo piano assistevano la formazione del Bureau sovietico a New York, le truppe americane erano in conflitto con le truppe sovietiche nella Russia settentrionale. Inoltre, questi conflitti erano riportati quotidianamente dal *New York Times*, presumibilmente letto da questi banchieri e uomini d'affari. Inoltre, come vedremo nel capitolo dieci, i circoli finanziari che sostenevano l'Ufficio sovietico a New York formarono anche l'"United Americans", un'organizzazione virulentemente anticomunista che prevedeva una rivoluzione sanguinosa, fame di massa e panico nelle strade di New York.

---

[177] *New York Times*, 5 aprile 1919.

[178] Ibidem.

Capitolo VIII

120 Broadway, New York City

William B. Thompson, che è stato a Pietrogrado dal luglio al novembre scorso, ha dato un contributo personale di 1.000.000 di dollari ai bolscevichi per diffondere la loro dottrina in Germania e Austria...
Washington Post, 2 febbraio 1918

Durante la raccolta del materiale per questo libro è emerso un unico luogo e indirizzo nella zona di Wall Street: 120 Broadway, New York City. Si sarebbe potuto scrivere questo libro includendo solo persone, aziende e organizzazioni che si trovavano al 120 di Broadway nel 1917. Sebbene questo metodo di ricerca sarebbe stato forzato e innaturale, avrebbe escluso solo un segmento relativamente piccolo della storia.

L'edificio originale al 120 di Broadway fu distrutto da un incendio prima della Prima Guerra Mondiale. Successivamente il sito fu venduto alla Equitable Office Building Corporation, organizzata dal generale T. Coleman du Pont, presidente della du Pont de Nemours Powder Company.[179] Nel 1915 fu completato un nuovo edificio e la Equitable Life Assurance Company si trasferì nuovamente nella vecchia sede. Di sfuggita, dobbiamo notare un interessante intreccio nella storia della Equitable. Nel 1916 il cassiere dell'ufficio Equitable Life di Berlino era William Schacht, il padre di Hjalmar

---

[179] Per un caso fortuito, i documenti di costituzione dell'Equitable Office Building furono redatti da Dwight W. Morrow, in seguito socio di Morgan, ma allora membro dello studio legale Simpson, Thacher & Bartlett. Lo studio Thacher contribuì con due membri alla missione della Croce Rossa Americana in Russia del 1917 (vedi capitolo cinque).

Horace Greeley Schacht, che in seguito sarebbe diventato il banchiere e genio finanziario di Hitler. William Schacht era un cittadino americano, aveva lavorato per trent'anni per la Equitable in Germania e possedeva una casa a Berlino nota come "Equitable Villa". Prima di unirsi a Hitler, il giovane Hjalmar Schacht fu membro del Consiglio dei Lavoratori e dei Soldati (un soviet) di Zehlendoff, che lasciò nel 1918 per entrare nel consiglio della Nationalbank fur Deutschland. Il suo co-direttore alla DONAT era Emil Wittenberg, che, con Max May della Guaranty Trust Company di New York, era stato direttore della prima banca internazionale sovietica, la Ruskombank.

In ogni caso, nel 1917 l'edificio al 120 di Broadway era noto come Equitable Life Building. Si tratta di un edificio di grandi dimensioni, anche se non il più grande edificio per uffici di New York, che occupa un isolato tra Broadway e Pine e ha trentaquattro piani. Il Bankers Club si trovava al trentaquattresimo piano. L'elenco degli inquilini nel 1917 rifletteva in effetti il coinvolgimento americano nella rivoluzione bolscevica e nelle sue conseguenze. Ad esempio, la sede del distretto n. 2 del Federal Reserve System - l'area di New York - di gran lunga il più importante dei distretti della Federal Reserve, si trovava al 120 di Broadway. Anche gli uffici di diversi direttori della Federal Reserve Bank di New York e, soprattutto, dell'American International Corporation si trovavano al 120 di Broadway. Per contro, Ludwig Martens, nominato dai sovietici primo "ambasciatore" bolscevico negli Stati Uniti e capo dell'Ufficio sovietico, nel 1917 era vicepresidente della Weinberg & Posner - e aveva anch'egli uffici al 120 di Broadway.[180]

Questa concentrazione è un caso? La contiguità geografica ha un significato? Prima di provare a suggerire una risposta, dobbiamo cambiare il nostro quadro di riferimento e abbandonare lo spettro dell'analisi politica da sinistra a destra.

Con una mancanza di percezione quasi unanime, il mondo accademico ha descritto e analizzato le relazioni politiche

---

[180] Al 120 di Broadway si trovava la John MacGregor Grant Co, agente della Russo-Asiatic Bank (coinvolta nel finanziamento dei bolscevichi), finanziata dalla Guaranty Trust Company.

internazionali nel contesto di un conflitto inesorabile tra capitalismo e comunismo, e la rigida adesione a questa formula marxiana ha distorto la storia moderna. Di tanto in tanto vengono lanciate delle strane osservazioni su secondo le quali la polarità è effettivamente spuria, ma queste vengono rapidamente archiviate nel limbo. Ad esempio, Carroll Quigley, professore di relazioni internazionali alla Georgetown University, ha fatto il seguente commento sulla Casa di Morgan:

Più di cinquant'anni fa la Morgan decise di infiltrarsi nei movimenti politici di sinistra degli Stati Uniti. Si trattava di un'operazione relativamente facile, poiché questi gruppi erano affamati di fondi e desiderosi di una voce che raggiungesse il popolo. Wall Street forniva entrambe le cose. Lo scopo non era quello di distruggere, dominare o prendere il controllo...[181]

Il commento del professor Quigley, apparentemente basato su documentazione riservata, ha tutti gli ingredienti di una bomba storica, se può essere supportato. Suggeriamo che l'azienda Morgan si sia infiltrata non solo nella sinistra nazionale, come notato da Quigley, ma anche in quella estera, cioè nel movimento bolscevico e nella Terza Internazionale. Inoltre, attraverso amici nel Dipartimento di Stato americano, Morgan e gli interessi finanziari alleati, in particolare la famiglia Rockefeller, hanno esercitato una potente influenza sulle relazioni tra Stati Uniti e Russia dalla Prima Guerra Mondiale a oggi. Le prove presentate in questo capitolo suggeriscono che due dei veicoli operativi per infiltrare o influenzare i movimenti rivoluzionari stranieri si trovavano al 120 di Broadway: il primo, la Federal Reserve Bank di New York, fortemente infiltrata da Morgan; il secondo, l'American International Corporation, controllata da Morgan. Inoltre, vi era un importante legame tra la Federal Reserve Bank di New York e l'American International Corporation: C. A. Stone, presidente dell'American International, era anche direttore della Federal Reserve Bank.

---

[181] Carroll Quigley, *Tragedy and Hope* (New York: Macmillan, 1966), p. 938. Quigley scriveva nel 1965, quindi questo colloca l'inizio dell'infiltrazione intorno al 1915, una data coerente con le prove qui presentate.

L'ipotesi provvisoria è quindi che questa insolita concentrazione in un unico indirizzo sia il riflesso di azioni mirate da parte di imprese e persone specifiche e che queste azioni ed eventi non possano essere analizzati all'interno del consueto spettro dell'antagonismo politico tra destra e sinistra.

American International Corporation

L'American International Corporation (AIC) fu organizzata a New York il 22 novembre 1915 dagli interessi di J.P. Morgan, con la partecipazione importante della Stillman's National City Bank e degli interessi di Rockefeller. La sede generale dell'AIC era al 120 di Broadway. Lo statuto della società la autorizzava a intraprendere qualsiasi tipo di attività, tranne quelle bancarie e di pubblica utilità, in qualsiasi paese del mondo. Lo scopo dichiarato della società era quello di sviluppare imprese nazionali ed estere, estendere le attività americane all'estero e promuovere gli interessi dei banchieri, degli imprenditori e degli ingegneri americani e stranieri.

Frank A. Vanderlip ha descritto nelle sue memorie la nascita di American International e l'entusiasmo suscitato a Wall Street dal suo potenziale commerciale.[182] L'idea originale nacque da una discussione tra Stone & Webster - appaltatori internazionali di ferrovie che "erano convinti che non ci fosse più molto da costruire negli Stati Uniti" - e Jim Perkins e Frank A. Vanderlip della National City Bank (NCB).[183] L'autorizzazione iniziale di capitale era di 50 milioni di dollari e il consiglio di amministrazione rappresentava i principali esponenti del mondo finanziario di New York. Vanderlip racconta di aver scritto a Stillman, presidente della NCB, entusiasmandosi per l'enorme potenziale dell'American International Corporation:

James A. Farrell e Albert Wiggin sono stati invitati [a far parte del Consiglio di amministrazione], ma hanno dovuto consultare le loro

---

[182] Frank A. Vanderlip, *From Farm Boy to Financier* (New York: A. Appleton-Century, 1935).

[183] Ibidem, p. 267.

commissioni prima di accettare. Ho anche in mente di chiedere a Henry Walters e Myron T. Herrick. Il signor Herrick è fortemente osteggiato dal signor Rockefeller, ma il signor Stone lo vuole e io sono convinto che sarebbe particolarmente desiderabile in Francia. L'intera faccenda è andata avanti con una facilità che mi ha gratificato e l'accoglienza è stata caratterizzata da un entusiasmo che mi ha sorpreso anche nonostante fossi fermamente convinto che fossimo sulla strada giusta.

Oggi, ad esempio, ho visto James J. Hill. All'inizio ha detto che non poteva pensare di estendere le sue responsabilità, ma dopo che ho finito di spiegargli cosa ci aspettavamo di fare, ha detto che sarebbe stato felice di entrare nel consiglio di amministrazione, che avrebbe preso una grande quantità di azioni e che in particolare voleva una partecipazione sostanziale nella City Bank e mi ha incaricato di comprargli le azioni al mercato.

Oggi ho parlato per la prima volta con Ogden Armour di questa vicenda. È rimasto seduto in perfetto silenzio mentre gli raccontavo la storia e, senza fare una sola domanda, ha detto che sarebbe entrato nel consiglio di amministrazione e che voleva 500.000 dollari di azioni.

Il signor Coffin [della General Electric] è un altro uomo che si sta ritirando da tutto, ma è "diventato così entusiasta di questo progetto che era disposto a entrare nel consiglio di amministrazione, e offre la più attiva collaborazione".

Mi sono sentito molto bene per aver ottenuto Sabin. La Guaranty Trust è complessivamente il concorrente più attivo che abbiamo nel settore ed è di grande valore farli entrare nell'ovile in questo modo. Sono stati particolarmente entusiasti di Kuhn, Loeb. Vogliono prendere fino a 2.500.000 dollari. C'è stata una piccola competizione per vedere chi dovesse entrare nel consiglio di amministrazione, ma poiché mi era capitato di parlare con Kahn e l'avevo invitato per primo, si è deciso di farlo entrare. È forse il più entusiasta di tutti. Vogliono mezzo milione di azioni per Sir Ernest Castle[184], al quale hanno trasmesso il piano e dal quale hanno

---

[184] Sir Ernest Cassel, importante finanziere britannico.

ricevuto l'approvazione.

Ho spiegato l'intera questione al Consiglio di amministrazione [della City Bank] martedì e ho ricevuto solo commenti favorevoli.[185]

Tutti ambivano alle azioni dell'AIC. Joe Grace (della W. R. Grace & Co.) voleva 600.000 dollari oltre alla sua partecipazione nella National City Bank. Ambrose Monell voleva 500.000 dollari. George Baker voleva 250.000 dollari. E "William Rockefeller cercò invano di convincermi a offrirgli 5.000.000 di dollari di azioni ordinarie".[186]

Nel 1916 gli investimenti dell'AIC all'estero ammontavano a più di 23 milioni di dollari e nel 1917 a più di 27 milioni di dollari. L'azienda stabilì rappresentanze a Londra, Parigi, Buenos Aires e Pechino, oltre che a Pietrogrado, in Russia. Meno di due anni dopo la sua costituzione, l'AIC operava su scala sostanziale in Australia, Argentina, Uruguay, Paraguay, Colombia, Brasile, Cile, Cina, Giappone, India, Ceylon, Italia, Svizzera, Francia, Spagna, Cuba, Messico e altri Paesi dell'America centrale.

L'American International possedeva in toto diverse società controllate, aveva partecipazioni sostanziali in altre società e gestiva altre aziende negli Stati Uniti e all'estero. L'Allied Machinery Company of America fu fondata nel febbraio 1916 e l'intero capitale sociale fu acquisito dall'American International Corporation. Il vicepresidente dell'American International Corporation era Frederick Holbrook, un ingegnere già a capo della Holbrook Cabot & Rollins Corporation. Nel gennaio 1917 fu costituita la Grace Russian Company, i cui proprietari erano W. R. Grace & Co. e la San Galli Trading Company di Pietrogrado. L'American International Corporation aveva un investimento sostanziale nella Grace Russian Company e, attraverso Holbrook, aveva una posizione di intermediazione nella direzione.

---

[185] Ibidem, pp. 268-69. Va notato che diversi nomi citati da Vanderlip compaiono altrove in questo libro: Rockefeller, Armour, Guaranty Trust e (Otto) Kahn hanno tutti avuto un legame più o meno stretto con la Rivoluzione bolscevica e le sue conseguenze.

[186] Ibidem, p. 269.

L'AIC investì anche nella United Fruit Company, coinvolta nelle rivoluzioni centroamericane degli anni Venti. L'American International Shipbuilding Corporation, interamente controllata dall'AIC, firmò contratti importanti per la costruzione di navi da guerra con l'Emergency Fleet Corporation: un contratto prevedeva cinquanta navi, seguito da un altro contratto per quaranta navi e da un altro ancora per sessanta navi da carico. American International Shipbuilding fu il maggior beneficiario di contratti assegnati dalla Emergency Fleet Corporation del governo statunitense. Un'altra società gestita dall'AIC era la G. Amsinck & Co., Inc. di New York, il cui controllo fu acquisito nel novembre 1917. Amsinck era la fonte di finanziamento dello spionaggio tedesco negli Stati Uniti (vedi pagina 66). Nel novembre 1917 l'American International Corporation costituì e possedette interamente la Symington Forge Corporation, un importante appaltatore governativo per la forgiatura di conchiglie. Di conseguenza, l'American International Corporation aveva un interesse significativo nei contratti di guerra negli Stati Uniti e all'estero. In una parola, aveva un interesse personale nel proseguimento della Prima Guerra Mondiale.

I direttori dell'American International e alcune delle loro associazioni erano (nel 1917):

J. OGDEN ARMOUR Produttore di carne, della Armour & Company di Chicago; direttore della National City Bank di New York; citato da A. A. Heller in relazione al Soviet Bureau.

GEORGE JOHNSON BALDWIN Di Stone & Webster, 120 Broadway. Durante la Prima Guerra Mondiale Baldwin fu presidente del consiglio di amministrazione dell'American International Shipbuilding, vicepresidente senior dell'American International Corporation, direttore di G. Amsinck (Von Pavenstedt di Amsinck era un responsabile dello spionaggio tedesco negli Stati Uniti, vedi pagina 65) e amministratore della Carnegie Foundation, che finanziò il Piano di Marburgo per un socialismo internazionale controllato dietro le quinte dalla finanza mondiale (vedi pagina 174-6).

C. A. COFFIN Presidente della General Electric (ufficio esecutivo: 120 Broadway), presidente del comitato di cooperazione della Croce Rossa americana.

W. E. COREY (14 Wall Street) Direttore della American Bank Note Company, della Mechanics and Metals Bank, della Midvale Steel and Ordnance e della International Nickel Company; successivamente direttore della National City Bank.

ROBERT DOLLAR Magnate marittimo di San Francisco, che nel 1920 tentò di importare negli Stati Uniti, per conto dei sovietici, rubli d'oro zaristi, contravvenendo alle norme statunitensi.

PIERRE S. DU PONT Della famiglia du Pont.

PHILIP A. S. FRANKLIN Direttore della National City Bank.

J.P. GRACE Direttore della National City Bank.

R. F. HERRICK Direttore della New York Life Insurance; ex presidente dell'American Bankers Association; amministratore della Carnegie Foundation.

OTTO H. KAHN Socio di Kuhn, Loeb. Il padre di Kahn giunse in America nel 1948, "dopo aver preso parte alla fallita rivoluzione tedesca di quell'anno". Secondo J. H. Thomas (socialista britannico, finanziato dai sovietici), "il volto di Otto Kahn è rivolto verso la luce".

H. W. PRITCHETT Amministratore della Fondazione Carnegie.

PERCY A. ROCKEFELLER Figlio di John D. Rockefeller; sposato con Isabel, figlia di J. A. Stillman della National City Bank.

JOHN D. RYAN Direttore di società minerarie di rame, della National City Bank e della Mechanics and Metals Bank. (Si veda il frontespizio di questo libro).

W. L. SAUNDERS Direttore della Federal Reserve Bank di New York, 120 Broadway, e presidente di Ingersoll-Rand. Secondo la *National Cyclopaedia* (26:81): "Durante tutta la guerra fu uno dei più fidati consiglieri del Presidente". Per le sue opinioni sui sovietici si veda pagina 15.

J. A. STILLMAN Presidente della National City Bank, dopo la morte del padre (J. Stillman, presidente della NCB) nel marzo 1918.

C. A. STONE Direttore (1920-22) della Federal Reserve Bank di New York, 120 Broadway; presidente di Stone & Webster, 120 Broadway; presidente (1916-23) dell'American International

Corporation, 120 Broadway.

T. N. VAIL Presidente della National City Bank di Troy, New York

F. A. VANDERLIP Presidente della National City Bank.

E. S. WEBSTER Di Stone & Webster, 120 Broadway.

A. H. WIGGIN Direttore della Federal Reserve Bank di New York nei primi anni Trenta.

BECKMAN WINTHROPE Direttore della National City Bank.

WILLIAM WOODWARD Direttore della Federal Reserve Bank di New York, 120 Broadway, e della Hanover National Bank.

L'intreccio dei ventidue direttori dell'American International Corporation con altre istituzioni è significativo. La National City Bank aveva non meno di dieci amministratori nel consiglio di amministrazione dell'AIC; Stillman della NCB era all'epoca un intermediario tra gli interessi di Rockefeller e Morgan, e sia gli interessi di Morgan che quelli di Rockefeller erano rappresentati direttamente nell'AIC. Kuhn, Loeb e i du Pont avevano ciascuno un amministratore. Stone & Webster aveva tre amministratori. Non meno di quattro direttori dell'AIC (Saunders, Stone, Wiggin, Woodward) erano direttori o sarebbero poi entrati a far parte della Federal Reserve Bank di New York. Abbiamo notato in un capitolo precedente che William Boyce Thompson, che contribuì con fondi e con il suo notevole prestigio alla Rivoluzione bolscevica, era anche un direttore della Federal Reserve Bank di New York - il direttorio della FRB di New York era composto da soli nove membri.

L'influenza dell'Internazionale americana sulla Rivoluzione

Avendo identificato i direttori dell'AIC, dobbiamo ora individuare la loro influenza rivoluzionaria.

Quando la Rivoluzione bolscevica prese piede nella Russia centrale, il Segretario di Stato Robert Lansing chiese il parere dell'American International Corporation sulla politica da perseguire nei confronti del regime sovietico. Il 16 gennaio 1918 - appena due mesi dopo la presa di potere a Pietrogrado e Mosca, e prima che una frazione della

Russia fosse passata sotto il controllo dei bolscevichi - William Franklin Sands, segretario esecutivo dell'American International Corporation, inviò al Segretario Lansing il memorandum richiesto sulla situazione politica russa. La lettera di accompagnamento di Sands, intestata 120 Broadway, iniziava così:

All'Onorevole 16 gennaio 1918 Segretario di Stato

Washington D.C.

Signore
Ho l'onore di allegare alla presente il memorandum che mi ha chiesto di redigere per Lei sulla mia visione della situazione politica in Russia.
L'ho divisa in tre parti: una spiegazione delle cause storiche della Rivoluzione, raccontate il più brevemente possibile; un suggerimento sulla politica da seguire e un riassunto dei vari rami dell'attività americana attualmente all'opera in Russia.[187]

Sebbene i bolscevichi avessero solo un controllo precario in Russia - e in effetti stavano per perdere anche questo nella primavera del 1918 - Sands scrisse che già (gennaio 1918) gli Stati Uniti avevano tardato troppo a riconoscere "Trotzky". Aggiungeva: "Qualunque terreno sia stato perso, dovrebbe essere riconquistato ora, anche a costo di un piccolo trionfo personale per Trotzky".[188]

Aziende situate al 120 Broadway o nelle sue vicinanze:

American International Corp 120 Broadway
National City Bank 55 Wall Street
Bankers Trust Co Bldg 14 Wall Street
Borsa di New York 13 Wall Street/12 Broad
Edificio Morgan angolo Wall & Broad
Federal Reserve Bank di New York 120 Broadway
Edificio Equitable 120 Broadway
Bankers Club 120 Broadway

---

[187] Fascicolo decimale del Dipartimento degli Stati Uniti, 861.00/961.

[188] Memorandum di Sands a Lansing, pag. 9.

Simpson, Thather & Bartlett 62 Cedar St.
William Boyce Thompson 14 Wall Street
Edificio Hazen, Whipple & Fuller 42a Strada
Chase National Bank 57 Broadway
McCann Co 61 Broadway
Stetson, Jennings & Russell 15 Broad Street
Esplorazione Guggenheim 120 Broadway
Weinberg & Posner 120 Broadway
Ufficio sovietico 110 West 40th Street
John MacGregor Grant Co 120 Broadway
Stone & Webster 120 Broadway
General Electric Co 120 Broadway
Morris Plan of NY 120 Broadway
Sinclair Gulf Corp 120 Broadway
Guaranty Securities 120 Broadway
Guaranty Trust 140 Broadway

Mappa dell'area di Wall Street con le sedi degli uffici

Sands elabora poi il modo in cui gli Stati Uniti potrebbero recuperare il tempo perduto, fa un parallelo tra la rivoluzione bolscevica e la "nostra rivoluzione" e conclude: "Ho tutte le ragioni per credere che i piani dell'Amministrazione per la Russia riceveranno tutto il sostegno possibile da parte del Congresso e l'appoggio convinto dell'opinione pubblica degli Stati Uniti".

In breve, Sands, in qualità di segretario esecutivo di una società i cui direttori erano i più prestigiosi di Wall Street, fornì un'enfatica approvazione dei bolscevichi e della rivoluzione bolscevica, e nel giro di poche settimane dall'inizio della rivoluzione. Inoltre, in qualità di direttore della Federal Reserve Bank di New York, Sands aveva appena versato un milione di dollari ai bolscevichi - un tale appoggio ai bolscevichi da parte degli interessi bancari è quantomeno coerente.

Inoltre, William Sands di American International era un uomo con connessioni e influenza davvero fuori dal comune nel Dipartimento di Stato.

La carriera di Sands si era alternata tra il Dipartimento di Stato e Wall Street. Tra la fine del XIX e l'inizio del XX secolo ricoprì diversi incarichi diplomatici statunitensi. Nel 1910 lasciò il Dipartimento per unirsi alla società bancaria di James Speyer per negoziare un prestito ecuadoriano e per i due anni successivi rappresentò la Central Aguirre Sugar Company a Porto Rico. Nel 1916 si recò in Russia per un "lavoro di Croce Rossa" - in realtà una "Missione speciale" di due persone con Basil Miles - e tornò per unirsi all'American International Corporation di New York.[189]

All'inizio del 1918 Sands divenne il destinatario noto e voluto di alcuni "trattati segreti" russi. Se si deve credere ai documenti del Dipartimento di Stato, sembra che Sands fosse anche un corriere e che avesse un certo accesso ai documenti ufficiali, cioè ai funzionari del governo degli Stati Uniti. Il 14 gennaio 1918, appena due giorni prima che Sands scrivesse il suo promemoria sulla politica nei confronti dei bolscevichi, il Segretario Lansing fece inviare il seguente cablogramma in Green Cipher alla legazione americana a Stoccolma: "Importanti documenti ufficiali che Sands deve portare

---

[189] William Franklin Sands ha scritto diversi libri, tra cui *Undiplomatic Memoirs* (New York: McGraw-Hill, 1930), una biografia che copre gli anni fino al 1904. In seguito scrisse *Our Jungle Diplomacy* (Chapel Hill: University of North Carolina Press, 1941), un trattato poco significativo sull'imperialismo in America Latina. Quest'ultima opera è notevole solo per un punto minore a pagina 102: la volontà di attribuire la colpa di un'avventura imperialistica particolarmente sgradevole ad Adolf Stahl, un banchiere di New York, sottolineando inutilmente che Stahl era di "origine tedesco-ebraica". Nell'agosto del 1918 pubblicò in *Asia* un articolo intitolato "Salvataggio della Russia", per spiegare il sostegno al regime bolscevico.

qui sono stati lasciati alla legazione. Li avete inoltrati? Lansing". La risposta di Morris a Stoccolma del 16 gennaio recita: "Vostro 460 gennaio 14, ore 17.00. Detti documenti inoltrati al Dipartimento nella busta numero 34 il 28 dicembre". A questi documenti è allegata un'altra nota, firmata "BM" (Basil Miles, un collaboratore di Sands): "Signor Phillips. Non hanno dato a Sands la prima rata dei trattati segreti che ha portato da Petrogra. [che] ha portato da Pietrogrado a Stoccolma".[190]

Mettendo da parte la questione del perché un privato cittadino avrebbe dovuto portare con sé trattati segreti russi e la questione del contenuto di tali trattati segreti (probabilmente una prima versione dei cosiddetti Documenti Sisson), possiamo almeno dedurre che il segretario esecutivo dell'AIC viaggiò da Pietrogrado a Stoccolma alla fine del 1917 e doveva essere effettivamente un cittadino privilegiato e influente per avere accesso ai trattati segreti.[191]

Pochi mesi dopo, il 1° luglio 1918, Sands scrisse al Segretario del Tesoro McAdoo proponendo una commissione per "l'assistenza economica alla Russia". Egli insisteva sul fatto che, poiché sarebbe stato difficile per una commissione governativa "fornire i macchinari" per tale assistenza, "sembra quindi necessario fare appello all'interesse finanziario, commerciale e manifatturiero degli Stati Uniti per fornire tali macchinari sotto il controllo del Commissario Capo o di qualsiasi altro funzionario scelto dal Presidente a tale scopo".[192] In altre parole, Sands intendeva ovviamente che qualsiasi sfruttamento commerciale della Russia bolscevica avrebbe incluso 120 Broadway.

---

[190] Tutto quanto sopra nel fascicolo decimale del Dipartimento di Stato degli Stati Uniti, 861.00/969.

[191] L'autore non può esimersi dal fare un confronto con il trattamento riservato ai ricercatori accademici. Nel 1973, ad esempio, allo scrittore era ancora negato l'accesso ad alcuni fascicoli del Dipartimento di Stato *datati 1919.*

[192] Fascicolo decimale del Dipartimento di Stato degli Stati Uniti, 861.51/333.

La Federal Reserve Bank di New York

Il certificato di costituzione della Federal Reserve Bank di New York fu depositato il 18 maggio 1914. Esso prevedeva tre consiglieri di Classe A in rappresentanza delle banche associate del distretto, tre consiglieri di Classe B in rappresentanza del commercio, dell'agricoltura e dell'industria e tre consiglieri di Classe C in rappresentanza del Consiglio della Federal Reserve. Nel 1914 vennero eletti i direttori originari, i quali procedettero a generare un programma energico. Nel primo anno di organizzazione, la Federal Reserve Bank di New York tenne non meno di 50 riunioni.

Dal nostro punto di vista è interessante l'associazione tra, da un lato, i direttori della Federal Reserve Bank (nel distretto di New York) e dell'American International Corporation e, dall'altro, l'emergente Russia sovietica.

Nel 1917 i tre amministratori di Classe A erano Franklin D. Locke, William Woodward e Robert H. Treman. William Woodward era direttore dell'American International Corporation (120 Broadway) e della Hanover National Bank, controllata da Rockefeller. Né Locke né Treman entrano nella nostra storia. I tre amministratori di Classe B nel 1917 erano William Boyce Thompson, Henry R. Towne e Leslie R. Palmer. Abbiamo già notato il sostanziale contributo in denaro di William B. Thompson alla causa bolscevica. Henry R. Towne era presidente del consiglio di amministrazione del Morris Plan di New York, con sede al 120 di Broadway; il suo posto fu poi occupato da Charles A. Stone dell'American International Corporation (120 Broadway) e di Stone & Webster (120 Broadway). Leslie R. Palmer non rientra nella nostra storia. I tre amministratori di classe C erano Pierre Jay, W. L. Saunders e George Foster Peabody. Di Pierre Jay non si sa nulla, se non che il suo ufficio si trovava al 120 di Broadway e che sembrava essere significativo solo in quanto proprietario della Brearley School, Ltd. William Lawrence Saunders era anche direttore dell'American International Corporation; come abbiamo visto, aveva apertamente manifestato le sue simpatie filobolsceviche, rivelandole in una lettera al presidente Woodrow Wilson (vedi pagina 15). George Foster Peabody era un attivo socialista (vedi pag. 99-100).

In breve, dei nove direttori della Federal Reserve Bank di New York, quattro si trovavano fisicamente al 120 di Broadway e due erano allora legati all'American International Corporation. Inoltre, almeno quattro membri del consiglio di amministrazione dell'AIC sono stati, una volta o l'altra, direttori della FRB di New York. Potremmo definire tutto ciò significativo, ma non considerarlo necessariamente un interesse dominante.

Sindacato industriale americano-russo Inc.

La proposta di William Franklin Sands di una commissione economica per la Russia non fu adottata. Al contrario, fu creato un veicolo privato per sfruttare i mercati russi e il precedente sostegno dato ai bolscevichi. Un gruppo di industriali di 120 Broadway formò l'American-Russian Industrial Syndicate Inc. per sviluppare e promuovere queste opportunità. Il sostegno finanziario per la nuova società proveniva dai fratelli Guggenheim, 120 Broadway, precedentemente associati a William Boyce Thompson (Guggenheim controllava American Smelting and Refining e le società di rame Kennecott e Utah); da Harry F. Sinclair, presidente della Sinclair Gulf Corp., anch'essa 120 Broadway, e da James G. White della J. G. White Engineering Corp. di 43 Exchange Place - l'indirizzo dell'American-Russian Industrial Syndicate.

Nell'autunno del 1919 l'ambasciata statunitense a Londra inviò a Washington una comunicazione sui signori Lubovitch e Rossi "che rappresentano l'American-Russian Industrial Syndicate Incorporated Qual è la reputazione e l'atteggiamento del Dipartimento nei confronti del sindacato e degli individui?".[193]

A questo cablogramma rispose il funzionario del Dipartimento di Stato Basil Miles, ex collaboratore di Sands:

> *... I signori citati, insieme alle loro società, sono di buona reputazione e sono sostenuti finanziariamente dagli interessi di White, Sinclair e Guggenheim allo scopo di*

---

[193] U.S. State Dept. Decimal File, 861.516 84, 2 settembre 1919.

aprire relazioni commerciali con la Russia.[194]

Possiamo quindi concludere che gli interessi di Wall Street avevano idee piuttosto precise sul modo in cui il nuovo mercato russo doveva essere sfruttato. L'assistenza e i consigli offerti a favore dei bolscevichi dalle parti interessate a Washington e altrove non dovevano rimanere senza ricompensa.

John Reed: rivoluzionario dell'establishment

A parte l'influenza dell'American International nel Dipartimento di Stato, c'è la sua intima relazione - che la stessa AIC ha definito "controllo" - con un noto bolscevico: John Reed. Reed era un autore prolifico e molto letto dell'epoca della Prima Guerra Mondiale che contribuì con alla rivista bolscevica *Masses.*[195] e alla rivista *Metropolitan*, controllata da Morgan. Il libro di Reed sulla Rivoluzione bolscevica, *Ten Days That Shook the World (Dieci giorni che sconvolsero il mondo)*, vanta un'introduzione di Nikolai Lenin e divenne l'opera letteraria più nota e più letta di Reed. Oggi il libro si legge come un commento superficiale sugli eventi attuali, è inframmezzato da proclami e decreti bolscevichi ed è permeato da quel fervore mistico che i bolscevichi sanno suscitare nei simpatizzanti stranieri. Dopo la rivoluzione Reed divenne membro americano del comitato esecutivo della Terza Internazionale. Morì di tifo in Russia nel 1920.

La questione cruciale che si presenta qui non è il noto tenore e le attività filobolsceviche di Reed, ma come Reed, che godeva della piena fiducia di Lenin ("Ecco un libro che vorrei vedere pubblicato in milioni di copie e tradotto in tutte le lingue", commentò Lenin in *Dieci giorni*), che era membro della Terza Internazionale e che possedeva un lasciapassare del Comitato Rivoluzionario Militare (n.

---

[194] Ibidem.

[195] Altri collaboratori di *Masses* citati in questo libro sono stati il giornalista Robert Minor, presidente del Comitato di informazione pubblica degli Stati Uniti, George Creel, Carl Sandburg, poeta e storico, e Boardman Robinson, artista.

955, rilasciato il 16 novembre 1917) che gli consentiva di entrare in qualsiasi momento nell'Istituto Smolny (quartier generale rivoluzionario) come rappresentante della "stampa socialista americana", fosse anche - nonostante queste cose - una marionetta. 955, rilasciata il 16 novembre 1917) che gli consentiva di entrare in qualsiasi momento nell'Istituto Smolny (il quartier generale rivoluzionario) come rappresentante della "stampa socialista americana", era anche - nonostante queste cose - un burattino sotto il "controllo" degli interessi finanziari di Morgan attraverso l'American International Corporation. Esistono prove documentali di questo apparente conflitto (vedi sotto e Appendice 3).

Vediamo gli antefatti. Gli articoli per *Metropolitan* and the *Masses* diedero a John Reed un ampio pubblico per raccontare le rivoluzioni bolsceviche messicane e russe. Il biografo di Reed, Granville Hicks, ha suggerito, in *John Reed*, che "era... il portavoce dei bolscevichi negli Stati Uniti". D'altra parte, il sostegno finanziario di Reed dal 1913 al 1918 proveniva in larga misura dal *Metropolitan* - di proprietà di Harry Payne Whitney, un direttore del Guaranty Trust, un'istituzione citata in ogni capitolo di questo libro - e anche dal banchiere privato e commerciante newyorkese Eugene Boissevain, che incanalò i fondi a Reed sia direttamente che attraverso le *masse* pro-bolsceviche. In altre parole, il sostegno finanziario di John Reed proveniva da due elementi presumibilmente in competizione tra loro nello spettro politico. Questi fondi erano destinati alla scrittura e possono essere classificati come: pagamenti da *Metropolitan* a partire dal 1913 per articoli; pagamenti da *Masses* a partire dal 1913, le cui entrate provenivano almeno in parte da Eugene Boissevain. Va menzionata una terza categoria: Reed ricevette alcuni pagamenti minori e apparentemente non collegati dal commissario della Croce Rossa Raymond Robins a Pietrogrado. Presumibilmente ricevette anche somme minori per articoli scritti per altre riviste e per le royalties di libri; ma non sono state trovate prove che indichino gli importi di tali pagamenti.

John Reed e la rivista *Metropolitan*

Il *Metropolitan* sosteneva le cause dell'establishment contemporaneo, tra cui, ad esempio, la preparazione alla guerra. La rivista era di proprietà di Harry Payne Whitney (1872-1930), che aveva fondato la Navy League ed era socio della J.P. Morgan. Alla fine degli anni Novanta del XIX secolo Whitney divenne direttore dell'American Smelting and Refining e della Guggenheim Exploration. Alla morte del padre, nel 1908, divenne direttore di numerose altre società, tra cui la Guaranty Trust Company. Reed iniziò a scrivere per il *Metropolitan* di Whitney nel luglio 1913 e contribuì con una mezza dozzina di articoli sulle rivoluzioni messicane: "Con Villa in Messico", "Le cause della rivoluzione messicana", "Se entriamo in Messico", "Con Villa in marcia", ecc. Le simpatie di Reed erano per il rivoluzionario Pancho Villa. Si ricorderà il legame (vedi pagina 65) tra la Guaranty Trust e le forniture di munizioni di Villa.

In ogni caso, il *Metropolitan* fu la principale fonte di reddito di Reed. Secondo le parole del biografo Granville Hicks, "il denaro significava principalmente lavoro per il *Metropolitan* e incidentalmente articoli e storie per altre riviste a pagamento". Ma l'impiego al *Metropolitan* non impedì a Reed di scrivere articoli critici nei confronti degli interessi di Morgan e Rockefeller. Uno di questi, *"At* the Throat of the Republic" *(Masses,* luglio 1916), tracciava il rapporto tra le industrie di munizioni, la lobby della sicurezza nazionale e le direzioni interconnesse degli interessi Morgan-Rockefeller, "e mostrava che esse dominavano sia le società di preparazione che la neonata American International Corporation, organizzata per lo sfruttamento dei Paesi arretrati".[196]

Nel 1915 John Reed fu arrestato in Russia dalle autorità zariste e il *Metropolitan* intervenne presso il Dipartimento di Stato a favore di Reed. Il 21 giugno 1915, H. J. Whigham scrisse al Segretario di Stato Robert Lans informandolo che John Reed e Boardman Robinson (anch'egli arrestato e anch'egli collaboratore di *Masses)* si trovavano in Russia "con l'incarico da parte della rivista *Metropolitan* di scrivere articoli e fare illustrazioni nel campo orientale della guerra". Whigham sottolineava che nessuno dei due aveva "alcun desiderio o autorità da parte nostra di interferire con le operazioni di qualsiasi potenza belligerante". La lettera di Whigham

---

[196] Granville Hicks, *John Reed, 1887-1920* (New York: Macmillan, 1936), p. 215.

continua:

> *Se il signor Reed portava lettere di presentazione da Bucarest a persone in Galizia di mentalità anti-russa, sono sicuro che lo faceva in modo innocente, con la semplice intenzione di incontrare quante più persone possibile...*

Whigham fa notare al Segretario Lansing che John Reed era conosciuto alla Casa Bianca e aveva dato "una certa assistenza" all'amministrazione sugli affari messicani; conclude: "Abbiamo la massima stima delle grandi qualità di Reed come scrittore e pensatore e siamo molto ansiosi per quanto riguarda la sua sicurezza".[197] La lettera di Whigham non proviene, si noti bene, da un giornale dell'establishment a sostegno di uno scrittore bolscevico; proviene da un giornale dell'establishment a sostegno di uno scrittore bolscevico di *Masses* e di altri fogli rivoluzionari simili, uno scrittore che è stato anche autore di attacchi taglienti ("The Involuntary Ethics of Big Business: A Fable for Pessimists", per esempio) agli stessi interessi di Morgan che possedevano *il Metropolitan*.

Le prove del finanziamento da parte del banchiere privato Boissevain sono incontrovertibili. Il 23 febbraio 1918, la legazione americana a Christiania, in Norvegia, inviò un cablogramma a Washington a nome di John Reed per consegnarlo al leader del Partito Socialista Morris Hillquit. Il cablogramma affermava in parte che: "Dite a Boissevain che deve attingere a lui ma con attenzione". Una nota criptica di Basil Miles negli archivi del Dipartimento di Stato, datata 3 aprile 1918, afferma: "Se Reed sta tornando a casa, potrebbe anche avere dei soldi. Mi risulta che le alternative siano l'espulsione da parte della Norvegia o il ritorno educato. Se è così, quest'ultimo sembra preferibile". Questa nota protettiva è seguita da un cablogramma datato 1 aprile 1918, sempre dalla legazione americana a Christiania: "John Reed richiede urgentemente a Eugene Boissevain, 29 Williams Street, New York,

---

[197] Fascicolo decimale del Dipartimento di Stato degli Stati Uniti, 860d.1121 R 25/4.

di telegrafare alla legazione 300 dollari".[198] Questo cablogramma fu trasmesso a Eugene Boissevain dal Dipartimento di Stato il 3 aprile 1918.

A quanto pare Reed ricevette i fondi e tornò sano e salvo negli Stati Uniti. Il documento successivo negli archivi del Dipartimento di Stato è una lettera a William Franklin Sands da parte di John Reed, datata 4 giugno 1918 e scritta da Crotonon-Hudson, New York. Nella lettera Reed afferma di aver redatto un memorandum per il Dipartimento di Stato e si appella a Sands affinché usi la sua influenza per ottenere il rilascio delle scatole di documenti riportate dalla Russia. Reed conclude: "Mi perdoni se la disturbo, ma non so a chi altro rivolgermi e non posso permettermi un altro viaggio a Washington". Successivamente, Frank Polk, segretario di Stato ad interim, ricevette una lettera da Sands riguardante il rilascio dei documenti di John Reed. La lettera di Sands, datata 5 giugno 1918, dal numero 120 di Broadway, è qui riprodotta integralmente; essa contiene dichiarazioni piuttosto esplicite sul controllo di Reed:

120 BROADWAY NEW YORK

5 giugno 1918

Mio caro signor Polk:

> *Mi permetto di allegarvi un appello di John ("Jack") Reed affinché lo aiuti, se possibile, a ottenere il rilascio dei documenti che ha portato nel Paese dalla Russia.*
> *Ho avuto una conversazione con il signor Reed al suo arrivo, in cui ha descritto alcuni tentativi del governo sovietico di avviare uno sviluppo costruttivo e ha espresso il desiderio di mettere a disposizione del nostro governo le osservazioni che aveva fatto o le informazioni che aveva ottenuto grazie al suo legame con Leon Trotzky. Gli ho suggerito di scrivere un memorandum su questo argomento per voi e gli ho promesso di telefonare a Washington per chiedervi di concedergli un colloquio*

---

[198] Ibidem, 360d.1121/R25/18. Secondo Granville Hicks in *John Reed, "le masse* non potevano pagare le sue spese [di Reed]. Alla fine, gli amici della rivista, in particolare Eugene Boissevain, raccolsero il denaro" (p. 249).

a questo scopo. Ha portato a casa una massa di documenti che gli sono stati sequestrati per essere esaminati, e anche su questo argomento desiderava parlare con qualcuno che avesse autorità, per offrire volontariamente al Governo le informazioni che potevano contenere, e per chiedere il rilascio di quelli che gli servivano per il suo lavoro di giornale e rivista.

Non credo che il signor Reed sia un "bolscevico" o un "pericoloso anarchico", come l'ho sentito descrivere. È senza dubbio un giornalista sensazionale, ma questo è tutto. Non cerca di mettere in imbarazzo il nostro governo e per questo ha rifiutato la "protezione" che, a quanto mi risulta, gli è stata offerta da Trotzky, quando è tornato a New York per affrontare l'accusa contro di lui nel processo "Masses". Tuttavia, egli è benvoluto dai bolscevichi di Pietrogrado e, pertanto, qualsiasi cosa la nostra polizia possa fare che assomigli a una "persecuzione" sarà risentita a Pietrogrado, cosa che ritengo indesiderabile perché non necessaria. Può essere gestito e controllato molto meglio con altri mezzi che non con la polizia.

Non ho visto il memorandum che ha consegnato al signor Bullitt - volevo che me lo facesse vedere prima e che magari lo modificasse, ma non ha avuto la possibilità di farlo.

Spero che non mi consideriate invadente o che mi immischi in questioni che non mi riguardano. Ritengo che sia saggio non offendere i leader bolscevichi a meno che e fino a quando non sia necessario farlo - se dovesse essere necessario - e non è saggio considerare tutti coloro che hanno avuto rapporti amichevoli con i bolscevichi in Russia come personaggi sospetti o addirittura pericolosi. Ritengo che la politica migliore sia quella di cercare di utilizzare queste persone per i nostri scopi nello sviluppo della nostra politica verso la Russia, se è possibile farlo". La conferenza che la polizia ha impedito a Reed di tenere a Filadelfia (ha perso la testa, è entrato in conflitto con la polizia ed è stato arrestato) è l'unica conferenza sulla Russia che avrei pagato per ascoltare, se non avessi già visto i suoi appunti sull'argomento. Si trattava di un argomento che potremmo trovare come punto di contatto con il governo

sovietico, da cui iniziare un lavoro costruttivo!
Non possiamo usarlo, invece di amareggiarlo e renderlo
un nemico? Non è ben equilibrato, ma, se non mi sbaglio,
è suscettibile di una guida discreta e potrebbe essere
molto utile.

Cordiali saluti, William Franklin Sands
L'onorevole Frank Lyon Polk
Consigliere del Dipartimento di Stato Washington, D.C.
Armadio WFS:AO[199]

Il significato di questo documento è la dura rivelazione dell'intervento diretto di un funzionario (segretario esecutivo) dell'American International Corporation a favore di un noto bolscevico. Si pensi ad alcune dichiarazioni di Sands su Reed: "Può essere gestito e controllato molto meglio con altri mezzi che non attraverso la polizia"; e "Non possiamo usarlo, invece di inasprirlo e renderlo un nemico?... è, a meno che non mi sbagli di grosso, suscettibile di una guida discreta e potrebbe essere abbastanza utile". È evidente che l'American International Corporation considerava John Reed un agente o un potenziale agente che poteva essere, e probabilmente era già stato, portato sotto il suo controllo. Il fatto che Sands fosse in grado di richiedere la redazione di un memorandum da parte di Reed (per Bullitt) suggerisce che un certo grado di controllo era già stato stabilito.

Si noti poi l'atteggiamento potenzialmente ostile di Sands nei confronti dei bolscevichi, e l'intento appena velato di provocarli: "Credo che sia saggio non offendere i leader bolscevichi a meno che e *fino a quando non sarà necessario farlo* - se dovesse essere necessario..." (corsivo aggiunto).

Si tratta di una lettera straordinaria a nome di un agente sovietico da parte di un privato cittadino americano, , di cui il Dipartimento di Stato aveva chiesto, e continua a chiedere, il parere.

---

[199] Fascicolo decimale del Dipartimento di Stato degli Stati Uniti, 360. D. II21.R/20/221/2, /R25 (John Reed). La lettera è stata trasferita da Polk agli archivi del Dipartimento di Stato il 2 maggio 1935. Tutti i corsivi sono stati aggiunti.

Un successivo memorandum del 19 marzo 1920, contenuto negli archivi di Stato, riporta l'arresto di John Reed da parte delle autorità finlandesi ad Abo e il possesso da parte di Reed di passaporti inglesi, americani e tedeschi. Reed, che viaggiava sotto lo pseudonimo di Casgormlich, trasportava diamanti, una grossa somma di denaro, letteratura di propaganda sovietica e film. Il 21 aprile 1920, la legazione americana a Helsingfors informò il Dipartimento di Stato:

> *Trasmetto entro la prossima busta le copie certificate delle lettere di Emma Goldman, Trotsky, Lenin e Sirola trovate in possesso di Reed. Il Ministero degli Esteri ha promesso di fornire un resoconto completo dei procedimenti della Corte.*

Ancora una volta Sands intervenne: "Conoscevo personalmente il signor Reed".[200] E, come nel 1915, anche la rivista *Metropolitan* venne in aiuto di Reed. H. J. Whigham scrisse il 15 aprile 1920 a Bainbridge Colby del Dipartimento di Stato: "Ho sentito che John Reed rischia di essere giustiziato in Finlandia. Spero che il Dipartimento di Stato possa prendere provvedimenti immediati per assicurargli un processo adeguato. Chiedo urgentemente un'azione tempestiva".[201] Questo si aggiunge a un telegramma del 13 aprile 1920 di Harry Hopkins, destinato alla fama sotto il Presidente Roosevelt:

> *Il Dipartimento di Stato ha saputo che Jack Reed, arrestato in Finlandia, sarà giustiziato. In qualità di uno dei suoi amici e a nome vostro e di sua moglie, vi esorto a intervenire tempestivamente per impedire l'esecuzione e garantire il rilascio. Sono certo di poter contare su un vostro intervento immediato ed efficace.*[202]

---

[200] Ibidem, 360d.1121 R 25/72.

[201] Ibid.

[202] Questa era indirizzata a Bainbridge Colby, ibidem, 360d.1121 R 25/30. Un'altra lettera, datata 14 aprile 1920 e indirizzata al Segretario di Stato dal numero 100 di Broadway, New York, era di W. Bourke Cochrane; anch'essa

John Reed è stato successivamente rilasciato dalle autorità finlandesi.

Questo paradossale resoconto sull'intervento a favore di un agente sovietico può avere diverse spiegazioni. Un'ipotesi che si adatta ad altre prove riguardanti Wall Street e la Rivoluzione bolscevica è che John Reed fosse in effetti un agente degli interessi Morgan - forse consapevole solo a metà del suo doppio ruolo - e che i suoi scritti anticapitalisti mantenessero il prezioso mito che *tutti i* capitalisti sono in guerra perpetua con tutti i rivoluzionari socialisti. Carroll Quigley, come abbiamo già notato, ha riferito che gli interessi di Morgan sostenevano finanziariamente le organizzazioni rivoluzionarie nazionali e gli scritti anticapitalisti.[203] In questo capitolo abbiamo presentato prove documentali inconfutabili del fatto che gli interessi di Morgan controllavano anche un agente sovietico, intercedevano a suo favore e, cosa più importante, intervenivano in generale a favore degli interessi sovietici presso il governo degli Stati Uniti. Queste attività si svolgevano a un unico indirizzo: 120 Broadway, New York City.

chiedeva il rilascio di John Reed.

[203] Quigley, op. cit.

Capitolo IX

Guaranty Trust va in Russia

Il governo sovietico desidera che la Guarantee [sic] Trust Company diventi agente fiscale negli Stati Uniti per tutte le operazioni sovietiche e prevede l'acquisto da parte americana della Eestibank al fine di collegare completamente le fortune sovietiche con gli interessi finanziari americani.

William H. Coombs, relazione all'ambasciata statunitense a Londra, 1 giugno 1920 (U.S. State Dept. Decimal File, 861.51/752). ("Eestibank" era una banca estone).

Nel 1918 i sovietici si trovarono ad affrontare una serie sconcertante di problemi interni ed esterni. Occupavano solo una frazione della Russia. Per sottomettere la parte restante, avevano bisogno di armi straniere, cibo importato, sostegno finanziario esterno, riconoscimento diplomatico e, soprattutto, commercio estero. Per ottenere il riconoscimento diplomatico e il commercio estero, i sovietici avevano bisogno innanzitutto di una rappresentanza all'estero, che a sua volta richiedeva finanziamenti in oro o in valuta estera. Come abbiamo già visto, il primo passo fu la creazione dell'Ufficio sovietico a New York sotto la guida di Ludwig Martens. Allo stesso tempo, si cercò di trasferire fondi negli Stati Uniti e in Europa per l'acquisto di beni necessari. Poi si esercitò l'influenza negli Stati Uniti per ottenere il riconoscimento o le licenze di esportazione necessarie per spedire merci in Russia.

I banchieri e gli avvocati di New York fornirono un'assistenza significativa, in alcuni casi fondamentale, per ciascuno di questi compiti. Quando il professor George V. Lomonossoff, l'esperto tecnico russo del Bureau sovietico, ebbe bisogno di trasferire fondi dal principale agente sovietico in Scandinavia, un importante avvocato di Wall Street gli prestò assistenza, utilizzando i canali ufficiali del Dipartimento di Stato e il Segretario di Stato in carica come intermediario. Quando fu necessario trasferire l'oro negli Stati Uniti , furono l'American International Corporation, la Kuhn, Loeb & Co. e la Guaranty Trust a richiedere le agevolazioni e a usare la loro influenza a Washington per spianare la strada. E quando si trattava di riconoscimento, le imprese americane si rivolgevano al Congresso e all'opinione pubblica affinché appoggiassero il regime sovietico.

Per evitare che il lettore deduca - troppo frettolosamente - da queste affermazioni che Wall Street era effettivamente tinta di rosso o che le bandiere rosse sventolavano per strada (vedi frontespizio), in un capitolo successivo presenteremo anche la prova che la J.P. Morgan finanziò l'ammiraglio Kolchak in Siberia. Aleksandr Kolchak stava combattendo i bolscevichi, per installare il suo marchio di governo autoritario. L'azienda contribuì anche all'organizzazione anticomunista United Americans.

Wall Street viene in aiuto del professor Lomonossoff

Il caso del professor Lomonossoff è una storia dettagliata dell'assistenza di Wall Street al primo regime sovietico. Alla fine del 1918 George V. Lomonossoff, membro dell'Ufficio sovietico di New York e in seguito primo commissario sovietico delle ferrovie, si trovò bloccato negli Stati Uniti senza fondi. In quel periodo ai fondi bolscevichi era negato l'ingresso negli Stati Uniti; in effetti, non vi era alcun riconoscimento ufficiale del regime. Lomonossoff fu oggetto di una lettera del 24 ottobre 1918 del Dipartimento di Giustizia degli Stati Uniti al Dipartimento di Stato.[204] La lettera faceva riferimento agli attributi bolscevichi e ai discorsi pro-bolscevichi di Lomonossoff. L'investigatore concludeva: "Il Prof. Lomonossoff non è un bolscevico, sebbene i suoi discorsi costituiscano un sostegno inequivocabile alla causa bolscevica". Eppure Lomonossoff è stato in grado di muovere i fili ai più alti

---

[204] Fascicolo decimale del Dipartimento di Stato degli Stati Uniti, 861.00/3094.

livelli dell'amministrazione per far trasferire 25.000 dollari dall'Unione Sovietica attraverso un agente di spionaggio sovietico in Scandinavia (che in seguito sarebbe diventato assistente confidenziale di Reeve Schley, un vicepresidente della Chase Bank). Tutto questo con l'assistenza di un membro di un importante studio legale di Wall Street![205]

Le prove sono presentate in dettaglio perché i dettagli stessi evidenziano la stretta relazione tra alcuni interessi che fino ad ora sono stati considerati come acerrimi nemici. Il primo indizio del problema di Lornonossoff è una lettera datata 7 gennaio 1919, inviata da Thomas L. Chadbourne di Chadbourne, Babbitt 8e Wall di 14 Wall Street (stesso indirizzo di William Boyce Thompson) a Frank Polk, segretario di Stato in carica. Si noti il saluto amichevole e il riferimento casuale a Michael Gruzenberg, alias Alexander Gumberg, capo agente sovietico in Scandinavia e successivamente assistente di Lomonossoff:

> *Caro Frank, sei stato così gentile da dirmi che se avessi potuto informarti sullo stato dei 25.000 dollari di fondi personali appartenenti ai signori Lomonossoff avresti messo in moto i meccanismi necessari per ottenerli qui per loro.*
> *Ho parlato con il signor Lomonossoff a questo proposito, e mi ha detto che il signor Michael Gruzenberg, che si è recato in Russia per conto del signor Lomonossoff prima delle difficoltà tra l'ambasciatore Bakhmeteff e il signor Lomonossoff, gli ha trasmesso le informazioni relative a questo denaro attraverso tre russi arrivati di recente dalla Svezia, e il signor Lomonossoff ritiene che il denaro sia custodito presso l'ambasciata russa a Stoccolma, Milmskilnad Gaten 37. Se le indagini del Dipartimento di Stato dovessero rivelare che questo non è il luogo in cui è depositato il denaro, allora il signor Gruzenberg può fornire l'indirizzo esatto del signor Lomonossoff, che può dare informazioni corrette al riguardo. Se da*

---

[205] Questa sezione è tratta da U.S., Senate, *Russian Propaganda*, hearings before a subcommittee of the Committee on Foreign Relations, 66th Cong., 2d sess., 1920.

> *un'indagine del Dipartimento di Stato dovesse emergere che questo non è il luogo in cui è depositato il denaro, l'ambasciata russa a Stoccolma può fornire l'indirizzo esatto del signor Gruzenberg, che può dare le informazioni corrette al riguardo. Il signor Lomonossoff non riceve lettere dal signor Gruzenberg, anche se è informato che gli sono state scritte: né alcuna delle sue lettere al signor Gruzenberg è stata consegnata, come è stato informato. Per questo motivo non è possibile essere più precisi di quanto non lo sia stato io, ma spero che si possa fare qualcosa per alleviare l'imbarazzo di lui e di sua moglie per la mancanza di fondi, e basta un po' di aiuto per ottenere questo denaro che appartiene loro per aiutarli da questa parte dell'acqua.*
> *Ringraziandovi in anticipo per qualsiasi cosa possiate fare, vi prego di rimanere, come sempre,*
>
> *Cordiali saluti, Thomas L. Chadbourne.*

Nel 1919, al momento della stesura di questa lettera, Chadbourne era un uomo da un dollaro all'anno a Washington, consigliere e direttore dell'U.S. War Trade Board e direttore dell'U.S. Russian Bureau Inc, una società di facciata ufficiale del governo americano. In precedenza, nel 1915, Chadbourne aveva organizzato la Midvale Steel and Ordnance per trarre vantaggio dagli affari di guerra. Nel 1916 divenne presidente del Comitato finanziario democratico e successivamente direttore della Wright Aeronautical e della Mack Trucks.

Il motivo per cui Lomonossoff non riceveva lettere da Gruzenberg è che, con ogni probabilità, queste venivano intercettate da uno dei numerosi governi interessati alle attività di quest'ultimo.

L'11 gennaio 1919, Frank Polk inviò una lettera alla legazione americana a Stoccolma:

> *Il Dipartimento è stato informato che 25.000 dollari, fondi personali di... Si prega di informarsi informalmente e personalmente presso la Legazione russa se tali fondi sono detenuti in questo modo. In caso contrario, accertarsi dell'indirizzo del signor Michael Gruzenberg, che si dice sia in possesso di informazioni al riguardo. Il*

> *Dipartimento non è ufficialmente interessato, ma sta semplicemente svolgendo indagini per conto di un ex funzionario russo in questo Paese.*
>
> *Polk, recitazione*

In questa lettera Polk sembra non essere a conoscenza dei legami bolscevichi di Lomonossoff e si riferisce a lui come a "un ex funzionario russo in questo Paese". Comunque sia, nel giro di tre giorni Polk ricevette una risposta da Morris presso la Legazione americana a Stoccolma:

> *14 gennaio, ore 15.00, n. 3492. Il 12 gennaio, ore 15.00, n. 1443.*
> *L'importo di 25.000 dollari dell'ex presidente della commissione russa per le vie di comunicazione negli Stati Uniti non è noto alla legazione russa, né è possibile ottenere l'indirizzo del signor Michael Gruzenberg.*
> *Morris*

A quanto pare Frank Polk scrisse a Chadbourne (la lettera non è inclusa nella fonte) e indicò che lo Stato non riusciva a trovare né Lomonossoff né Michael Gruzenberg. Chadbourne rispose il 21 gennaio 1919:

> *Caro Frank, grazie per la tua lettera del 17 gennaio. Mi risulta che ci siano due legazioni russe in Svezia, una sovietica e l'altra Kerensky, e presumo che la sua richiesta fosse diretta alla legazione sovietica, dato che era l'indirizzo che le avevo dato nella mia lettera, ovvero Milmskilnad Gaten 37, Stoccolma.*
> *L'indirizzo di Michael Gruzenberg è Holmenkollen Sanitarium, Christiania, Norvegia, e credo che la legazione sovietica possa scoprire tutto sui fondi attraverso Gruzenberg, se vuole comunicare con lui.*
> *Ringraziandovi per esservi presi questo disturbo e assicurandovi il mio profondo apprezzamento, rimango,*
> *Cordiali saluti, Thomas L. Chadbourne*

Va notato che un avvocato di Wall Street aveva l'indirizzo di Gruzenberg, il principale agente bolscevico in Scandinavia, in un momento in cui il Segretario di Stato in carica e la legazione statunitense di Stoccolma non avevano alcuna traccia dell'indirizzo; né la legazione era in grado di rintracciarlo. Chadbourne presumeva inoltre che i sovietici fossero il governo ufficiale della Russia, anche se tale governo non era riconosciuto dagli Stati Uniti e la posizione ufficiale del governo di Chadbourne nel War Trade Board gli imponeva di saperlo.

Frank Polk inviò un messaggio alla legazione americana di Christiania, in Norvegia, con l'indirizzo di Michael Gruzenberg. Non si sa se Polk sapesse di trasmettere l'indirizzo di un agente di spionaggio, ma il suo messaggio era il seguente:

> *Alla Legazione americana, Christiania. 25 gennaio 1919. È stato riferito che Michael Gruzenberg si trova al sanatorio di Holmenkollen. È possibile rintracciarlo e chiedere se è a conoscenza della disposizione del fondo di 25.000 dollari appartenente all'ex presidente della missione russa per le vie di comunicazione negli Stati Uniti, il professor Lomonossoff.*
>
> *Polk, recitazione*

Il rappresentante americano (Schmedeman) a Christiania conosceva bene Gruzenberg. In effetti, il nome era stato citato nei rapporti di Schmedeman a Washington sulle attività filosovietiche di Gruzenberg in Norvegia. Schmedeman rispose:

> *29 gennaio, ore 20.00. 1543. Importante. Vostro 25 gennaio, telegramma n. 650.*
> *Prima di partire oggi per la Russia, Michael Gruzenberg ha informato il nostro addetto navale che quando si trovava in Russia qualche mese fa aveva ricevuto, su richiesta di Lomonossoff, 25.000 dollari dall'Istituto Sperimentale Ferroviario Russo, di cui il Prof. Lomonossoff era presidente. Gruzenberg afferma di aver comunicato oggi via fax all'avvocato di Lomonossoff a New York, Morris Hillquitt [sic], che lui, Gruzenberg, è in possesso del denaro e che prima di inoltrarlo attende ulteriori istruzioni dagli Stati Uniti, chiedendo nel cablogramma che Lomonossoff sia provvisto delle spese di sostentamento per sé e per la famiglia da Hillquitt in*

attesa di ricevere il denaro.[206]
Poiché il Ministro Morris era in viaggio per Stoccolma sullo stesso treno di Gruzenberg, quest'ultimo dichiarò che si sarebbe consultato ulteriormente con Morris in merito a questo argomento.

Schmedeman

Il ministro americano si recò con Gruzenberg a Stoccolma dove ricevette il seguente cablogramma da Polk:

La legazione a Christiania ha riferito che Michael Gruzenberg ha per il Prof. G. Lomonossoff la... somma di 25.000 dollari, ricevuta dall'Istituto Sperimentale Ferroviario Russo. Se può farlo senza essere coinvolto dalle autorità bolsceviche, il dipartimento sarà lieto di facilitare il trasferimento di questo denaro al Prof. Lomonossoff in questo paese. Si prega di rispondere.

Polk, recitazione

Il 5 febbraio 1919, Frank Polk scrisse a Chadbourne di un "pericoloso agitatore bolscevico", Gruzenberg:

Mio caro Tom: Ho un telegramma da Christiania che indica che Michael Gruzenberg ha i 25.000 dollari del Prof. Lomonossoff, e che li ha ricevuti dall'Istituto Sperimentale Ferroviario Russo, e che ha telegrafato a Morris Hillquitt [sic], a New York, per fornire al Prof. Lomonossoff il denaro per le spese di vita fino a quando il fondo in questione non gli sarà trasmesso. Poiché Gruzenberg è stato appena espulso dalla Norvegia come pericoloso agitatore bolscevico, potrebbe aver avuto difficoltà a telegrafare da quel Paese. So che ora è andato a Christiania e, sebbene sia un po' fuori dalla linea d'azione del Dipartimento, sarò lieto, se lo desiderate, di vedere se posso far sì che il signor Gruzenberg invii il denaro al Prof. Lomonossoff da

---

[206] Morris Hillquit fu l'intermediario tra il banchiere newyorkese Eugene Boissevain e John Reed a Pietrogrado.

Stoccolma, e sto telegrafando al nostro ministro lì per sapere se ciò può essere fatto.

Molto sinceramente, il vostro, Frank L. Polk

Il telegramma da Christiania a cui si riferisce la lettera di Polk recita come segue:

3 febbraio, ore 18.00, 3580. Importante. In riferimento al n. 1443 del 12 gennaio, 10.000 dollari sono stati depositati a Stoccolma su mio ordine per essere inoltrati al Prof. Lomonossoff da Michael Gruzenberg, uno degli ex rappresentanti dei bolscevichi in Norvegia. Prima di accettare questo denaro, gli ho comunicato che avrei comunicato con voi per sapere se desiderate che questo denaro venga inviato a Lomonossoff. Chiedo pertanto istruzioni sulla mia linea d'azione.

Morris

Successivamente Morris, a Stoccolma, richiese istruzioni per lo smaltimento di un assegno da 10.000 dollari depositato in una banca di Stoccolma. La sua frase "[questo] è stato il mio unico legame con l'affare" suggerisce che Morris era consapevole che i sovietici avrebbero potuto, e probabilmente l'avrebbero fatto, rivendicare questo trasferimento monetario ufficialmente accelerato, poiché questa azione *implicava l'*approvazione da parte degli Stati Uniti di tali trasferimenti monetari. Fino a quel momento i sovietici avevano dovuto far entrare di nascosto il denaro negli Stati Uniti.

Ore 16.00 del 12 febbraio 3610, routine.
In riferimento al mio messaggio del 3 febbraio, ore 18.00, n. 3580, e al vostro dell'8 febbraio, ore 19.00, n. 1501. Non mi è chiaro se sia suo desiderio che io trasferisca tramite lei i 10.000 dollari riferiti al Prof. Lomonossoff. Sono stato informato da Gruzenberg di aver depositato questo denaro all'ordine di Lomonossoff in una banca di Stoccolma e di aver comunicato alla banca che questo assegno poteva essere inviato in America attraverso di me, a condizione che io lo ordinassi, e questo è stato il mio unico collegamento con la vicenda. Si prega di inviare le istruzioni.

Morris

Segue una serie di lettere sul trasferimento dei 10.000 dollari dall'A/B Nordisk Resebureau a Thomas L. Chadbourne al 520 di Park Avenue, New York City, tramite il Dipartimento di Stato. La prima lettera contiene istruzioni da parte di Polk sulla meccanica del trasferimento; la seconda, da Morris a Polk, contiene 10.000 dollari; la terza, da Morris all'A/B Nordisk Resebureau, richiede una bozza; la quarta è una risposta della banca con un assegno; la quinta è la conferma.

Il 12 febbraio, ore 16.00, n. 3610.
Il denaro può essere inviato direttamente a Thomas L. Chadbourne, 520 Park Avenue, New York City,
Polk, recitazione

* * * * *

Dispaccio, n. 1600, 6 marzo 1919:
Onorevole Segretario di Stato, Washington
Signore: in riferimento al mio telegramma, n. 3610 del 12 febbraio, e alla risposta del Dipartimento, n. 1524 del 19 febbraio in merito alla somma di 10.000 dollari per il professor Lomonossoff, ho l'onore di allegare una copia della lettera che ho indirizzato il 25 febbraio all'A. B. Nordisk Resebureau, i banchieri presso i quali è stato depositato questo denaro; una copia della risposta dell'A. B. Nordisk Resebureau, datata 26 febbraio; e una copia della mia lettera all'A. B. Nordisk Resebureau, datata 26 febbraio. B. Nordisk Resebureau, i banchieri presso i quali è stato depositato questo denaro; una copia della risposta di A. B. Nordisk Resebureau, datata 26 febbraio, e una copia della mia lettera a A. B. Nordisk Resebureau, datata 27 febbraio.
Da questa corrispondenza si evince che la banca desiderava che il denaro fosse trasmesso al professor Lomonossoff. Ho spiegato loro, tuttavia, come si evince dalla mia lettera del 27 febbraio, che avevo ricevuto l'autorizzazione a inoltrarlo direttamente al signor Thomas L. Chadbourne, 520 Park Avenue, New York

City. Allego anche una busta indirizzata al signor Chadbourne, in cui è contenuta una lettera a lui indirizzata, insieme a un assegno della National City Bank di New York di 10.000 dollari.

Ho l'onore di essere, signore, il Suo obbediente servitore,

Ira N. Morris

* * * * *

A. B. Nordisk Reserbureau,
No. 4 Vestra Tradgardsgatan, Stoccolma.
Signori: Dopo aver ricevuto la vostra lettera del 30 gennaio, in cui dichiaravate di aver ricevuto 10.000 dollari da versare al Prof. G. V. Lomonossoff, su mia richiesta, ho immediatamente telegrafato al mio Governo chiedendo se desideravano che questo denaro fosse inviato al Prof. Lomonossoff. Ho ricevuto oggi una risposta che mi autorizza a inoltrare il denaro direttamente al signor Thomas L. Chadbourne, pagabile al Prof. Lomonossoff. Sarò lieto di inoltrarlo secondo le istruzioni del mio Governo.

Lo sono, signori,
Molto sinceramente, il vostro, Ira N. Morris

* * * * *

Il signor I. N. Morris,
Ministro americano, Stoccolma
Gentilissimo Signore, La preghiamo di comunicarci di aver ricevuto il Suo favore di ieri relativo al pagamento di 10.000 dollari al Professor G. V. Lomonossoff, e con la presente abbiamo il piacere di allegare un assegno per tale importo all'ordine del Professor G. V. Lomonossoff, che ci risulta Lei stia gentilmente inoltrando a questo signore. Saremo lieti di avere la vostra ricevuta per lo stesso, e vi preghiamo di rimanere,

Con tutto il rispetto,
A. B. Nordisk Reserbureau
E. Molin

* * * * *

A. B. Nordisk Resebureau, Stoccolma
Signori: mi pregio di comunicarLe di aver ricevuto la
Sua lettera del 26 febbraio, contenente un assegno di
10.000 dollari intestato al Professor G. V. Lomonossoff.
Come vi ho comunicato nella mia lettera del 25 febbraio,
sono stato autorizzato a inoltrare l'assegno a Mr.
Thomas L. Chadbourne, 520 Park Avenue, New York
City, e lo inoltrerò a questo signore nei prossimi giorni,
a meno che non indichiate un desiderio contrario.
Molto sinceramente, il vostro, Ira N. Morris

Seguono un memorandum interno del Dipartimento di Stato e il riconoscimento di Chadbourne:

Phillips a Chadbourne, 3 aprile 1919.
Signore: in riferimento alla precedente corrispondenza
relativa a una rimessa di diecimila dollari da parte
dell'A.B. Norsdisk Resebureau al Professor G.V.
Lomonossoff, che Lei ha chiesto di trasmettere attraverso
la Legazione americana a Stoccolma, il Dipartimento La
informa di aver ricevuto un dispaccio del Ministro
americano a Stoccolma datato 6 marzo 1919, che copre
la lettera allegata a Lei indirizzata, insieme a un assegno
per l'importo menzionato, emesso all'ordine del
Professor Lomonossoff.
Sono, signore, il vostro obbediente servitore
William Phillips, Segretario di Stato ad interim.

In allegato: lettera sigillata indirizzata a Mr. Thomas L. Chadbourne, con 1.600 dalla Svezia.

* * * * *

Risposta di Chadbourne, 5 aprile 1919.

Signore: mi pregio di comunicarle di aver ricevuto la sua
lettera del 3 aprile, contenente un assegno di 10.000
dollari emesso all'ordine del professor Lomonossoff, che
ho consegnato in data odierna.

> *Mi permetto di rimanere, con grande rispetto,*
> *Cordiali saluti, Thomas L. Chadbourne*

In seguito, la legazione di Stoccolma ha chiesto informazioni sull'indirizzo di Lomonossoff negli Stati Uniti ed è stata informata dal Dipartimento di Stato che "per quanto ne sappia il professor George V. Lomonossoff può essere contattato da Mr. Thomas L. Chadbourne, 520 Park Avenue, New York City".

È evidente che il Dipartimento di Stato, sia per l'amicizia personale tra Polk e Chadbourne, sia per l'influenza politica, si è sentito in dovere di accompagnare e fare da portaborse a un agente bolscevico, appena espulso dalla Norvegia. Ma perché un prestigioso studio legale dell'establishment dovrebbe essere così intimamente interessato alla salute e al benessere di un emissario bolscevico? Forse un rapporto del Dipartimento di Stato contemporaneo fornisce un indizio:

> *Martens, il rappresentante bolscevico, e il professor Lomonossoff contano sul fatto che Bullitt e il suo gruppo faranno un rapporto favorevole alla Missione e al Presidente sulle condizioni della Russia sovietica e che sulla base di questo rapporto il governo degli Stati Uniti sarà favorevole a trattare con il governo sovietico come proposto da Martens. 29 marzo 1919.*[207]

Il palcoscenico è lo sfruttamento commerciale della Russia

Era lo sfruttamento commerciale della Russia che eccitava Wall Street, e Wall Street non aveva perso tempo nel preparare il suo programma. Il 1° maggio 1918 - una data propizia per i rivoluzionari rossi - fu istituita la Lega Americana per l'Aiuto e la Cooperazione con la Russia e il suo programma fu approvato in una conferenza tenutasi nel Senate Office Building, a Washington D.C. I funzionari e il comitato esecutivo della Lega rappresentavano alcune fazioni

---

[207] Fascicolo decimale del Dipartimento di Stato degli Stati Uniti, 861.00/4214a.

superficialmente dissimili. Il presidente era il dottor Frank J. Goodnow, presidente della Johns Hopkins University. I vicepresidenti erano il sempre attivo William Boyce Thompson, Oscar S. Straus, James Duncan e Frederick C. Howe, che scrisse *Confessioni di un monopolista*, il libro di regole con cui i monopolisti potevano controllare la società. Il tesoriere era George P. Whalen, vicepresidente della Vacuum Oil Company. Il Congresso era rappresentato dal senatore William Edgar Borah e dal senatore John Sharp Williams, del Comitato per le relazioni estere del Senato; dal senatore William N. Calder e dal senatore Robert L. Owen, presidente del Comitato bancario e valutario. I membri della Camera erano Henry R. Cooper e Henry D. Flood, presidente della Commissione Affari Esteri della Camera. Le imprese americane erano rappresentate da Henry Ford, Charles A. Coffin, presidente del consiglio di amministrazione della General Electric Company, e M. A. Oudin, allora direttore estero della General Electric. George P. Whalen rappresentava la Vacuum Oil Company e Daniel Willard era presidente della Baltimore & Ohio Railroad. L'elemento più apertamente rivoluzionario era rappresentato dalla signora Raymond Robins, il cui nome fu poi ritrovato nei file del Soviet Bureau e nelle audizioni del Comitato Lusk; Henry L. Slobodin, descritto come un "importante socialista patriottico"; e Lincoln Steffens, un comunista nazionale di rilievo.

In altre parole, si trattava di un comitato esecutivo ibrido, che rappresentava elementi rivoluzionari interni, il Congresso degli Stati Uniti e interessi finanziari coinvolti in modo significativo negli affari russi.

Il comitato esecutivo approvò un programma che enfatizzava la creazione di una divisione ufficiale russa nel governo degli Stati Uniti "diretta da uomini forti". Questa divisione avrebbe richiesto l'aiuto di università, organizzazioni scientifiche e altre istituzioni per studiare la "questione russa", avrebbe coordinato e unito le organizzazioni all'interno degli Stati Uniti "per la salvaguardia della Russia", avrebbe organizzato un "comitato speciale di intelligence per l'indagine della questione russa" e, in generale, avrebbe studiato e indagato su ciò che si riteneva fosse la "questione russa". Il comitato esecutivo approvò quindi una risoluzione a sostegno del messaggio del presidente Woodrow Wilson al congresso sovietico di Mosca e la Lega affermò il proprio sostegno alla nuova Russia sovietica.

Poche settimane dopo, il 20 maggio 1918, Frank J. Goodnow e Herbert A. Carpenter, in rappresentanza della Lega, si rivolsero all'Assistente Segretario di Stato William Phillips e gli fecero presente la necessità di istituire una "Divisione russa ufficiale del Governo per coordinare tutte le questioni russe". Mi chiesero [scrisse Phillips] se dovevano affrontare la questione con il Presidente".[208]

Phillips lo riferì direttamente al Segretario di Stato e il giorno successivo scrisse a Charles R. Crane a New York City chiedendo il suo parere sulla Lega americana per l'aiuto e la cooperazione con la Russia. Phillips chiese a Crane: "Vorrei davvero un consiglio su come trattare la lega... Non vogliamo creare problemi rifiutandoci di collaborare con loro. D'altra parte è un comitato strano e non lo capisco bene".[209]

All'inizio di giugno arrivò al Dipartimento di Stato una lettera di William Franklin Sands dell'American International Corporation per il Segretario di Stato Robert Lansing. Sands proponeva che gli Stati Uniti nominassero un amministratore in Russia piuttosto che una commissione e sosteneva che "l'idea di una forza militare alleata in Russia al momento attuale mi sembra molto pericolosa".[210] Sands sottolineava la possibilità di un commercio con la Russia e che questa possibilità poteva essere avanzata "da un amministratore ben scelto che godesse della piena fiducia del governo"; indicava che "il signor Hoover" poteva essere adatto al ruolo.[211] La lettera fu consegnata a Phillips da Basil Miles, un ex collaboratore di Sands, con l'espressione: "Credo che il Segretario troverà utile esaminarla".

All'inizio di giugno il War Trade Board, subordinato al Dipartimento di Stato, approvò una risoluzione e un comitato del consiglio composto da Thomas L. Chadbourne (contatto del

---

[208] Ibidem, 861.00/1938.

[209] Ibidem.

[210] Ibidem, 861.00/2003.

[211] Ibidem.

professor Lomonossoff), Clarence M. Woolley e John Foster Dulles presentò un memorandum al Dipartimento di Stato, sollecitando l'esame di modi e mezzi "per realizzare relazioni commerciali più strette e amichevoli tra gli Stati Uniti e la Russia". Il consiglio ha raccomandato una missione in Russia e ha riaperto la questione se questa dovesse derivare da un invito del governo sovietico.

Il 10 giugno, poi, M. A. Oudin, responsabile estero della General Electric Company, espresse le sue opinioni sulla Russia e si espresse chiaramente a favore di un "piano costruttivo per l'assistenza economica" della Russia.[212] Nell'agosto 1918 Cyrus M. McCormick della International Harvester scrisse a Basil Miles del Dipartimento di Stato e lodò il programma del Presidente per la Russia, che McCormick riteneva "un'opportunità d'oro".[213]

Di conseguenza, a metà del 1918 troviamo uno sforzo concertato da parte di un segmento dell'imprenditoria americana - ovviamente disposto ad aprire gli scambi - per trarre vantaggio dalla propria posizione privilegiata nei confronti dei sovietici.

Germania e Stati Uniti si contendono gli affari russi

Nel 1918 tale assistenza all'embrionale regime bolscevico era giustificata dalla necessità di sconfiggere la Germania e di impedire lo sfruttamento tedesco della Russia. Questo fu l'argomento utilizzato da W. B. Thompson e Raymond Robins per inviare in Germania nel 1918 rivoluzionari bolscevichi e squadre di propaganda. L'argomento era stato utilizzato anche da Thompson nel 1917, quando aveva conferito con il Primo Ministro Lloyd George per ottenere il sostegno britannico al nascente regime bolscevico. Nel giugno 1918 l'ambasciatore Francis e il suo staff tornarono dalla Russia e sollecitarono il presidente Wilson a "riconoscere e aiutare il governo sovietico della Russia".[214] Questi rapporti fatti dal personale dell'ambasciata al Dipartimento di Stato

---

[212] Ibidem, 861.00/2002.

[213] Ibidem.

[214] Ibidem, M 316-18-1306.

furono divulgati alla stampa e ampiamente stampati. Soprattutto, si sosteneva che un ritardo nel riconoscimento dell'Unione Sovietica avrebbe aiutato la Germania "e favorito il piano tedesco di promuovere la reazione e la controrivoluzione".[215] A sostegno della proposta venivano citati dati statistici esagerati, ad esempio che il governo sovietico rappresentava il novanta per cento del popolo russo "e l'altro dieci per cento è costituito dalla vecchia classe dirigente e proprietaria... Naturalmente sono scontenti". Naturalmente sono scontenti".[216] Un ex funzionario americano ha dichiarato: "Se non facciamo nulla, cioè se lasciamo che le cose vadano alla deriva, contribuiamo a indebolire il governo sovietico russo. E questo fa il gioco della Germania".[217] Si raccomandava quindi che "una commissione armata di credito e di buoni consigli commerciali potrebbe essere di grande aiuto".

Nel frattempo, all'interno della Russia la situazione economica era diventata critica e l'inevitabilità di un abbraccio con il capitalismo si era manifestata al Partito Comunista e ai suoi pianificatori. Lenin cristallizzò questa consapevolezza prima del X Congresso del Partito Comunista Russo:

> *Senza l'assistenza del capitale sarà impossibile per noi mantenere il potere proletario in un paese incredibilmente rovinato in cui i contadini, anch'essi rovinati, costituiscono la stragrande maggioranza - e, naturalmente, per questa assistenza il capitale ci spremerà centinaia di centesimi. Questo è ciò che dobbiamo capire. Quindi, o questo tipo di relazioni economiche o niente.[218]*

Poi Leon Trotsky ha detto: "Qui abbiamo bisogno di un

---

[215] Ibidem.

[216] Ibidem.

[217] Ibidem.

[218] V. 1. Lenin, Relazione al X Congresso del Partito Comunista Russo (bolscevico), 15 marzo 1921.

organizzatore come Bernard M. Baruch".[219]

La consapevolezza sovietica dell'imminente rovina economica suggerisce che le imprese americane e tedesche erano attratte dall'opportunità di sfruttare il mercato russo per i beni necessari; i tedeschi, infatti, iniziarono presto nel 1918. I primi accordi conclusi dall'Ufficio sovietico a New York indicano che il precedente sostegno finanziario e morale americano ai bolscevichi stava dando i suoi frutti sotto forma di contratti.

L'ordine più importante del 1919-20 fu quello di Morris & Co., produttori di carne di Chicago, per cinquanta milioni di libbre di prodotti alimentari, per un valore di circa 10 milioni di dollari. La famiglia di confezionatori Morris era imparentata con la famiglia Swift. Helen Swift, in seguito legata all'"Unità" dell'Abraham Lincoln Center, era sposata con Edward Morris (della ditta di confezioni di carne) ed era anche il fratello di Harold H. Swift, un "maggiore" della missione della Croce Rossa di Thompson in Russia nel 1917.

CONTRATTI STIPULATI NEL 1919 DAL BUREAU SOVIETICO CON IMPRESE STATUNITENSI

Data del contratto	Azienda	Merce venduta	Valore
7 luglio 1919	Milwaukee Shaper Co.*	Macchinari	$45,071
30 luglio 1919	Kempsmith Mfg. Co.*	Macchinari	97,470
10 maggio 1919	F. Mayer Boot & Shoe*	Stivali	1,201,250
Agosto 1919	Steel Sole Shoe & Co.*	Stivali	58,750
23 luglio 1919	Eline Berlow, N.Y.	Stivali	3,000,000
24 luglio 1919	Fischmann & Co.	Abbigliamento	3,000,000
29 settembre 1919	Weinberg & Posner	Macchinari	3,000,000

---

[219] William Reswick, *I Dreamt Revolution* (Chicago: Henry Regnery, 1952), pag. 78.

27 ottobre 1919	LeHigh Machine Co.	Macchine da stampa	4,500,000
22 gennaio 1920	Morris & Co. Chicago	50 milioni di chili di prodotti alimentari	10,000,000
*In seguito gestito tramite la Bobroff Foreign Trade and Engineering Co. di Milwaukee.			
FONTE: U.S., Senato, *Propaganda russa*, audizioni davanti a una sottocommissione del Comitato per le relazioni estere, 66° Cong., 2d sess., 1920, pag. 71.			

Ludwig Martens era in precedenza vicepresidente di Weinberg & Posner, con sede al 120 di Broadway, New York City, e a questo studio è stata assegnata una commessa di 3 milioni di dollari.

Oro sovietico e banche americane

L'oro era l'unico mezzo pratico con cui l'Unione Sovietica poteva pagare i suoi acquisti all'estero e i banchieri internazionali erano abbastanza disposti a facilitare le spedizioni d'oro sovietiche. Le esportazioni di oro russo, principalmente monete d'oro imperiali, iniziarono all'inizio del 1920, verso la Norvegia e la Svezia. Queste venivano trasbordate in Olanda e Germania per altre destinazioni mondiali, tra cui gli Stati Uniti.

Nell'agosto 1920, un carico di monete d'oro russe fu ricevuto all'indirizzo dalla Den Norske Handelsbank in Norvegia come garanzia per il pagamento di 3.000 tonnellate di carbone da parte della Niels Juul and Company negli Stati Uniti per conto del governo sovietico. Le monete furono trasferite alla Norges Bank per essere custodite. Esaminate e pesate, le monete risultarono essere state coniate prima dello scoppio della guerra nel 1914 e quindi autentiche monete russe imperiali.[220]

Poco dopo questo episodio iniziale, la Robert Dollar Company di San Francisco ricevette sul suo conto a Stoccolma lingotti d'oro per

---

[220] Fascicolo decimale del Dipartimento di Stato degli Stati Uniti, 861.51/815.

un valore di trentanove milioni di corone svedesi; l'oro "recava il timbro del vecchio governo degli zar di Russia". L'agente della Dollar Company a Stoccolma chiese all'American Express Company di poter spedire l'oro negli Stati Uniti. L'American Express rifiutò di occuparsi della spedizione. Robert Dollar, va notato, era un direttore dell'American International Company; quindi l'AIC era legata al primo tentativo di spedire l'oro direttamente in America.[221]

Contemporaneamente fu riferito che tre navi avevano lasciato Reval sul Mar Baltico con l'oro sovietico destinato agli Stati Uniti. La S.S. *Gauthod* caricò 216 casse d'oro sotto la supervisione del professor Lomonossoff - ora di ritorno negli Stati Uniti. La S.S. *Carl Line* caricò 216 casse d'oro sotto la supervisione di tre agenti russi. La S.S. *Ruheleva* fu caricata con 108 casse d'oro. Ogni cassa conteneva tre sacchi d'oro del valore di sessantamila rubli ciascuno. Seguì un carico sulla S.S. *Wheeling Mold*.

Kuhn, Loeb & Company, apparentemente per conto della Guaranty Trust Company, si informò presso il Dipartimento di Stato sull'atteggiamento ufficiale nei confronti della ricezione dell'oro sovietico. In un rapporto il dipartimento espresse preoccupazione perché se l'accettazione fosse stata rifiutata, "l'oro [sarebbe] probabilmente tornato nelle mani del Dipartimento della Guerra, causando così una responsabilità diretta del governo e un maggiore imbarazzo".[222] Il rapporto, scritto da Merle Smith in collaborazione con Kelley e Gilbert, sostiene che, a meno che il possessore non sia a conoscenza di un titolo imperfetto, sarebbe impossibile rifiutare l'accettazione. Si prevedeva che agli Stati Uniti sarebbe stato richiesto di fondere l'oro nell'ufficio saggi e si decise quindi di telegrafare alla Kuhn, Loeb & Company che non sarebbero state imposte restrizioni all'importazione di oro sovietico negli Stati Uniti.

L'oro arrivò all'ufficio di saggio di New York e non fu depositato dalla Kuhn, Loeb & Company, ma dalla Guaranty Trust Company

---

[221] Ibidem, 861,51/836.

[222] Ibidem, 861.51,/837, 4 ottobre 1920.

di New York. Guaranty Trust si informò quindi presso il Federal Reserve Board, che a sua volta si informò presso il Tesoro degli Stati Uniti, in merito all'accettazione e al pagamento. Il sovrintendente del New York Assay Office informò il Tesoro che i circa sette milioni di dollari d'oro non avevano segni di riconoscimento e che "i lingotti depositati erano già stati fusi in lingotti della zecca degli Stati Uniti". Il Tesoro suggerì al Federal Reserve Board di stabilire se la Guaranty Trust Company avesse agito "per conto proprio o per conto di terzi nel presentare l'oro" e, in particolare, "se dall'importazione o dal deposito dell'oro sia derivato o meno un trasferimento di credito o una transazione di scambio".[223]

Il 10 novembre 1920, A. Breton, vicepresidente della Guaranty Trust, scrisse all'Assistente Segretario Gilbert del Dipartimento del Tesoro lamentando il fatto che la Guaranty non aveva ricevuto dall'ufficio saggi il consueto anticipo immediato a fronte di depositi di "metallo giallo lasciati presso di loro per la riduzione". La lettera afferma che Guaranty Trust aveva ricevuto garanzie soddisfacenti sul fatto che i lingotti fossero il prodotto della fusione di monete francesi e belghe, sebbene avesse acquistato il metallo in Olanda. La lettera chiedeva al Tesoro di accelerare il pagamento dell'oro. In risposta, il Tesoro sostenne che "non acquista l'oro offerto alle zecche o agli uffici di saggio degli Stati Uniti che sia noto o sospettato di essere di origine sovietica" e che, alla luce delle note vendite sovietiche di oro in Olanda, l'oro presentato dalla Guaranty Trust Company era considerato un "caso dubbio, con indicazioni di origine sovietica". La Commissione suggerì che la Guaranty Trust Company avrebbe potuto ritirare l'oro dall'ufficio di saggiatura in qualsiasi momento o avrebbe potuto "presentare al Tesoro, alla Federal Reserve Bank di New York o al Dipartimento di Stato le ulteriori prove necessarie a scagionare l'oro da qualsiasi sospetto di origine sovietica".[224]

Non ci sono documenti relativi alla decisione finale di questo caso, ma presumibilmente la Guaranty Trust Company fu pagata per la spedizione. Ovviamente questo deposito d'oro serviva ad attuare

---

[223] Ibidem, 861.51/837, 24 ottobre 1920.

[224] Ibidem, 861.51/853, 11 novembre 1920.

l'accordo fiscale della metà del 1920 tra la Guaranty Trust e il governo sovietico, in base al quale la società era diventata l'agente sovietico negli Stati Uniti (si veda l'epigrafe di questo capitolo).

In seguito si scoprì che l'oro sovietico veniva inviato anche alla zecca svedese. La zecca svedese "fonde l'oro russo, lo saggia e vi appone il timbro della zecca svedese su richiesta delle banche svedesi o di altri soggetti svedesi debitori dell'oro".[225] Allo stesso tempo Olof Aschberg, capo della Svenska Ekonomie A/B (l'intermediario sovietico e affiliato della Guaranty Trust), offriva "quantità illimitate di oro russo" attraverso le banche svedesi.[226]

In breve, possiamo collegare l'American International Corporation, l'influente professor Lomonossoff, la Guaranty Trust e Olof Aschberg (che abbiamo già identificato) ai primi tentativi di importare oro sovietico negli Stati Uniti.

Max May di Guaranty Trust diventa direttore di Ruskombank

L'interesse di Guaranty Trust per la Russia sovietica si rinnovò nel 1920 con una lettera di Henry C. Emery, vicedirettore del Dipartimento Esteri di Guaranty Trust, a De Witt C. Poole del Dipartimento di Stato. La lettera è datata 21 gennaio 1920, poche settimane prima che Allen Walker, direttore del Dipartimento degli Esteri, si attivasse per formare la virulenta organizzazione antisovietica United Americans (vedi pagina 165). Emery pose numerose domande sulla base legale del governo sovietico e delle banche in Russia e chiese se il governo sovietico fosse il governo de facto in Russia.[227] "La rivolta prima del 1922 è stata pianificata dai rossi", sosteneva United Americans nel 1920, ma Guaranty Trust aveva avviato trattative con questi stessi rossi e a metà del 1920

---

[225] Ibidem, 316-119, 1132.

[226] Ibidem, 316-119-785. Questo rapporto contiene ulteriori dati sui trasferimenti di oro russo attraverso altri Paesi e intermediari. Si veda anche 316-119-846.

[227] Ibidem, 861.516/86.

agiva come agente sovietico negli Stati Uniti.

Nel gennaio 1922 il Segretario al Commercio Herbert Hoover intercedette presso il Dipartimento di Stato a favore di un piano di Guaranty Trust per stabilire relazioni di scambio con la "Nuova Banca di Stato di Mosca". Questo piano, scrisse Herbert Hoover, "non sarebbe discutibile se si stabilisse che tutti i soldi che entrano in loro possesso devono essere utilizzati per l'acquisto di beni civili negli Stati Uniti"; e dopo aver affermato che tali relazioni sembravano essere in linea con la politica generale, Hoover aggiunse: "Potrebbe essere vantaggioso avere queste transazioni organizzate in modo tale da sapere quale sia il movimento, invece delle operazioni disintegrate ora in corso". Naturalmente, tali "operazioni disintegrate" sono coerenti con le operazioni di un libero mercato, ma questo approccio Herbert Hoover lo rifiutò a favore della canalizzazione degli scambi attraverso fonti specifiche e controllabili a New York. Il Segretario di Stato Charles E. Hughes espresse il proprio dissenso nei confronti dello schema Hoover-Guaranty Trust, che a suo avviso poteva essere considerato come un riconoscimento de facto dei sovietici, mentre i crediti esteri acquisiti potevano essere utilizzati a svantaggio degli Stati Uniti. Lo Stato inviò una risposta non impegnativa a Guaranty Trust. Tuttavia, Guaranty andò avanti (con il sostegno di Herbert Hoover), partecipò alla formazione della prima banca internazionale sovietica e Max May di Guaranty Trust divenne capo del dipartimento estero della nuova Ruskombank.

Capitolo X

J.P. Morgan dà un piccolo aiuto alla controparte

Non mi siederei a pranzo con un Morgan, se non per conoscere le sue motivazioni e i suoi atteggiamenti.

William E. Dodd, Ambasciatore
Diario di Dodd, 1933-1938

Finora la nostra storia ha ruotato attorno a un'unica grande società finanziaria: la Guaranty Trust Company, la più grande società fiduciaria degli Stati Uniti, controllata dalla J.P. Morgan. Guaranty Trust utilizzava Olof Aschberg, il banchiere bolscevico, come intermediario in Russia prima e dopo la rivoluzione. Guaranty era un sostenitore di Ludwig Martens e del suo Soviet Bureau, i primi rappresentanti sovietici negli Stati Uniti. A metà del 1920 Guaranty era l'agente fiscale sovietico negli Stati Uniti; anche le prime spedizioni di oro sovietico negli Stati Uniti risalgono a Guaranty Trust.

C'è un sorprendente rovescio della medaglia in questa attività filo-bolscevica: Guaranty Trust fu uno dei fondatori di United Americans, una virulenta organizzazione anti-sovietica che minacciò rumorosamente l'invasione rossa entro il 1922, affermò che 20 milioni di dollari di fondi sovietici erano in arrivo per finanziare la rivoluzione rossa e previde il panico nelle strade e la fame di massa a New York. Questa doppiezza solleva, ovviamente, seri interrogativi sulle intenzioni della Guaranty Trust e dei suoi direttori. Trattare con i sovietici, persino appoggiarli, può essere spiegato con l'avidità apolitica o semplicemente con il profitto. D'altra parte, diffondere una propaganda volta a creare paura e panico e allo stesso tempo incoraggiare le condizioni che hanno dato origine alla paura e al panico è un problema molto più serio. Suggerisce un'assoluta depravazione morale. Analizziamo innanzitutto più da vicino l'anticomunista United Americans.

Gli Americani Uniti si formano per combattere il comunismo[228]

Nel 1920 fu fondata l'organizzazione United Americans. Era limitata ai cittadini degli Stati Uniti e prevedeva cinque milioni di membri, "il cui unico scopo sarebbe stato quello di combattere gli insegnamenti dei socialisti, dei comunisti, dell'I.W.W., delle organizzazioni russe e delle società di agricoltori radicali".

In altre parole, gli United Americans dovevano combattere tutte le istituzioni e i gruppi ritenuti anticapitalisti.

I funzionari dell'organizzazione preliminare creata per costruire la United Americans erano Allen Walker della Guaranty Trust Company; Daniel Willard, presidente della Baltimore 8c Ohio Railroad; H. H. Westinghouse, della Westinghouse Air Brake Company; e Otto H. Kahn, della Kuhn, Loeb 8c Company e della American International Corporation. Questi uomini di Wall Street erano sostenuti da vari presidenti di università e da Newton W. Gilbert (ex governatore delle Filippine). Ovviamente, l'United Americans era, a prima vista, esattamente il tipo di organizzazione che i capitalisti dell'establishment avrebbero dovuto finanziare e a cui aderire. La sua formazione non avrebbe dovuto sorprendere più di tanto.

D'altra parte, come abbiamo già visto, questi finanzieri erano anche profondamente coinvolti nel *sostegno* al nuovo regime sovietico in Russia - anche se questo sostegno avveniva dietro le quinte, registrato solo negli archivi governativi e non sarebbe stato reso pubblico per 50 anni. Come parte di United Americans, Walker, Willard, Westinghouse e Kahn facevano un doppio gioco. Otto H. Kahn, uno dei fondatori dell'organizzazione anticomunista, fu segnalato dal socialista britannico J. H. Thomas come "con la faccia

---

[228] *New York Times*, 21 giugno 1919.

rivolta verso la luce". Kahn scrisse la prefazione al libro di Thomas. Nel 1924 Otto Kahn si rivolse alla Lega per la democrazia industriale e professò obiettivi comuni con questo gruppo socialista attivista (vedi pagina 49). La Baltimore & Ohio Railroad (datore di lavoro di Willard) fu attiva nello sviluppo del sito Russia durante gli anni Venti. Nel 1920, anno di fondazione di United Americans, la Westinghouse gestiva uno stabilimento in Russia che era stato esentato dalla nazionalizzazione. Il ruolo di Guaranty Trust è già stato minuziosamente descritto.

Gli americani uniti rivelano "rivelazioni sorprendenti" sui rossi

Nel marzo del 1920 il *New York Times* titolò un'ampia e dettagliata storia di paura sull'invasione rossa degli Stati Uniti entro due anni, invasione che sarebbe stata finanziata da 20 milioni di dollari di fondi sovietici "ottenuti con l'omicidio e la rapina della nobiltà russa".[229]

Gli United Americans, è stato rivelato, avevano fatto un'indagine sulle "attività radicali" negli Stati Uniti, e lo avevano fatto nel loro ruolo di organizzazione formata per "preservare la Costituzione degli Stati Uniti con la forma rappresentativa di governo e il diritto di possesso individuale che la Costituzione prevede".

Inoltre, il sondaggio, è stato proclamato, aveva il sostegno del comitato esecutivo, "tra cui Otto H. Kahn, Allen Walker della Guaranty Trust Company, Daniel Willard" e altri. Il sondaggio affermava che i leader radicali sono fiduciosi di realizzare una rivoluzione entro due anni, che l'inizio avverrà a New York con uno sciopero generale, che i leader rossi hanno previsto molti spargimenti di sangue e che il governo sovietico russo ha contribuito con 20.000.000 di dollari al movimento radicale americano.

Le spedizioni di oro sovietico alla Guaranty Trust a metà del 1920 (540 scatole da tre pacchi ciascuna) avevano un valore di circa 15.000.000 di dollari (a 20 dollari l'oncia troy), e altre spedizioni di

---

[229] Ibidem, 28 marzo 1920.

oro attraverso Robert Dollar e Olof Aschberg portarono il totale molto vicino ai 20 milioni di dollari. Le informazioni sull'oro sovietico per il movimento radicale sono state definite "assolutamente affidabili" e sono state "consegnate al governo". I rossi, si affermava, progettavano di ridurre New York alla fame entro quattro giorni:

> *Nel frattempo i rossi contano su un panico finanziario nelle prossime settimane per aiutare la loro causa. Il panico causerebbe angoscia tra i lavoratori e li renderebbe quindi più suscettibili alla dottrina rivoluzionaria.*

Il rapporto degli United Americans sovrastimava grossolanamente il numero di radicali negli Stati Uniti, dapprima snocciolando cifre come due o cinque milioni e poi accontentandosi di 3.465.000 membri in quattro organizzazioni radicali. Il rapporto concludeva sottolineando la possibilità di spargimenti di sangue e citava "Skaczewski, Presidente dell'Associazione Editoriale Internazionale, altrimenti del Partito Comunista, [che] si vantava del fatto che stava per arrivare il momento in cui i comunisti avrebbero distrutto completamente l'attuale forma di società".

In breve, United Americans ha pubblicato un rapporto senza prove concrete, progettato per spaventare l'uomo della strada: il punto significativo, naturalmente, è che questo è lo stesso gruppo che è stato responsabile di proteggere e sovvenzionare, anzi assistere, i sovietici affinché potessero intraprendere questi stessi piani.

Conclusioni sugli americani uniti

Si tratta di un caso in cui la mano destra non sa cosa sta facendo la mano sinistra? Probabilmente no. Stiamo parlando di capi di società, per di più di successo. Quindi United Americans era probabilmente un espediente per distogliere l'attenzione pubblica - e ufficiale - dagli sforzi sotterranei compiuti per entrare nel mercato russo.

L'United Americans è l'unico esempio documentato a conoscenza di chi scrive di un'organizzazione che assiste il regime sovietico ed è anche in prima linea nell'opposizione ai sovietici. Non si tratta affatto di una linea d'azione incoerente, e ulteriori ricerche dovrebbero concentrarsi almeno sui seguenti aspetti:

(a) Ci sono altri esempi di doppio gioco da parte di gruppi influenti generalmente noti come establishment?

(b) Questi esempi possono essere estesi ad altri settori? Per esempio, ci sono prove che i problemi di lavoro siano stati provocati da questi gruppi?

(c) Qual è lo scopo ultimo di queste tattiche a tenaglia? Possono essere collegate all'assioma marxiano: la tesi contro l'antitesi produce la sintesi? È un enigma il motivo per cui il movimento marxista attacca frontalmente il capitalismo se il suo obiettivo è un mondo comunista e se accetta veramente la dialettica. Se l'obiettivo è un mondo comunista - cioè se il comunismo è la sintesi desiderata - e il capitalismo è la tesi, allora qualcosa di diverso dal capitalismo o dal comunismo deve essere l'antitesi. Il capitalismo potrebbe quindi essere la tesi e il comunismo l'antitesi, con l'obiettivo dei gruppi rivoluzionari e dei loro sostenitori di sintetizzare questi due sistemi in un sistema mondiale non ancora definito?

Morgan e Rockefeller aiutano Kolchak

Contemporaneamente a questi sforzi per aiutare il Bureau sovietico e gli americani uniti, la società J.P. Morgan, che controllava la Guaranty Trust, forniva assistenza finanziaria a uno dei principali oppositori dei bolscevichi, l'ammiraglio Aleksandr Kolchak in Siberia. Il 23 giugno 1919, il deputato Mason introdusse la Risoluzione 132 della Camera che incaricava il Dipartimento di Stato di "indagare su tutti e singolarmente sulla verità di... notizie di stampa" che accusavano gli obbligazionisti russi di aver usato la loro influenza per ottenere il "mantenimento delle truppe americane in Russia" al fine di garantire il continuo pagamento degli interessi sulle obbligazioni russe. Secondo un memorandum di Basil Miles, un collaboratore di William F. Sands, il deputato Mason ha accusato alcune banche di aver cercato di ottenere il riconoscimento dell'ammiraglio Kolchak in Siberia per ottenere il pagamento delle obbligazioni russe precedenti.

Nell'agosto del 1919 il segretario di Stato, Robert Lansing, ricevette dalla National City Bank di New York, influenzata da Rockefeller, una lettera in cui si chiedevano commenti ufficiali su una proposta di prestito di 5 milioni di dollari all'ammiraglio Kolchak; e da J.P. Morgan & Co. e altri banchieri un'altra lettera in cui si chiedeva il parere del dipartimento su un'ulteriore proposta di prestito di 10 milioni di sterline a Kolchak da parte di un consorzio di banchieri inglesi e americani.[230]

Il Segretario Lansing informò i banchieri che gli Stati Uniti non avevano riconosciuto Kolchak e che, pur essendo disposti a fornirgli assistenza, "il Dipartimento non riteneva di potersi assumere la responsabilità di incoraggiare tali negoziati ma che, comunque, non sembravano esserci obiezioni al prestito, purché i banchieri ritenessero opportuno farlo".[231]

In seguito, il 30 settembre, Lansing informò il console generale americano a Omsk che il "prestito è stato erogato in modo regolare"[232] Due quinti sono stati presi da banche britanniche e tre quinti da banche americane. Due terzi del totale dovevano essere spesi in Gran Bretagna e negli Stati Uniti e il restante terzo ovunque il governo Kolchak volesse. Il prestito era garantito dall'oro russo (di Kolchak) che fu spedito a San Francisco. La tempistica delle esportazioni sovietiche di oro descritte in precedenza suggerisce che la cooperazione con i sovietici per la vendita dell'oro fu determinata sulla scia dell'accordo sul prestito d'oro di Kolchak.

Le vendite di oro sovietico e il prestito Kolchak suggeriscono inoltre che l'affermazione di Carroll Quigley, secondo cui gli interessi di Morgan si erano infiltrati nella sinistra nazionale, si applicava anche ai movimenti rivoluzionari *e* controrivoluzionari d'oltreoceano. L'estate 1919 fu un periodo di rovesci militari sovietici in Crimea e in Ucraina e questo quadro nero potrebbe aver indotto i banchieri britannici e americani a ricucire i rapporti con le forze antibolsceviche. L'ovvia logica sarebbe stata quella di avere un

---

[230] Fascicolo decimale del Dipartimento di Stato degli Stati Uniti, 861.51/649.

[231] Ibidem, 861.51/675

[232] Ibidem, 861.51/656

piede in tutti i campi, e quindi essere in una posizione favorevole per negoziare concessioni e affari dopo che la rivoluzione o la controrivoluzione fossero riuscite e un nuovo governo si fosse stabilizzato. Poiché l'esito di qualsiasi conflitto non può essere visto all'inizio, l'idea è quella di piazzare scommesse consistenti su tutti i cavalli della corsa rivoluzionaria. Così, da un lato, fu data assistenza ai sovietici e, dall'altro, a Kolchak - mentre il governo britannico sosteneva Denikin in Ucraina e il governo francese andava in aiuto dei polacchi.

Nell'autunno del 1919 il giornale berlinese *Berliner Zeitung am Mittak* (8 e 9 ottobre) accusò la Morgan di finanziare il governo della Russia occidentale e le forze russo-tedesche nel Baltico che combattevano contro i bolscevichi - entrambi alleati di Kolchak. La Morgan negò strenuamente l'accusa: "Questo studio non ha avuto alcuna discussione o incontro con il governo della Russia occidentale o con chiunque pretenda di rappresentarlo, in nessun momento".[233] Ma se l'accusa di finanziamento era imprecisa, ci sono prove di collaborazione. I documenti trovati dall'intelligence del governo lettone tra le carte del colonnello Bermondt, comandante dell'Esercito Volontario Occidentale, confermano "le relazioni che si sosteneva esistessero tra l'agente londinese di Kolchak e l'anello industriale tedesco che faceva capo a Bermondt".[234]

In altre parole, sappiamo che i banchieri di J.P. Morgan, Londra e New. York finanziarono Kolchak. Ci sono anche prove che collegano Kolchak e il suo esercito con altri eserciti antibolscevichi. E sembra che ci siano pochi dubbi sul fatto che i circoli industriali e bancari tedeschi finanziassero l'esercito antibolscevico russo nel Baltico. Ovviamente i fondi dei banchieri non hanno bandiera nazionale.

---

[233] Ibidem, 861.51/767 - lettera di J. P. Morgan al Dipartimento di Stato, 11 novembre 1919. Il finanziamento stesso era una bufala (si veda il rapporto AP nei file del Dipartimento di Stato successivi alla lettera di Morgan).

[234] Ibidem, 861.51/6172 e /6361.

Capitolo XI

L'alleanza tra banchieri e rivoluzione

Il nome Rockefeller non è un nome rivoluzionario, e la mia situazione di vita ha favorito un atteggiamento attento e cauto che sfiora il conservatorismo. Non sono portato per le cause erranti...

John D. Rockefeller III, La seconda rivoluzione americana (New York: Harper & Row, 1973).

Le prove presentate: una sintesi

Le prove già pubblicate da George Katkov, Stefan Possony e Michael Futrell hanno stabilito che il ritorno in Russia di Lenin e del suo partito di bolscevichi in esilio, seguito poche settimane dopo da un partito di menscevichi, fu finanziato e organizzato dal governo tedesco.[235] I fondi necessari furono trasferiti in parte attraverso la Nya Banken di Stoccolma, di proprietà di Olof Aschberg, e i duplici obiettivi tedeschi erano: (a) l'eliminazione della Russia dalla guerra e (b) il controllo del mercato russo del dopoguerra.[236]

Ora siamo andati oltre queste prove per stabilire un rapporto di lavoro continuo tra il banchiere bolscevico Olof Aschberg e la Guaranty Trust Company di New York, controllata da Morgan

---

[235] Michael Futrell, *Northern Underground* (Londra: Faber and Faber, 1963); Stefan Possony, *Lenin: The Compulsive Revolutionary* (Londra: George Allen & Unwin, 1966); e George Katkov, "German Foreign Office Documents on Financial Support to the Bolsheviks in 1917", *International Affairs* 32 (Royal Institute of International Affairs, 1956).

[236] Ibidem, in particolare Katkov.

prima, durante e dopo la rivoluzione russa. In epoca zarista Aschberg era l'agente Morgan in Russia e il negoziatore per i prestiti russi negli Stati Uniti; durante il 1917 Aschberg fu l'intermediario finanziario dei rivoluzionari; dopo la rivoluzione Aschberg divenne capo della Ruskombank, la prima banca internazionale sovietica, mentre Max May, un vicepresidente della Guaranty Trust controllata da Morgan, divenne direttore e capo del dipartimento estero della Ruskom-bank. Abbiamo presentato prove documentali di un rapporto di lavoro continuo tra la Guaranty Trust Company e i bolscevichi. I direttori della Guaranty Trust nel 1917 sono elencati nell'Appendice 1.

Inoltre, esistono prove di trasferimenti di fondi dai banchieri di Wall Street alle attività rivoluzionarie internazionali. Ad esempio, c'è la dichiarazione (suffragata da un cablogramma) di William Boyce Thompson - direttore della Federal Reserve Bank di New York, grande azionista della Chase Bank controllata da Rockefeller e socio finanziario dei Guggenheim e dei Morgan - secondo cui egli (Thompson) avrebbe contribuito con un milione di dollari alla Rivoluzione bolscevica per scopi propagandistici. Un altro esempio è John Reed, membro americano del comitato esecutivo della Terza Internazionale, finanziato e sostenuto da Eugene Boissevain, un banchiere privato di New York, e impiegato dalla rivista *Metropolitan* di Harry Payne Whitney. Whitney era all'epoca direttore della Guaranty Trust. Abbiamo anche stabilito che Ludwig Martens, il primo "ambasciatore" sovietico negli Stati Uniti, era (secondo il capo dell'intelligence britannica Sir Basil Thompson) sostenuto da fondi della Guaranty Trust Company. Nel rintracciare i finanziamenti di Trotsky negli Stati Uniti siamo arrivati a fonti tedesche, ancora da identificare, a New York. Anche se non conosciamo le fonti tedesche precise dei fondi di Trotsky, sappiamo che Von Pavenstedt, il principale responsabile dello spionaggio tedesco negli Stati Uniti, era anche socio anziano della Amsinck & Co. Amsinck era di proprietà dell'immancabile American International Corporation, anch'essa controllata dalla J.P. Morgan.

Inoltre, le imprese di Wall Street, tra cui la Guaranty Trust, erano coinvolte nelle attività rivoluzionarie di Carranza e Villa in Messico durante la guerra. Abbiamo anche identificato prove documentali relative al finanziamento da parte di un sindacato di Wall Street della rivoluzione di Sun Yat-sen in Cina nel 1912, una rivoluzione che oggi viene salutata dai comunisti cinesi di come il precursore della rivoluzione di Mao in Cina. Charles B. Hill, avvocato di New York che negoziava con Sun Yat-sen per conto di questo sindacato, era un direttore di tre filiali Westinghouse, e abbiamo scoperto che Charles R. Crane della Westinghouse in Russia era coinvolto nella rivoluzione russa.

Oltre alla finanza, abbiamo identificato altre prove, forse più significative, del coinvolgimento di Wall Street nella causa bolscevica. La missione della Croce Rossa americana in Russia era un'impresa privata di William B. Thompson, che offrì pubblicamente un sostegno partigiano ai bolscevichi. I documenti del Gabinetto di Guerra britannico ora disponibili riportano che la politica britannica fu deviata verso il regime di Lenin-Trotsky dall'intervento personale di Thompson presso Lloyd George nel dicembre 1917. Abbiamo riprodotto le dichiarazioni del direttore Thompson e del vicepresidente William Lawrence Saunders, entrambi della Federal Reserve Bank di New York, fortemente favorevoli ai bolscevichi. John Reed non solo era finanziato da Wall Street, ma aveva un sostegno costante alle sue attività, fino all'intervento presso il Dipartimento di Stato da parte di William Franklin Sands, segretario esecutivo dell'American International Corporation. Nel caso di sedizione di Robert Minor ci sono forti indizi e alcune prove circostanziali che il colonnello Edward House sia intervenuto per far rilasciare Minor. Il significato del caso Minor è che il programma di William B. Thompson per la rivoluzione bolscevica in Germania era proprio il programma che Minor stava attuando quando fu arrestato in Germania.

Alcuni agenti internazionali, come Alexander Gumberg, lavorarono per Wall Street *e per* i bolscevichi. Nel 1917 Gumberg era il rappresentante di un'azienda statunitense a Pietrogrado, lavorò per la missione della Croce Rossa americana di Thompson, divenne il principale agente bolscevico in Scandinavia fino a quando non fu espulso dalla Norvegia, quindi divenne assistente confidenziale di Reeve Schley della Chase Bank di New York e successivamente di Floyd Odium della Atlas Corporation.

Questa attività a favore dei bolscevichi ebbe origine in gran parte da un unico indirizzo: 120 Broadway, New York City. Le prove di questa osservazione sono delineate, ma non viene fornita alcuna ragione conclusiva per l'insolita concentrazione di attività a un unico indirizzo, salvo affermare che sembra essere la controparte estera dell'affermazione di Carroll Quigley secondo cui J.P. Morgan si sarebbe infiltrato nella sinistra nazionale. Morgan ha infiltrato anche la sinistra internazionale.

La Federal Reserve Bank di New York si trovava al 120 di Broadway. Il veicolo di questa attività filobolscevica era l'American International Corporation - al 120 di Broadway. Le opinioni dell'AIC sul regime bolscevico furono richieste dal Segretario di Stato Robert Lansing solo poche settimane dopo l'inizio della rivoluzione e Sands, segretario esecutivo dell'AIC, riuscì a malapena a trattenere il suo entusiasmo per la causa bolscevica. Ludwig Martens, il primo ambasciatore sovietico, era stato vicepresidente della Weinberg & Posner, anch'essa situata al 120 di Broadway. La Guaranty Trust Company si trovava al 140 Broadway, ma la Guaranty Securities Co. era al 120 Broadway. Nel 1917 Hunt, Hill & Betts si trovava al 120 di Broadway e Charles B. Hill di questo studio era il negoziatore nelle trattative con Sun Yat-sen. Al 120 di Broadway si trovava la John MacGregor Grant Co. finanziata da Olof Aschberg in Svezia e dalla Guaranty Trust negli Stati Uniti e inserita nella lista nera dei servizi segreti militari. Al 120 di Broadway si trovavano i Guggenheim e il cuore esecutivo della General Electric (anch'essa interessata all'American International). Non ci sorprende quindi che anche il Bankers Club si trovasse al 120 di Broadway, all'ultimo piano (il trentaquattresimo).

È significativo che il sostegno ai bolscevichi non sia cessato con il consolidamento della rivoluzione; pertanto, tale sostegno non può essere interamente spiegato in termini di guerra con la Germania. Il sindacato americano-russo formato nel 1918 per ottenere concessioni in Russia era sostenuto dagli interessi di White, Guggenheim e Sinclair. Tra i direttori delle società controllate da questi tre finanzieri vi erano Thomas W. Lamont (Guaranty Trust), William Boyce Thompson (Federal Reserve Bank) e Harry Payne Whitney, datore di lavoro di John Reed (Guaranty Trust). Ciò suggerisce fortemente che il sindacato fu costituito per trarre profitto dal precedente sostegno alla causa bolscevica nel periodo rivoluzionario. E poi abbiamo scoperto che Guaranty Trust ha sostenuto finanziariamente il Soviet Bureau di New York nel 1919.

Il primo segnale concreto che il precedente sostegno politico e finanziario stava dando i suoi frutti si ebbe nel 1923, quando i sovietici costituirono la loro prima banca internazionale, la Ruskombank. Olof Aschberg, socio di Morgan, divenne capo nominale di questa banca sovietica; Max May, vicepresidente di Guaranty Trust, divenne direttore della Ruskom-bank e la Ruskombank nominò prontamente la Guaranty Trust Company suo agente negli Stati Uniti.

La spiegazione dell'empia alleanza

Quale motivo spiega questa coalizione di capitalisti e bolscevichi?

La Russia era allora - ed è oggi - il più grande mercato non sfruttato del mondo. Inoltre, la Russia, allora come oggi, rappresentava la più grande minaccia competitiva potenziale alla supremazia industriale e finanziaria americana. (Basta dare un'occhiata a un mappamondo per evidenziare la differenza geografica tra la vasta massa terrestre della Russia e i più piccoli Stati Uniti). Wall Street deve avere i brividi quando visualizza la Russia come un secondo super gigante industriale americano.

Ma perché permettere alla Russia di diventare un concorrente e una sfida alla supremazia statunitense? Alla fine del XIX secolo, Morgan/Rockefeller e Guggenheim avevano dimostrato le loro inclinazioni monopolistiche. In *Railroads and Regulation 1877-1916* Gabriel Kolko ha dimostrato come i proprietari delle ferrovie, e non gli agricoltori, volessero il controllo statale delle ferrovie per preservare il loro monopolio e abolire la concorrenza. Quindi la spiegazione più semplice delle nostre prove è che un sindacato di finanzieri di Wall Street ampliò le proprie ambizioni monopolistiche e allargò gli orizzonti su scala globale. *Il gigantesco mercato russo doveva essere trasformato in un mercato vincolato e in una colonia tecnica da sfruttare da parte di pochi potenti finanzieri americani e delle società sotto il loro controllo.* Ciò che la Commissione per il Commercio Interstatale e la Commissione Federale per il Commercio, sotto il controllo dell'industria americana, potevano ottenere per quest'ultima in patria, un governo socialista pianificato poteva ottenerlo all'estero - con il sostegno e gli incentivi adeguati di Wall Street e Washington D.C.

Infine, per evitare che questa spiegazione sembri troppo radicale, ricordiamo che fu Trotsky a nominare i generali zaristi per consolidare l'Armata Rossa; che fu Trotsky a fare appello agli ufficiali americani perché controllassero la Russia rivoluzionaria e intervenissero a favore dei Soviet; che fu Trotsky a schiacciare prima l'elemento libertario nella Rivoluzione russa e poi gli operai e i contadini; e che la storia documentata ignora *totalmente* l'Armata Verde di 700.000 uomini composta da ex bolscevichi, arrabbiati per il tradimento della rivoluzione, che combatterono i bianchi *e i* rossi. In altre parole, suggerisce che la Rivoluzione bolscevica fu un'alleanza di statisti: rivoluzionari statalisti e finanziatori statalisti allineati contro i genuini elementi rivoluzionari libertari in Russia.[237]

La domanda che i lettori si pongono ora è: questi banchieri erano anche bolscevichi segreti? No, ovviamente no. I finanzieri erano privi di ideologia. Sarebbe un grossolano errore di interpretazione supporre che l'assistenza ai bolscevichi fosse ideologicamente motivata, in senso stretto. I finanzieri *erano motivati dal potere* e quindi assistevano *qualsiasi* veicolo politico che desse loro accesso al potere: Trotsky, Lenin, lo zar, Kolchak, Denikin - tutti ricevevano aiuti, più o meno. Tutti, cioè, tranne quelli che volevano una società individualista veramente libera.

Né l'aiuto era limitato ai bolscevichi statalisti e ai controbolscevichi statalisti. John P. Diggins, in *Mussolini and Fascism: The View from America*,[238] ha osservato, a proposito di Thomas Lamont della Guaranty Trust, che tra tutti i dirigenti d'azienda americani, quello che patrocinò più vigorosamente la causa del fascismo fu Thomas W. Lamont. Capo della potente rete bancaria J.P. Morgan, Lamont fu una sorta di consulente commerciale per il governo dell'Italia fascista.

Lamont assicurò un prestito di 100 milioni di dollari a Mussolini nel 1926, in un momento particolarmente cruciale per il dittatore

---

[237] Si veda anche Voline (V.M. Eichenbaum), *Nineteen-Seventeen: The Russian Revolution Betrayed* (New York: Libertarian Book Club, n.d.).

[238] Princeton, N.J.: Princeton University Press, 1972.

italiano. Possiamo anche ricordare che il direttore della Guaranty Trust era il padre di Corliss Lamont, un comunista nazionale. Questo approccio imparziale ai due sistemi totalitari, comunismo e fascismo, non era limitato alla famiglia Lamont. Per esempio, Otto Kahn, direttore dell'American International Corporation e della Kuhn, Loeb & Co. si sentiva sicuro che "il capitale americano investito in Italia troverà sicurezza, incoraggiamento, opportunità e ricompensa".[239] È lo stesso Otto Kahn che, nel 1924, ha detto alla Lega socialista della democrazia industriale che *i suoi* obiettivi erano i *suoi* obiettivi. Le differenze erano solo - secondo Otto Kahn - sui mezzi per raggiungere questi obiettivi.

Ivy Lee, l'uomo delle pubbliche relazioni di Rockefeller, fece dichiarazioni simili e fu responsabile della vendita del regime sovietico al pubblico americano credulone alla fine degli anni Venti. Abbiamo anche osservato che Basil Miles, responsabile del desk russo del Dipartimento di Stato ed ex collaboratore di William Franklin Sands, fu decisamente utile agli uomini d'affari che promuovevano le cause bolsceviche; ma nel 1923 lo stesso Miles fu autore di un articolo profascista, "Italy's Black Shirts and Business".[240] "Il successo dei fascisti è un'espressione della gioventù italiana", scrisse Miles glorificando il movimento fascista e applaudendo la sua stima per gli affari americani.

Il Piano Marburg

Il Piano di Marburgo, finanziato dall'ampio patrimonio di Andrew Carnegie, fu realizzato nei primi anni del XX secolo. Esso suggerisce una premeditazione per questo tipo di schizofrenia superficiale, che in realtà nasconde un programma integrato di acquisizione del potere: "Cosa succederebbe se Carnegie e la sua ricchezza illimitata, i finanzieri internazionali e i socialisti si organizzassero in un movimento per imporre la formazione di una

---

[239] Ibidem, p. 149.

[240] Nation's Business, febbraio 1923, pp. 22-23.

lega per imporre la pace?".[241]

I governi del mondo, secondo il Piano di Marburgo, dovevano essere socializzati, mentre il potere ultimo sarebbe rimasto nelle mani dei finanzieri internazionali "per controllare i suoi consigli e imporre la pace [e così] fornire una specifica per tutti i mali politici dell'umanità".[242]

Quest'idea si è intrecciata con altri elementi con obiettivi simili. Lord Milner in Inghilterra fornisce l'esempio transatlantico di interessi bancari che riconoscono le virtù e le possibilità del marxismo. Milner era un banchiere, influente nella politica di guerra britannica, e pro marxista.[243] A New York il club socialista *"X"* fu fondato nel 1903. Tra i suoi membri figuravano non solo il comunista Lincoln Steffens, il socialista William English Walling e il banchiere comunista Morris Hillquit, ma anche John Dewey, James T. Shotwell, Charles Edward Russell e Rufus Weeks (vicepresidente della New York Life Insurance Company). L'incontro annuale dell'Economic Club all'Astor Hotel di New York vide la partecipazione di oratori socialisti. Nel 1908, quando A. Barton Hepburn, presidente della Chase National Bank, era presidente dell'Economic Club, l'oratore principale fu il già citato Morris Hillquit, che "ebbe abbondanti opportunità di predicare il socialismo a una riunione che rappresentava ricchezza e interessi finanziari".[244]

Da questi improbabili semi nacque il moderno movimento internazionalista, che comprendeva non solo i finanzieri Carnegie, Paul Warburg, Otto Kahn, Bernard Baruch e Herbert Hoover, ma anche la Fondazione Carnegie e la sua progenie *International Conciliation*. Gli amministratori della Carnegie erano, come abbiamo visto, importanti nel consiglio di amministrazione

---

[241] Jennings C. Wise, *Woodrow Wilson: Disciple of Revolution* (New York: Paisley Press, 1938), p. 45.

[242] Ibidem, p. 46.

[243] Cfr. pag. 89.

[244] Morris Hillquit, *Loose Leaves from a Busy Life* (New York: Macmillan, 1934), pag. 81.

dell'American International Corporation. Nel 1910 Carnegie donò 10 milioni di dollari per fondare la Carnegie Endowment for International Peace, e tra i membri del consiglio di amministrazione c'erano Elihu Root (Root Mission to Russia, 1917), Cleveland H. Dodge (un finanziatore del Presidente Wilson), George W. Perkins (socio di Morgan), G. J. Balch (AIC e Amsinck), R. F. Herrick (AIC), H. W. Pritchett (AIC) e altri luminari di Wall Street. Woodrow Wilson subì la potente influenza di questo gruppo di internazionalisti e ne fu finanziariamente indebitato. Come ha scritto Jennings C. Wise, "gli storici non devono mai dimenticare che Woodrow Wilson... rese possibile a Leon Trotsky di entrare in Russia con un passaporto americano".[245]

Ma anche Leon Trotsky si dichiarava internazionalista. Abbiamo notato con un certo interesse le sue connessioni, o almeno amicizie, con l'internazionalista di alto livello in Canada. Trotsky non era quindi favorevole alla Russia, agli Alleati o alla Germania, come molti hanno cercato di far credere. Trotsky era *per la* rivoluzione mondiale, *per la* dittatura mondiale; era, in una parola, un internazionalista.[246] I bolscevichi e i banchieri hanno quindi questo significativo terreno comune: l'internazionalismo. Rivoluzione e finanza internazionale non sono affatto incoerenti se il risultato della rivoluzione è quello di stabilire un'autorità più centralizzata. La finanza internazionale preferisce trattare con i governi centrali. L'ultima cosa che la comunità bancaria vuole è l'economia del laissez-faire e il potere decentralizzato, perché questi disperderebbero il potere.

Questa, quindi, è una spiegazione che si adatta alle prove. Questo manipolo di banchieri e promotori non era bolscevico, né comunista, né socialista, né democratico, né tantomeno americano. Questi uomini volevano soprattutto mercati, preferibilmente mercati internazionali vincolati, e il monopolio del mercato mondiale vincolato come obiettivo finale. Volevano mercati che potessero essere sfruttati in modo monopolistico senza temere la concorrenza

---

[245] Wise, op. cit., p. 647

[246] Leon Trotsky, *The Bolsheviki and World Peace* (New York: Boni & Liveright, 1918).

di russi, tedeschi o chiunque altro, compresi gli uomini d'affari americani al di fuori della cerchia ristretta. Questo gruppo chiuso era apolitico e amorale. Nel 1917 aveva un unico obiettivo: un mercato prigioniero in Russia, presentato sotto la protezione intellettuale di una lega per far rispettare la pace.

Wall Street raggiunse effettivamente il suo obiettivo. Le aziende americane controllate da questo sindacato avrebbero poi costruito l'Unione Sovietica e oggi sono sulla buona strada per portare il complesso militare-industriale sovietico nell'era del computer.

Oggi l'obiettivo è ancora vivo e vegeto. John D. Rockefeller lo espone nel suo libro *La seconda rivoluzione americana, che* sfoggia una stella a cinque punte sulla pagina del titolo.[247] Il libro contiene un appello nudo e crudo all'umanesimo, cioè all'idea che la nostra prima priorità sia lavorare per gli altri. In altre parole, un appello al collettivismo. L'umanesimo è collettivismo. È degno di nota il fatto che i Rockefeller, che hanno promosso questa idea umanistica per un secolo, non abbiano ceduto la loro PROPRIA proprietà ad altri... Presumibilmente è implicito nella loro raccomandazione che tutti *noi* lavoriamo *per* i Rockefeller. Il libro di Rockefeller promuove il collettivismo sotto le vesti di "cauto conservatorismo" e "bene pubblico". È in effetti un appello per la continuazione del precedente sostegno di Morgan-Rockefeller alle imprese collettiviste e alla sovversione di massa dei diritti individuali.

In breve, il bene pubblico è stato, ed è tuttora, utilizzato come un dispositivo e un pretesto per l'auto-accrescimento da parte di una cerchia elitaria che invoca la pace nel mondo e la decenza umana. Ma finché il lettore guarda alla storia del mondo nei termini di un incsorabile conflitto marxiano tra capitalismo e comunismo, gli obiettivi di una simile alleanza tra finanza internazionale e rivoluzione internazionale rimangono inafferrabili. Così come la ridicolaggine della promozione del bene pubblico da parte dei saccheggiatori. Se queste alleanze continuano a sfuggire al lettore, allora dovrebbe riflettere sul fatto ovvio che questi stessi interessi e

---

[247] Nel maggio 1973 la Chase Manhattan Bank (presidente David Rockefeller) apre la sede di Mosca al numero 1 di Piazza Karl Marx, Mosca. La sede di New York si trova al numero 1 di Chase Manhattan Plaza.

promotori internazionali sono sempre disposti a determinare ciò che *gli altri* devono fare, ma non sono affatto disposti a essere i primi a rinunciare alla propria ricchezza e al proprio potere. Le loro bocche sono aperte, le loro tasche sono chiuse.

Questa tecnica, utilizzata dai monopolisti per ingannare la società, è stata illustrata all'inizio del XX secolo da Frederick C. Howe in *Le confessioni di un monopolista.*[248] In primo luogo, dice Howe, la politica è una parte necessaria degli affari. Per controllare le industrie è necessario controllare il Congresso e le autorità di regolamentazione, in modo da far lavorare la società per il monopolista. Quindi, secondo Howe, i due principi di un monopolista di successo sono: "Primo, far lavorare la società per voi; secondo, fare della politica un affare".[249] Queste, scrive Howe, sono le "regole fondamentali del grande business".

Ci sono prove che questo obiettivo magnificamente ampio fosse noto anche al Congresso e al mondo accademico? Certamente la possibilità era nota e conosciuta pubblicamente. Per esempio, si può leggere su la testimonianza di Albert Rhys Williams, un acuto commentatore della rivoluzione, davanti alla Commissione Overman del Senato:

... è probabilmente vero che sotto il governo sovietico la vita industriale sarà forse molto più lenta nello sviluppo rispetto al normale sistema capitalistico. Ma perché un grande Paese industriale come l'America dovrebbe desiderare la creazione e la conseguente concorrenza di un altro grande rivale industriale? Gli interessi dell'America in questo senso non sono forse in linea con il lento ritmo di sviluppo che la Russia sovietica progetta per sé?

SENATORE WOLCOTT: Quindi la sua argomentazione è che sarebbe nell'interesse dell'America che la Russia venisse repressa?

MR. Non repressa...

SENATORE WOLCOTT: Lei dice. Perché l'America dovrebbe

---

[248] Chicago: Public Publishing, n.d.

[249] Ibidem.

desiderare che la Russia diventi un suo concorrente industriale?

MR. WILLIAMS: Questo è parlare da un punto di vista capitalistico. Credo che l'interesse dell'America non sia quello di avere un altro grande rivale industriale, come la Germania, l'Inghilterra, la Francia e l'Italia, da mettere in competizione sul mercato. Penso che un altro governo oltre a quello sovietico potrebbe aumentare il ritmo o il tasso di sviluppo della Russia, e noi avremmo un altro rivale. Naturalmente, questo è un ragionamento da un punto di vista capitalistico.

SENATORE WOLCOTT: Quindi lei sta presentando un'argomentazione che pensa possa interessare il popolo americano, cioè che se riconosciamo il governo sovietico della Russia così come è costituito, riconosceremo un governo che non potrà competere con noi nell'industria per molti anni?

MR. WILLIAMS: È un dato di fatto.

SENATORE WOLCOTT: Si tratta di un'argomentazione secondo la quale sotto il governo sovietico la Russia non è in grado, almeno per molti anni, di avvicinarsi all'America dal punto di vista industriale?

MR. WILLIAMS: Assolutamente sì.[250]

E in questa schietta dichiarazione di Albert Rhys Williams c'è l'indizio fondamentale dell'interpretazione revisionista della storia russa nell'ultimo mezzo secolo.

Wall Street, o meglio il complesso Morgan-Rockefeller rappresentato al 120 di Broadway e al 14 di Wall Street, aveva in mente qualcosa di molto simile all'argomento di Williams. Wall Street si batté a Washington per i bolscevichi. Ci riuscì. Il regime totalitario sovietico sopravvisse. Negli anni Trenta le imprese straniere, soprattutto del gruppo Morgan-Rockefeller, hanno costruito i piani quinquennali. Hanno continuato a costruire la

---

[250] U.S., Senato, *Propaganda bolscevica*, audizioni davanti a una sottocommissione della commissione giudiziaria, 65° Cong. Si veda anche qui, a p. 107, il ruolo di Williams nell'Ufficio stampa di Radek.

Russia, economicamente e militarmente.[251] D'altra parte, Wall Street presumibilmente non aveva previsto la guerra di Corea e la guerra del Vietnam, in cui 100.000 americani e innumerevoli alleati hanno perso la vita a causa degli armamenti sovietici costruiti con la stessa tecnologia statunitense importata. Quella che sembrava una politica lungimirante, e indubbiamente redditizia, per un sindacato di Wall Street, divenne un incubo per milioni di persone al di fuori della cerchia del potere elitario e della classe dirigente.

---

[251] Si veda Antony C. Sutton, *Western Technology and Soviet Economic Development*, 3 vols. (Stanford, Calif.: Hoover Institution, 1968, 1971, 1973); si veda anche *National Suicide: Military Aid to the Soviet Union* (New York: Arlington House, 1973).

Appendice I

Direttori delle principali banche, aziende e istituzioni citate in questo libro (come nel 1917-1918)

AMERICAN INTERNATIONAL CORPORATION (120 Broadway)

J. Ogden Armour	Percy A. Rockefeller
G. J. Baldwin	John D. Ryan
C. A. Coffin	W.L. Saunders
W. E. Corey	J.A. Stillman
Robert Dollar	C.A. Stone
Pierre S. du Pont	T.N. Vail
Philip A. S. Franklin	F.A. Vanderlip
J. P. Grace	E.S. Webster
R. F. Herrick	A.H. Wiggin
Otto H. Kahn	Beckman Winthrop
H. W. Pritchett	William Woodward

BANCA NAZIONALE CHASE

J. N. Hill	Newcomb Carlton
A. B. Hepburn	D.C. Jackling
S. H. Miller	E.R. Tinker
C. M. Schwab	A.H. Wiggin
H. Bendicott	John J. Mitchell

Guy E. Tripp

SOCIETÀ DI FIDUCIA EQUITABILE (37-43 Wall Street)

Charles B. Alexander

Albert B. Boardman

Robert.C. Clowry

Howard E. Cole

Henry E. Cooper

Paul D. Cravath Hunter

Franklin Wm. Cutcheon

Bertram Cutler

Thomas de Witt Cuyler

Frederick W. Fuller

Robert Goelet

Carl R. Gray

Charles Hayden

Bertram G. Work

Henry E. Huntington

Edward T. Jeffrey

Otto H. Kahn

Alvin W. Krech

James W. Lane

S. Marston

Charles G. Meyer

George Welwood Murray

Henry H. Pierce

Winslow S. Pierce

Lyman Rhoades

Walter C. Teagle

Henry Rogers Winthrop

CONSIGLIO CONSULTIVO FEDERALE (1916)

Daniel G. Wing, Boston, Distretto n. 1

J. P. Morgan, New York, Distretto n. 2

Levi L. Rue, Filadelfia, Distretto n. 3

W. S. Rowe, Cincinnati, Distretto n. 4

J. W. Norwood, Greenville, S.C., Distretto n. 5

C. A. Lyerly, Chattanooga, Distretto n. 6

J. B. Forgan, Chicago, Pres. del Distretto n. 7

Frank O. Watts, St. Louis, Distretto n. 8

C. T. Jaffray, Minneapolis, Distretto n. 9

E. F. Swinney, Kansas City, Distretto n. 10

T. J. Record, Parigi, Distretto n. 11

Herbert Fleishhacker, San Francisco, Distretto n. 12

BANCA DI RISERVA FEDERALE DI NEW YORK (120 Broadway)

William Woodward (1917)

Robert H. Treman (1918)   Classe A

Franklin D. Locke (1919)

Charles A. Stone (1920)

Wm. B. Thompson (1918)   Classe B

L. R. Palmer (1919)

Pierre Jay (1917)

George F. Peabody (1919)   Classe C

William Lawrence Saunders (1920)

CONSIGLIO DELLA RISERVA FEDERALE

William G. M'Adoo   Adolph C. Miller (1924)

Charles S. Hamlin (1916)   Frederic   A   Delano
(1920)

Paul M. Warburg (1918)   W.P.G. Harding (1922)

John Skelton Williams

SOCIETÀ DI FIDUCIA DI GARANZIA (140 Broadway)

Alexander J. Hemphill (Presidente)

Charles H. Allen   Edgar L. Marston

A. C. Bedford Grayson   M-P Murphy

Edward J. Berwind   Charles A. Peabody

W. Murray Crane	William C. Potter
T. de Witt Cuyler	John S. Runnells
James B. Duke	Thomas F. Ryan
Caleb C. Dula	Charles H. Sabin
Robert W. Goelet	John W. Spoor
Daniel Guggenheim	Albert Straus
W. Averell Harriman	Harry P. Whitney
Albert H. Harris	Thomas E. Wilson
Walter D. Hines	Comitato di Londra:
Augustus D. Julliard	Arthur J. Fraser (Presidente)
Thomas W. Lamont	Cecil F. Parr
William C. Lane	Robert Callander

BANCA NAZIONALE DELLA CITTÀ

P. A. S. Franklin	P.A. Rockefeller
J.P. Grace	James Stillman
G. H. Dodge	W. Rockefeller
H. A. C. Taylor	J. O. Armour
R. S. Lovett	J.W. Sterling
F. A. Vanderlip	J.A. Stillman
G. H. Miniken	M.T. Pyne
E. P. Swenson	E.D. Bapst
Frank Trumbull	J.H. Post
Edgar Palmer	W.C. Procter

NATIONALBANK FÜR DEUTSCHLAND

(Come nel 1914, Hjalmar Schacht è entrato nel consiglio di amministrazione nel 1918)

Emil Wittenberg

Hans Winterfeldt

Hjalmar Schacht

Th Marba

Martin Schiff

Paul Koch

Franz Rintelen

SINCLAIR CONSOLIDATED OIL CORPORATION (120 Broadway)

Harry F. Sinclair

James N. Wallace

H. P. Whitney

Edward H. Clark

Wm. E. Corey

Daniel C. Jackling

Wm. B. Thompson

Albert H. Wiggin

J. G. WHITE ENGINEERING CORPORATION

James Brown

C.E. Bailey

Douglas Campbell

J.G. White

G. C. Clark, Jr.

Gano Dunn

Bayard Dominick, Jr.

E.G. Williams

A. G. Hodenpyl

A.S. Crane

T. W. Lamont

H.A. Lardner

Marion McMillan

G.H. Kinniat

J. H. Pardee

A.F. Kountz

G. H. Walbridge

R.B. Marchant

E. N. Chilson

Henry Parsons

A. N. Connett

Appendice II

La teoria del complotto ebraico della rivoluzione bolscevica

Esiste un'ampia letteratura in inglese, francese e tedesco che riflette la tesi secondo cui la Rivoluzione bolscevica fu il risultato di una "cospirazione ebraica"; più precisamente, una cospirazione dei banchieri mondiali ebrei. In generale, il controllo del mondo è visto come l'obiettivo finale; la Rivoluzione bolscevica non era che una fase di un programma più ampio che si suppone rifletta una lotta religiosa secolare tra il cristianesimo e le "forze delle tenebre".

L'argomentazione e le sue varianti possono essere trovate nei luoghi più sorprendenti e da persone piuttosto sorprendenti. Nel febbraio 1920 Winston Churchill scrisse un articolo - oggi raramente citato - per il *London Illustrated Sunday Herald* intitolato *"Il sionismo contro il bolscevismo"*. In questo articolo Churchill concludeva che era "particolarmente importante... che gli ebrei nazionali di ogni Paese che sono fedeli alla terra d'adozione si facciano avanti in ogni occasione... e prendano un ruolo di primo piano in ogni misura per combattere la cospirazione bolscevica". Churchill traccia una linea di demarcazione tra gli "ebrei nazionali" e quelli che chiama "ebrei internazionali". Sostiene che gli "ebrei internazionali e per lo più atei" hanno certamente avuto un ruolo "molto grande" nella creazione del bolscevismo e nella realizzazione della Rivoluzione russa. Afferma (contrariamente ai fatti) che, con l'eccezione di Lenin, "la maggior parte" delle figure di spicco della rivoluzione era ebrea, e aggiunge (anch'esso contrariamente ai fatti) che in molti casi gli interessi ebraici e i luoghi di culto ebraici furono esclusi dai bolscevichi dalle loro politiche di confisca. Churchill definisce gli ebrei internazionali una "sinistra confederazione" che emerge dalle popolazioni perseguitate dei Paesi in cui gli ebrei sono stati perseguitati a causa della loro razza. Winston Churchill fa risalire questo movimento a Spartaco-Weishaupt, getta la sua rete letteraria intorno a Trotsky, Bela Kun, Rosa Luxemburg ed Emma Goldman, e accusa: "Questa cospirazione mondiale per il rovesciamento della civiltà e per la ricostituzione della società sulla base di uno sviluppo arrestato, di una cattiveria invidiosa e di un'uguaglianza impossibile, è cresciuta costantemente".

Churchill sostiene poi che questo gruppo cospirativo Spartaco-Weishaupt è stato la molla di ogni movimento sovversivo del XIX secolo. Pur sottolineando che il sionismo e il bolscevismo si contendono l'anima del popolo ebraico, Churchill (nel 1920) si preoccupa del ruolo dell'ebreo nella rivoluzione bolscevica e dell'esistenza di una cospirazione ebraica mondiale.

Un altro autore molto noto negli anni Venti, Henry Wickham Steed, descrive nel secondo volume del suo *Through 30 Years 1892-1922* (p. 302) come tentò di portare il concetto di cospirazione ebraica all'attenzione del colonnello Edward M. House e del presidente Woodrow Wilson. Un giorno del marzo 1919 Wickham Steed chiamò il colonnello House e lo trovò turbato per le recenti critiche di Steed al riconoscimento statunitense dei bolscevichi. Steed fece notare a House che Wilson sarebbe stato screditato da molti popoli e nazioni d'Europa e "insistette sul fatto che, a sua insaputa, i primi responsabili erano Jacob Schiff, Warburg e altri finanzieri internazionali, che desideravano soprattutto sostenere i bolscevichi ebrei per assicurare un campo allo sfruttamento tedesco ed ebraico della Russia".[252] Secondo Steed, il colonnello House sostenne la necessità di stabilire relazioni economiche con l'Unione Sovietica.

Probabilmente la raccolta di documenti più superficialmente dannosi sulla cospirazione ebraica si trova nell'Archivio decimale del Dipartimento di Stato (861.00/5339). Il documento centrale è quello intitolato "Bolscevismo e giudaismo", datato 13 novembre 1918. Il testo, sotto forma di rapporto, afferma che la rivoluzione in Russia è stata architettata "nel febbraio 1916" e "si è scoperto che le seguenti persone e aziende erano impegnate in questo lavoro distruttivo":

Jacob Schiff   Ebreo

---

[252] Si veda l'Appendice 3 per il ruolo effettivo di Schiff.

Kuhn, Loeb & Company	Studio ebraico
Direzione: Jacob Schiff	Ebreo
Felix Warburg	Ebreo
Otto H. Kahn	Ebreo
Mortimer L. Schiff	Ebreo
Jerome J. Hanauer	Ebreo
Guggenheim	Ebreo
Max Breitung	Ebreo
Isaac Seligman	Ebreo

Il rapporto prosegue affermando che non ci sono dubbi sul fatto che la Rivoluzione russa sia stata avviata e organizzata da questo gruppo e che nell'aprile del 1917 Jacob Schiff fece un annuncio pubblico e che fu grazie alla sua influenza finanziaria che la rivoluzione russa fu portata a termine con successo e nella primavera del 1917 Jacob Schiff iniziò a finanziare Trotsky, un ebreo, allo scopo di realizzare una rivoluzione sociale in Russia.

Il rapporto contiene altre informazioni varie sul finanziamento di Trotsky da parte di Max Warburg, sul ruolo del sindacato Rheinish-Westphalian e su Olof Aschberg della Nya Banken (Stoccolma) insieme a Jivotovsky. L'autore anonimo (in realtà dipendente dell'U.S. War Trade Board)[253] afferma che i legami tra queste organizzazioni e il loro finanziamento della Rivoluzione bolscevica mostrano come "il legame tra multimilionari ebrei e proletari ebrei sia stato forgiato". Il rapporto prosegue elencando un gran numero di bolscevichi che erano anche ebrei e descrive poi le azioni di Paul Warburg, Judus Magnes, Kuhn, Loeb & Company e Speyer & Company.

Il rapporto si conclude con una frecciata all'"ebraismo internazionale" e inserisce l'argomento nel contesto di un conflitto

---

[253] L'autore anonimo era un russo impiegato presso l'U.S. War Trade Board. Uno dei tre direttori dell'U.S. War Trade Board in quel periodo era John Foster Dulles.

cristiano-ebraico, supportato da citazioni dei Protocolli di Sion. Il rapporto è accompagnato da una serie di cablogrammi tra il Dipartimento di Stato a Washington e l'ambasciata americana a Londra riguardanti i passi da compiere con questi documenti:[254]

5399 Gran Bretagna, TEL. 3253 i pm 16 ottobre 1919 In file riservato Segreto per Winslow da Wright. Aiuti finanziari al bolscevismo e alla rivoluzione bolscevica in Russia da parte di importanti ebrei am. Ebrei: Jacob Schiff, Felix Warburg, Otto Kahn, Mendell Schiff, Jerome Hanauer, Max Breitung e uno dei Guggenheim. Documento in possesso delle autorità di polizia britanniche da fonti francesi.

* * * * *

17 ottobre Gran Bretagna TEL. 6084, mezzogiorno r c-h 5399 Molto segreto. Wright da Winslow. Aiuto finanziario alla rivoluzione bolscevica in Russia da parte di importanti ebrei americani. Ebrei americani. Non ci sono prove, ma si sta indagando. Chiede di sollecitare le autorità britanniche a sospendere la pubblicazione almeno fino al ricevimento del documento da parte del Dipartimento.

* * * * *

28 novembre Gran Bretagna TEL. 6223 R 5 pro. 5399

PER WRIGHT. Documento sugli aiuti finanziari ai bolscevichi da parte di importanti ebrei americani. Rapporti - identificati come traduzione francese di una dichiarazione originariamente preparata in inglese da un cittadino russo in Am. ecc. Sembra molto inopportuno dare la possibilità di essere pubblicizzato.

Si è deciso di sopprimere questo materiale e i documenti concludono: "Penso che abbiamo tutto in una cella frigorifera".

Un altro documento contrassegnato come "Most Secret" è incluso in questo lotto di materiale. La provenienza del documento è sconosciuta; forse si tratta dell'FBI o dell'intelligence militare. Il documento recensisce una traduzione dei Protocolli delle Riunioni

---

[254] Fascicolo decimale del Dipartimento di Stato degli Stati Uniti, 861.00/5399.

dei Saggi di Sion e conclude:

A questo proposito è stata inviata una lettera a Mr. W. in cui si allega un nostro memorandum in merito a certe informazioni dell'addetto militare americano , secondo cui le autorità britanniche avrebbero intercettato lettere di vari gruppi di ebrei internazionali che illustrano un piano per il dominio del mondo. Copie di questo materiale ci saranno molto utili.

Queste informazioni sono state apparentemente sviluppate e un successivo rapporto dell'intelligence britannica formula la stessa accusa:

SOMMARIO: Esistono ormai prove certe che il bolscevismo è un movimento internazionale controllato dagli ebrei; tra i leader di America, Francia, Russia e Inghilterra si stanno verificando comunicazioni in vista di un'azione concertata.[255]

Tuttavia, nessuna di queste affermazioni può essere supportata da prove empiriche concrete. L'informazione più significativa è contenuta nel paragrafo in cui si afferma che le autorità britanniche possedevano "lettere intercettate da vari gruppi di ebrei internazionali che esponevano un piano per il dominio del mondo". Se tali lettere esistessero davvero, allora fornirebbero sostegno (o non sostegno) a un'ipotesi attualmente non comprovata: quella che la Rivoluzione bolscevica e altre rivoluzioni siano opera di una cospirazione ebraica mondiale.

Quando le affermazioni e le asserzioni non sono supportate da prove concrete e quando i tentativi di trovare prove concrete conducono in un circolo vizioso al punto di partenza - in particolare quando tutti citano tutti gli altri - allora dobbiamo respingere la storia come spuria. *Non ci sono prove concrete che gli ebrei siano stati coinvolti nella rivoluzione bolscevica perché erano ebrei.* È possibile che la percentuale di ebrei coinvolti sia stata maggiore, ma visto il trattamento riservato agli ebrei dallo zarismo, cos'altro potremmo aspettarci? Probabilmente c'erano molti inglesi o persone di origine

---

[255] Gran Bretagna, Directorate of Intelligence, *A Monthly Review of the Progress of Revolutionary Movements Abroad,* n. 9, 16 luglio 1913 (861.99/5067).

inglese nella Rivoluzione americana che combattevano contro le giubbe rosse. E allora? Questo fa della Rivoluzione americana una cospirazione inglese? L'affermazione di Winston Churchill secondo cui gli ebrei ebbero un "ruolo molto importante" nella rivoluzione bolscevica è supportata solo da prove distorte. L'elenco degli ebrei coinvolti nella Rivoluzione bolscevica deve essere confrontato con gli elenchi dei non ebrei coinvolti nella rivoluzione. Se si adotta questa procedura scientifica, la percentuale di ebrei bolscevichi stranieri coinvolti scende a meno del 20% del numero totale di rivoluzionari - e questi ebrei furono per lo più deportati, assassinati o inviati in Siberia negli anni successivi. La Russia moderna ha di fatto mantenuto l'antisemitismo zarista.

È significativo che i documenti del Dipartimento di Stato confermino che il banchiere d'investimento Jacob Schiff, spesso citato come fonte di fondi per la rivoluzione bolscevica, fosse in realtà *contrario al* sostegno del regime bolscevico.[256] Questa posizione, come vedremo, era in diretto contrasto con la promozione dei bolscevichi da parte di Morgan-Rockefeller.

La persistenza con cui il mito del complotto ebraico è stato portato avanti suggerisce che potrebbe trattarsi di un espediente deliberato per distogliere l'attenzione dalle vere questioni e dalle vere cause. Le prove fornite da in questo libro suggeriscono che i banchieri di New York che erano anche ebrei ebbero un ruolo relativamente minore nel sostenere i bolscevichi, mentre i banchieri di New York che erano anche gentili (Morgan, Rockefeller, Thompson) ebbero un ruolo importante.

Quale modo migliore di distogliere l'attenzione dai *veri* operatori se non con lo spauracchio medievale dell'antisemitismo?

---

[256] Si veda l'Appendice 3.

Appendice III

Documenti selezionati dagli archivi governativi di Stati Uniti e Gran Bretagna

Nota: alcuni documenti comprendono più documenti che formano un gruppo correlato.

Documento n. 1 Cavo dall'Ambasciatore Francis a Pietrogrado al Dipartimento di Stato americano e relativa lettera del Segretario di Stato Robert Lansing al Presidente Woodrow Wilson (17 marzo 1917)

Documento n°2 del Ministero degli Esteri britannico (ottobre 1917) in cui si afferma che Kerensky era al soldo del governo tedesco e aiutava i bolscevichi.

Documento n°3 Jacob Schiff di Kuhn, Loeb & Company e la sua posizione sui regimi di Kerensky e bolscevico (novembre 1918)

Documento n°4 Memorandum di William Boyce Thompson, direttore della Federal Reserve Bank di New York, al primo ministro britannico David Lloyd George (dicembre 1917)

Documento n°5 Lettera di Felix Frankfurter all'agente sovietico Santeri Nuorteva (9 maggio 1918)

Documento n. 6 Personale dell'Ufficio sovietico, New York, 1920; elenco tratto dagli archivi del Comitato Lusk dello Stato di New York.

Documento n. 7 Lettera della National City Bank al Ministero del Tesoro degli Stati Uniti in cui si fa riferimento a Ludwig Martens e al Dr. Julius Hammer (15 aprile 1919).

Documento n°8 Lettera dell'agente sovietico William (Bill) Bobroff a Kenneth Durant (3 agosto 1920)

Documento n. 9 Memo riferito a un membro della società J. P.

Morgan e al direttore britannico della propaganda Lord Northcliffe (13 aprile 1918)

Documento n°10 Memo del Dipartimento di Stato (29 maggio 1922) relativo alla General Electric Co.

Documento n°1

Cavo dell'ambasciatore Francis a Pietrogrado al Dipartimento di Stato di Washington, datato 14 marzo 1917, che riporta la prima fase della rivoluzione russa (861.00/273).

Petrograd Datato 14 marzo 1917, Ricordo del 15 marzo, ore 2:30.

Segretario di Stato, Washington

1287. Impossibile inviare un cablogramma dall'undici. I rivoluzionari hanno il controllo assoluto di Pietrogrado e stanno compiendo strenui sforzi per mantenere l'ordine, che hanno successo tranne che in rari casi. Nessun cablogramma dal vostro 1251 del 9, ricevuto l'11 marzo. Governo provvisorio organizzato sotto l'autorità della Douma che ha rifiutato di obbedire all'ordine di aggiornamento dell'Imperatore. Rodzianko, presidente della Douma, emette ordini a sua firma. Il ministero si è dimesso. I ministri trovati vengono portati davanti alla Douma, anche molti ufficiali russi e altri alti funzionari. La maggior parte se non tutti i reggimenti ordinati a Pietrogrado si sono uniti ai rivoluzionari dopo l'arrivo. Colonia americana sicura. Non si hanno notizie di feriti tra i cittadini americani.

FRANCESCO,

Ambasciatore americano

Ricevuto il precedente cablogramma, Robert Lansing, Segretario di Stato, ne mise il contenuto a disposizione del Presidente Wilson (861.00/273):

PERSONALE E CONFIDENZIALE

Caro signor Presidente:

Vi accludo un cablogramma molto importante appena giunto da Pietrogrado, e anche un ritaglio del New York WORLD di questa mattina, in cui viene fatta una dichiarazione del signor Scialoia, Ministro senza portafoglio del Gabinetto italiano, che è significativa alla luce del rapporto del signor Francis. La mia impressione è che gli Alleati siano a conoscenza della questione e presumo siano favorevoli ai rivoluzionari, dal momento che il partito della Corte è stato, durante tutta la guerra, segretamente favorevole alla Germania.

Fedelmente vostro, ROBERT LANSING

Allegato: Il Presidente, La Casa Bianca

COMMENTO

La frase significativa della lettera di Lansing-Wilson è: "La mia impressione è che gli Alleati siano a conoscenza di questa faccenda e presumo siano favorevoli ai rivoluzionari, dato che il partito della Corte è stato, per tutta la guerra, segretamente filotedesco". Si ricorderà (capitolo secondo) che l'ambasciatore Dodd sostenne che Charles R. Crane, della Westinghouse e della Crane Co. di New York e consigliere del presidente Wilson, era coinvolto in questa prima rivoluzione.

Documento n°2

Memorandum del Foreign Office della Gran Bretagna, file FO 371/ 2999 (La guerra - Russia), 23 ottobre 1917, file no. 3743.

DOCUMENTO

Personale (e) segreto.

Da più parti ci sono giunte voci inquietanti secondo cui Kerensky sarebbe al soldo dei tedeschi e che lui e il suo governo starebbero facendo il possibile per indebolire (e disorganizzare) la Russia, in modo da arrivare a una situazione in cui non sarebbe possibile altro che una pace separata. Ritiene che tali insinuazioni siano fondate e che il governo, astenendosi da qualsiasi azione efficace, stia volutamente permettendo agli elementi bolscevichi di rafforzarsi?

Se si trattasse di corruzione, potremmo essere in grado di competere con successo se si sapesse come e attraverso quali agenti, anche se non è un pensiero piacevole.

COMMENTO

Si riferisce all'informazione che Kerensky era al soldo dei tedeschi.

Documento n. 3

Si compone di quattro parti:

(a)Cavo dell'ambasciatore Francis, 27 aprile 1917, da Pietrogrado a Washington, D.C., con la richiesta di trasmettere un messaggio da parte di importanti banchieri ebrei russi a importanti banchieri ebrei di New York e con la richiesta di sottoscrivere il Kerensky Liberty Loan (861.51/139).

(b)Risposta di Louis Marshall (10 maggio 1917) in rappresentanza degli ebrei americani; egli declinò l'invito pur esprimendo il proprio sostegno all'American Liberty Loan (861.51/143).

(c)Lettera di Jacob Schiff di Kuhn, Loeb (25 novembre 1918) al Dipartimento di Stato (Polk) che trasmette un messaggio del banchiere ebreo russo Kamenka che chiede l'aiuto degli Alleati *contro i* bolscevichi ("perché il governo bolscevico non rappresenta il popolo russo").

(d)Cavo dalla Kamenka trasmesso da Jacob Schiff.

DOCUMENTI

(a) Segretario di Stato di Washington.

1229, ventisettesimo.

Si prega di consegnare quanto segue a Jacob Schiff, al giudice Brandies [*sic*], *al* professor Gottheil, a Oscar Strauss *[sic]*, *al* rabbino Wise, a Louis Marshall e a Morgenthau:

> *"Noi ebrei russi abbiamo sempre creduto che la liberazione della Russia significasse anche la nostra liberazione. Essendo profondamente devoti al Paese, abbiamo riposto un'implicita fiducia nel Governo temporaneo. Conosciamo l'illimitata potenza economica della Russia e le sue immense risorse naturali e l'emancipazione ottenuta ci permetterà di partecipare allo sviluppo del Paese. Crediamo fermamente che la fine vittoriosa della guerra, grazie all'aiuto dei nostri alleati e degli Stati Uniti, sia vicina.*
> *Il governo temporaneo sta emettendo un nuovo prestito pubblico per la libertà e noi sentiamo il dovere nazionale di sostenere un prestito altamente vitale per la guerra e*

la libertà. Siamo sicuri che la Russia ha un'incrollabile forza di credito pubblico e che sosterrà facilmente tutti gli oneri finanziari necessari. Abbiamo formato un comitato speciale di ebrei russi per sostenere il prestito, composto da rappresentanti dei circoli finanziari e industriali e da importanti uomini pubblici.

Vi informiamo qui e chiediamo ai nostri fratelli oltre i mari di sostenere la libertà dei russi che è diventata ora un caso dell'umanità e della civiltà mondiale. Vi suggeriamo di formare un comitato speciale e di farci sapere quali passi potete intraprendere per sostenere il successo del prestito della libertà ebraica. Boris Kamenka, Presidente, Barone Alexander Gunzburg, Henry Silosberg".

FRANCESCO

* * * * *

(b) Egregio signor Segretario:
Dopo aver riferito ai nostri soci il risultato del colloquio che avete gentilmente concesso al signor Morgenthau, al signor Straus e a me, in merito all'opportunità di chiedere sottoscrizioni per il Prestito per la Libertà Russa, come richiesto nel cablogramma del barone Gunzburg e dei signori Kamenka e Silosberg di Pietrogrado, che ci avete recentemente comunicato, abbiamo concluso di agire rigorosamente secondo il vostro consiglio. Alcuni giorni fa abbiamo promesso ai nostri amici di Pietrogrado una risposta tempestiva alla loro richiesta di aiuto. Apprezzeremmo quindi molto l'inoltro del seguente cablogramma, a condizione che i suoi termini abbiano la vostra approvazione:

"Boris Kamenka,

Banca Don Azov, Pietrogrado.
Il nostro Dipartimento di Stato, che abbiamo consultato, ritiene sconsigliabile qualsiasi tentativo attuale di ottenere sottoscrizioni pubbliche per qualsiasi prestito estero; è essenziale concentrare tutti gli sforzi per il successo dei prestiti di guerra americani, consentendo

così al nostro Governo di fornire fondi ai suoi alleati a tassi di interesse inferiori a quelli altrimenti possibili. Le nostre energie per aiutare la causa russa nel modo più efficace devono quindi essere necessariamente indirizzate a incoraggiare le sottoscrizioni al Liberty Loan americano. Schiff, Marshall, Straus, Morgenthau, Wise, Gonheil".

Siete naturalmente liberi di apportare alla fraseologia di questo cablogramma suggerito tutte le modifiche che riterrete opportune e che indicheranno che la nostra mancata risposta diretta alla richiesta che ci è pervenuta è dovuta alla nostra ansia di rendere le nostre attività più efficienti.

Le chiedo di inviarmi una copia del cablogramma così come è stato trasmesso, con una nota dei costi, in modo che il Dipartimento possa essere prontamente rimborsato.

Sono, con grande rispetto, fedelmente vostro, [sgd.] Louis Marshall. Il Segretario di Stato Washington, D.C.

* * * * *

(c) Caro signor Polk:

Mi permetta di inviarle copia di un cablogramma ricevuto questa mattina e che ritengo, per regolarità, debba essere portato a conoscenza del Segretario di Stato o della Sua persona, per la considerazione che si riterrà opportuno dare a questo.

Il signor Kamenka, il mittente di questo cablogramma, è uno degli uomini più importanti della Russia e, a quanto mi risulta, è stato consigliere finanziario sia del governo del principe Lvoff che del governo Kerensky. È presidente della Banque de Commerce de l'Azov Don di Pietrogrado, una delle più importanti istituzioni finanziarie della Russia, ma ha dovuto probabilmente lasciare la Russia con l'avvento di Lenin e dei suoi "compagni".

Colgo l'occasione per inviare sinceri saluti a lei e alla signora Polk e per esprimere la speranza che lei sia di nuovo in perfetta forma e che la signora Polk e i bambini siano in buona salute.

Fedelmente vostro, [sgd.] Jacob H. Schiff

On. Frank L. Polk Consigliere del Dipartimento di Stato di Washington.

MM-Encl. [Datato 25 novembre 1918]

* * * * *

(d) Traduzione:

> *Il completo trionfo della libertà e del diritto mi offre una nuova opportunità per ripetervi la mia profonda ammirazione per la nobile nazione americana. Spero di vedere ora rapidi progressi da parte degli Alleati per aiutare la Russia a ristabilire l'ordine. Richiamo la Sua attenzione anche sulla pressante necessità di rimpiazzare in Ucraina le truppe nemiche nel momento stesso del loro ritiro, per evitare la devastazione bolscevica. L'intervento amichevole degli Alleati sarebbe accolto ovunque con entusiasmo e considerato un'azione democratica, perché il governo bolscevico non rappresenta il popolo russo. Le scrivo il 19 settembre. Cordiali saluti.*

[Kamenka

COMMENTO

Si tratta di una serie importante perché confuta la storia di una cospirazione bancaria ebraica dietro la rivoluzione bolscevica. È chiaro che Jacob Schiff della Kuhn, Loeb non era interessato a sostenere il Prestito per la Libertà di Kerensky e Schiff si è preso la briga di attirare l'attenzione del Dipartimento di Stato sulle suppliche di Kamenka per un intervento alleato contro i bolscevichi. Ovviamente Schiff e il collega banchiere Kamenka, a differenza di J.P. Morgan e John D. Rockefeller, erano scontenti dei bolscevichi come lo erano stati degli zar.

Documento n. 4

Descrizione

Memorandum di William Boyce Thompson (direttore della Federal

Reserve Bank di New York) a Lloyd George (primo ministro della Gran Bretagna), dicembre 1917.

DOCUMENTO

PRIMO

La situazione russa è perduta e la Russia si trova completamente aperta allo sfruttamento tedesco incontrastato, a meno che gli Alleati non intraprendano subito una radicale inversione di politica.

SECONDO

A causa della loro diplomazia miope, gli alleati dopo la Rivoluzione non hanno ottenuto nulla di vantaggioso e hanno danneggiato notevolmente i propri interessi.

TERZO

I rappresentanti alleati a Pietrogrado non hanno compreso il desiderio del popolo russo di raggiungere la democrazia. I nostri rappresentanti hanno avuto un primo contatto ufficiale con il regime dello Zar. Naturalmente sono stati influenzati da quell'ambiente.

QUARTO

Nel frattempo, d'altra parte, i tedeschi hanno condotto una propaganda che li ha indubbiamente aiutati materialmente a distruggere il governo, a distruggere l'esercito e a distruggere il commercio e l'industria. Se tutto ciò continuerà a non essere contrastato, la Germania potrebbe sfruttare completamente il grande Paese contro gli Alleati.

QUINTO

Baso la mia opinione su uno studio attento e approfondito della situazione sia all'esterno che all'interno dei circoli ufficiali, durante il mio soggiorno a Pietrogrado tra il 7 agosto e il 29 novembre 1917.

SESTO

"Cosa si può fare per migliorare la situazione degli alleati in Russia"?

Il personale diplomatico, sia britannico che americano, dovrebbe essere cambiato con uno di spirito democratico e capace di sostenere le simpatie democratiche.

Dovrebbe essere istituito un potente comitato non ufficiale, con sede a Pietrogrado, che operi per così dire in secondo piano, la cui influenza in materia di politica dovrebbe essere riconosciuta e accettata dai funzionari DIPLOMATICI, CONSOLARI e MILITARI degli Alleati. Tale comitato dovrebbe essere composto in modo tale da poter affidare ad esso ampi poteri discrezionali. Esso dovrebbe presumibilmente intraprendere un lavoro in vari canali. La natura di tale lavoro diventerà evidente con il progredire del compito; esso dovrebbe mirare a soddisfare tutte le nuove condizioni che potrebbero presentarsi.

SETTIMO

È impossibile ora definire completamente la portata di questo nuovo comitato alleato. Posso forse contribuire a una migliore comprensione della sua possibile utilità e del suo servizio facendo un breve riferimento al lavoro che ho iniziato e che ora è nelle mani di Raymond Robins, che è ben conosciuto dal Col. Buchan - un lavoro che in futuro dovrà senza dubbio essere in qualche modo modificato e integrato per far fronte alle nuove condizioni. Il mio lavoro è stato svolto principalmente attraverso un "Comitato russo per l'educazione civica" aiutato da Madame Breshkovsky, la nonna della Rivoluzione. La signora Breshkovsky è stata assistita dal dottor David Soskice, segretario privato dell'allora primo ministro Kerensky (ora a Londra), da Nicholas Basil Tchaikovsky, un tempo presidente della Società cooperativa dei contadini, e da altri importanti rivoluzionari sociali che costituiscono l'elemento di salvezza della democrazia tra l'estrema "destra" della classe ufficiale e proprietaria e l'estrema "sinistra" che incarna gli elementi più radicali dei partiti socialisti. L'obiettivo di questo comitato, come dichiarato in un messaggio via cavo di Madame Breshkovsky al Presidente Wilson, può essere colto da questa citazione: "Un'educazione diffusa è necessaria per rendere la Russia una democrazia ordinata. Noi intendiamo portare questa educazione al soldato nel campo, all'operaio nella fabbrica, al contadino nel villaggio". Coloro che collaboravano a quest'opera si rendevano conto che per secoli le masse erano state sotto il tallone dell'autocrazia, che non le aveva protette ma oppresse; che una forma di governo democratico in Russia poteva essere mantenuta solo CON LA SCONFITTA DELL'ESERCITO TEDESCO; CON IL SOVRANISMO DELL'AUTOCRAZIA TEDESCA. Ci si poteva aspettare che la Russia libera, impreparata ad affrontare grandi responsabilità di governo, non istruita e non formata, sopravvivesse a lungo con la Germania imperiale come vicina di casa? Certamente no. La Russia democratica diventerebbe rapidamente il più grande premio di guerra che il mondo abbia mai conosciuto.

Il Comitato ha progettato di avere un centro educativo in ogni reggimento dell'esercito russo, sotto forma di Club dei Soldati. Questi club sono stati organizzati il più rapidamente possibile e sono stati assunti docenti per rivolgersi ai soldati. I conferenzieri erano in realtà insegnanti, e va ricordato che tra i soldati della Russia c'è una percentuale del 90 che non sa né leggere né scrivere. Al momento dello scoppio dell'epidemia bolscevica, molti di questi oratori erano sul campo a fare bella figura e a ottenere ottimi risultati. Nella sola città di Mosca se ne contavano 250. Il Comitato prevedeva di avere almeno 5000 di questi conferenzieri. Avevamo in pubblicazione molti giornali della classe "A B C", che stampavano materiale nello stile più semplice, e ne stavamo assistendo circa altri 100. Questi giornali portavano l'appello al patriottismo. Questi giornali portavano l'appello al patriottismo, all'unità e alla co ordinazione nelle case degli operai e dei contadini.

Dopo il rovesciamento dell'ultimo governo Kerensky abbiamo aiutato materialmente la diffusione della letteratura bolscevica, distribuendola tramite agenti e aerei all'esercito tedesco. Se il suggerimento è lecito, sarebbe bene considerare se non sia auspicabile che questa stessa letteratura bolscevica venga inviata in Germania e in Austria attraverso i fronti occidentale e italiano.

OTTAVO

La presenza di un piccolo numero di truppe alleate a Pietrogrado avrebbe certamente fatto molto per prevenire il rovesciamento del governo Kerensky a novembre. Vorrei suggerire alla vostra attenzione, se le condizioni attuali dovessero persistere, di concentrare a Pietrogrado tutti gli impiegati del governo britannico e francese, che, in caso di necessità, potrebbero essere costituiti in una forza abbastanza efficace. Potrebbe essere consigliabile anche pagare una piccola somma a una forza russa. Esiste anche un grande corpo di volontari reclutati in Russia, molti dei quali inclusi nell'Inteligentzia di classe "Centro", che hanno svolto un lavoro splendido nelle trincee. Potrebbero essere adeguatamente aiutati.

NINTO

Se mi chiedete un ulteriore programma, devo dire che è impossibile darlo ora. Credo che un lavoro intelligente e coraggioso impedirà comunque alla Germania di occupare il campo a se stessa e di sfruttare così la Russia a spese degli Alleati. Ci saranno molti modi in cui questo servizio potrà essere reso, che diventeranno evidenti con il progredire dei lavori.

COMMENTO

A seguito di questo memorandum, il gabinetto di guerra britannico cambiò la sua politica in un tiepido pro-bolscevismo. Si noti che Thompson ammette la distribuzione di letteratura bolscevica da parte dei suoi agenti. La confusione sulla data in cui Thompson lasciò la Russia (in questo documento dichiara il 29 novembre) è chiarita dai documenti di Pirnie presso la Hoover Institution. Ci furono diversi cambi di programma di viaggio e Thompson era ancora in Russia all'inizio di dicembre. Il memorandum fu probabilmente scritto a Pietrogrado alla fine di novembre.

Documento n. 5

DESCRIZIONE

Lettera del 9 maggio 1918 di Felix Frankfurter (allora assistente speciale del Segretario alla Guerra) a Santeri Nuorteva (pseudonimo di Alexander Nyberg), agente bolscevico negli Stati Uniti. Elencato come documento n. 1544 negli archivi del Comitato Lusk, New York:

DOCUMENTO

DIPARTIMENTO DELLA GUERRA WASHINGTON 9 maggio 1918

Mio caro signor Nhorteva [*sic*]:

> *La ringrazio molto per la sua lettera del 4. Sapevo che avrebbe capito il carattere puramente amichevole e del tutto ufficioso della nostra conversazione, e apprezzo la tempestività con cui ha corretto la lettera di Sirola*. Siate certi che non è successo nulla che diminuisca il mio*

*interesse per le questioni che presentate. Al contrario. Sono molto interessato** alle considerazioni che lei sta avanzando e al punto di vista che sta sostenendo. Le questioni*** in gioco sono interessi che significano molto per il mondo intero. Per affrontarli in modo adeguato abbiamo bisogno di tutta la conoscenza e la saggezza che possiamo ottenere su ****.*

Cordiali saluti, Felix Frankfurter

Santeri Nuorteva, avvocato.

* Yrjo Sirola era un bolscevico e commissario in Finlandia.

** Testo originale: "continuamente grato a te per".

*** Testo originale: "interessi".

**** Il testo originale aggiungeva "in questi giorni".

COMMENTO

Questa lettera di Frankfurter fu scritta a Nuorteva/Nyberg, un agente bolscevico negli Stati Uniti, in un periodo in cui Frankfurter ricopriva una posizione ufficiale come assistente speciale del Segretario di Guerra Baker al Dipartimento della Guerra. A quanto pare Nyberg era disposto a modificare una lettera al commissario "Sirola" secondo le istruzioni di Frankfurter. Il Comitato Lusk ha acquisito la bozza originale di Frankfurter che include le modifiche di Frankfurter e non la lettera ricevuta da Nyberg.

L'UFFICIO SOVIETICO NEL 1920

Posizione	Nome	Cittadinanza	Nato	Precedente impiego
Rappresentante dell'URSS	Ludwig C.A.K. MARTENS	Tedesco	Russia	V-P di Weinberg & Posner Engineering (120 Broadway)
Responsabile ufficio	Gregory WEINSTEIN	Russo	Russia	Giornalista
Segretario	Santeri NUORTEVA	Finlandese	Russia	Giornalista
Segretario	Kenneth	STATI	STATI	(1) Comitato statunitense

aggiunto	DURANT	UNITI	UNITI	per la pubblica informazione (2) Ex aiutante del Colonnello House
Segretario privato di NUORTEVA	Dorothy KEEN	STATI UNITI	STATI UNITI	Scuola superiore
Traduttore	Maria MODELL	Russo	Russia	Scuola in Russia
Impiegato d'archivio	Alexander COLEMAN	STATI UNITI	STATI UNITI	Scuola superiore
Impiegato telefonico	Blanche ABUSHEVITZ	Russo	Russia	Scuola superiore
Addetto all'ufficio	Nestor KUNTZEVICH	Russo	Russia	-
Esperto militare	Ten. Col. Boris Tagueeff Roustam BEK	Russo	Russia	Critico militare su *Daily Express* (Londra)

Dipartimento commerciale

Direttore	A. HELLER	Russo	STATI UNITI	Società internazionale di ossigeno
Segretario	Ella TUCH	Russo	STATI UNITI	Imprese statunitensi
Impiegato	Rosa HOLLAND	STATI UNITI	STATI UNITI	Lega scolastica di Gary
Impiegato	Henrietta MEEROWICH	Russo	Russia	Assistente sociale
Impiegato	Rosa BYERS	Russo	Russia	Scuola
Statistico	Vladimir OLCHOVSKY	Russo	Russia	Esercito russo

Dipartimento Informazioni

Direttore	Evans CLARK	STATI	STATI	Università di Princeton

		UNITI	UNITI	
Impiegato	Nora G. SMITHMAN	STATI UNITI	STATI UNITI	Spedizione Ford Peace
Steno	Etta FOX	STATI UNITI	STATI UNITI	Consiglio per il commercio di guerra
-	Wilfred R. HUMPHRIES	REGNO UNITO	-	Croce Rossa Americana

Reparto tecnico.

Direttore	Arthur ADAMS	Russo	STATI UNITI	-

Dipartimento Educazione.

Direttore	William MALISSOFF	Russo	STATI UNITI	Università di Columbia

Reparto medico.

Direttore	Leo A. HUEBSCH	Russo	STATI UNITI	Medico
	D. H. DUBROWSKY	Russo	STATI UNITI	Medico

Ufficio legale.

Direttore	Morris HILLQUIT	Lituano	-	-
	Avvocato incaricato:			
	Charles RECHT			
	Dudley Field MALONE			
	George Cordon BATTLE			

*Dipartimento di Economia e
Statistica*

Direttore	Isaac A. HOURWICH	Russo	STATI UNITI	Ufficio del censimento degli Stati Uniti
	Eva JOFFE	Russo	STATI UNITI	Commissione nazionale per il lavoro minorile
Steno	Elisabetta GOLDSTEIN	Russo	STATI UNITI	Studente

Redazione di Russia Sovietica

Direttore generale	Jacob w. HARTMANN	STATI UNITI	STATI UNITI	Collegio della città di New York
Steno	Ray TROTSKY	Russo	Russia	Studente
Traduttore	Theodore BRESLAUER	Russo	Russia	-
Impiegato	Vastissimamente IVANOFF	Russo	Russia	-
Impiegato	David OLDFIELD	Russo	Russia	-
Traduttore	J. BLANKSTEIN	Russo	Russia	-

FONTE: U.S., House, *Conditions in Russia* (Committee on Foreign Affairs), 66th Cong., 3rd sess. (Washington, D.C., 1921). Si veda anche l'elenco britannico nel file decimale del Dipartimento di Stato americano, 316-22- 656, che riporta anche il nome di Julius Hammer.

Documento n. 7

DESCRIZIONE

Lettera della National City Bank di New York al Tesoro degli Stati Uniti, 15 aprile 1919, relativa a Ludwig Martens e al suo socio Dr. Julius Hammer (316-118).

DOCUMENTO

La National City Bank di New York

New York, 15 aprile 1919

Onorevole Joel Rathbone,

Assistente del Segretario del Tesoro Washington, D.C.

Caro signor Rathbone:

> *Mi permetto di consegnarvi le fotografie di due documenti che abbiamo ricevuto questa mattina per posta raccomandata da un certo L. Martens che sostiene di essere il rappresentante negli Stati Uniti della Repubblica Socialista Federale Sovietica Russa, e di cui è testimone un certo Dr. Julius Hammer per il Direttore ad interim del Dipartimento Finanziario.*
>
> *Da questi documenti si evince che ci vengono richiesti tutti i fondi depositati presso di noi a nome di Boris Bakhmeteff, presunto ambasciatore russo negli Stati Uniti, o a nome di qualsiasi individuo, comitato o missione che pretenda di agire per conto del governo russo in subordinazione a Bakhmeteff o direttamente.*
>
> *Saremo lieti di ricevere da voi qualsiasi consiglio o istruzione vogliate darci in merito.*
>
> *Con rispetto, [sgd.] J. H. Carter, Vicepresidente.*

Cabina JHC:M

COMMENTI

Il significato di questa lettera è legato alla lunga frequentazione (1917-1974) della famiglia Hammer con i sovietici.

Documento n. 8

DESCRIZIONE

Lettera del 3 agosto 1920 del corriere sovietico "Bill" Bobroff a Kenneth Durant, ex aiutante del colonnello House. Sottratta a Bobroff dal Dipartimento di Giustizia degli Stati Uniti.

DOCUMENTO

Ufficio investigativo del Dipartimento di Giustizia,

15 Park Row, New York City, N. Y., 10 agosto 1920

Direttore dell'Ufficio investigativo

Dipartimento di Giustizia degli Stati Uniti, Washington, D.C.

Egregio Signore: confermando la conversazione telefonica avuta oggi con il signor Ruch, le trasmetto i documenti originali estratti dagli effetti personali di B. L. Bobroll, piroscafo Frederick VIII.

La lettera indirizzata al signor Kenneth Durant, firmata da Bill, datata 3 agosto 1920, insieme alla traduzione dalla "Pravda" del 1° luglio 1920, firmata da Trotzki, e le copie dei cablogrammi sono state trovate all'interno della busta blu indirizzata al signor Kenneth Durant, 228 South Nineteenth Street, Philadelphia, Pa. Questa busta blu era a sua volta sigillata all'interno della busta bianca allegata.

La maggior parte degli effetti del signor Bobroff consisteva in cataloghi di macchinari, specifiche, corrispondenza relativa alla spedizione di varie attrezzature, ecc. verso i porti russi. Il signor Bobroff è stato interrogato attentamente dall'agente Davis e dalle autorità doganali e un rapporto dettagliato sarà inviato a Washington.

Molto sinceramente vostro,

G. F. Lamb, Sovrintendente di Divisione

LETTERA A KENNETH DURANT

Caro Kenneth, grazie per la tua graditissima lettera. Mi sono sentita molto tagliata fuori e chiusa in se stessa, una sensazione che è stata fortemente enfatizzata dalle recenti esperienze. Mi sono sentito angosciato per l'incapacità di imporre un atteggiamento diverso nei confronti del Bureau e di farvi pervenire in qualche modo i fondi. Farvi pervenire 5.000 dollari, come è stato fatto la scorsa settimana, è solo una penosa presa in giro. Spero che la proposta di vendere l'oro in America, di cui abbiamo parlato di recente, venga presto resa praticabile. Ieri vi abbiamo chiesto se potevate vendere

5.000.000 di rubli a un minimo di 45 centesimi, mentre l'attuale tasso di mercato è di 51,44 centesimi. In questo modo si otterrebbero almeno 2.225.000 dollari. L'attuale necessità è di 2.000.000 di dollari per pagare la Niels Juul & Co. di Christiania per la prima parte del carico di carbone dall'America a Vardoe, Murmansk e Arcangelo. La prima nave si sta avvicinando a Vardoe e la seconda è partita da New York il 28 luglio. Complessivamente, Niels Juul & Co, o meglio la Norges' Bank di Christiania, per conto loro e nostro, detengono 11.000.000 di rubli d'oro dei nostri, che loro stessi hanno portato da Reval a Christiania, come garanzia per il nostro ordine di carbone e per il tonnellaggio necessario, ma le offerte per l'acquisto di quest'oro che sono riusciti a ottenere finora sono molto scarse, la migliore è stata di 575 dollari al chilo, mentre il tasso offerto dalla Zecca americana o dal Dipartimento del Tesoro è ora di 644,42 dollari, e considerando l'ingente somma in gioco sarebbe un peccato lasciarla andare con una perdita troppo pesante. Spero che prima che riceviate questo messaggio sarete riusciti ad effettuare la vendita, ottenendo allo stesso tempo un quarto di milione di dollari o più per il Bureau. Se non riusciamo a pagare in qualche modo i 2.000.000 di dollari di Christiania, che dovevano essere pagati quattro giorni fa, entro brevissimo tempo, Niels Juul & Co. avranno il diritto di vendere il nostro oro che ora detengono al miglior prezzo ottenibile, che, come detto sopra, è piuttosto basso
Non sappiamo ancora come stiano procedendo i negoziati con il Canada. Sappiamo che Nuorteva ha passato i fili a Shoen quando l'arresto di N. sembrava imminente. In questo momento non sappiamo dove sia Nuorteva. Pensiamo che dopo il suo ritorno forzato in Inghilterra da Esbjerg, in Danimarca, Sir Basil Thomson l'abbia fatto imbarcare su un piroscafo per Reval, ma non abbiamo ancora avuto notizie da Reval del suo arrivo lì, e certamente sentiremmo da Goukovski o da N. stesso. Humphries ha visto Nuorteva a Esbjerg e per questo si trova in difficoltà con la polizia danese. Tutti i suoi legami sono oggetto di indagine; gli è stato ritirato il passaporto, è stato sottoposto a due esami e sembra che sarà fortunato se riuscirà a sfuggire all'espulsione.

Due settimane fa Nuorteva è arrivato a Esbjerg, a 300 miglia da qui, ma non avendo un visto danese, le autorità danesi hanno rifiutato di farlo sbarcare ed è stato trasferito su un piroscafo che sarebbe salpato alle 8 del mattino seguente. Depositando 200 corone, gli fu concesso di scendere a terra per un paio d'ore. Volendo raggiungere Copenaghen con un filo a lunga distanza e non avendo praticamente più soldi, impegnò ancora una volta il suo orologio d'oro per 25 corone, mettendosi così in contatto con Humphries, che nel giro di mezz'ora saltò a bordo del treno notturno, dormì sul pavimento e arrivò a Esbjerg alle 19:30. Humphries trovò la Nuorteva, ottenne dal capitano il permesso di salire a bordo, ebbe 20 minuti con N., poi dovette scendere a terra e la barca salpò. Humphries fu quindi invitato nell'ufficio della polizia da due uomini in borghese, che avevano osservato il procedimento. Fu interrogato attentamente, gli fu preso l'indirizzo, poi fu rilasciato e quella sera prese il treno per tornare a Copenaghen. Ha inviato telegrammi a Ewer, del Daily Herald, a Shoen, e a Kliskho, al 128 di New Bond Street, esortandoli ad andare incontro alla barca di Nuorteva, in modo che N. non potesse essere nuovamente portato via, ma non sappiamo ancora cosa sia successo. Il governo britannico ha negato vigorosamente di avere l'intenzione di mandarlo in Finlandia. Mosca ha minacciato rappresaglie se gli succedesse qualcosa. Nel frattempo, sono iniziate le indagini su H.. È stato convocato dalla polizia nel suo albergo, gli è stato chiesto di recarsi al quartier generale (ma non è stato arrestato) e sappiamo che il suo caso è ora all'attenzione del ministro della Giustizia. Qualunque sia l'esito finale, Humphries commenta la ragionevole cortesia che gli è stata dimostrata, contrapponendola alla ferocia dei raid rossi in America.

Scoprì che al quartier generale degli investigatori erano a conoscenza di alcune delle sue lettere e telegrammi in uscita.

Mi ha interessato il suo commento favorevole all'intervista di Krassin a Tobenken (non cita quella di Litvinoff), perché ho dovuto lottare come un demonio con L. per ottenere le opportunità per Tobenken. Quando T.

arrivò con una lettera di Nuorteva, come anche Arthur Ruhl, L. respinse bruscamente in meno di un minuto la domanda che T. stava facendo per andare in Russia, non avrebbe quasi preso tempo per ascoltarlo, dicendo che era impossibile permettere a due corrispondenti dello stesso giornale di entrare in Russia. Diede un visé a Ruhl, in gran parte a causa di una promessa fatta l'estate scorsa a Ruhl da L. Ruhl partì poi per Reval, in attesa del permesso che L. aveva chiesto per telefono a Mosca. Tobenken, nervoso, quasi distrutto a causa del suo rifiuto, rimase qui. Mi resi conto dell'errore che era stato commesso con un giudizio affrettato e mi misi all'opera per farlo cambiare. Per farla breve, lo feci arrivare a Reval con una lettera a Goukovsky da parte di L. Nel frattempo Mosca rifiutò Ruhl, nonostante il visé di L.. L. si arrabbiò per l'affronto alla sua visé e insistette perché fosse onorata. Così fu, e Ruhl si preparò a partire. Improvvisamente da Mosca giunse una comunicazione a Ruhl che revocava il permesso e a Litvinoff, in cui si diceva che era giunta a Mosca l'informazione che Ruhl era al servizio del Dipartimento di Stato. Al momento in cui scriviamo, sia Tobenken che Ruhl si trovano a Reval, bloccati.

Stamattina ho detto a L. della nave che parte domani e del corriere B. a disposizione, gli ho chiesto se aveva qualcosa da scrivere a Martens, mi sono offerto di stenografare per lui, ma no, ha detto che non aveva nulla da scrivere e che forse avrei potuto inviare a Martens i duplicati dei nostri recenti cablogrammi.

Kameneff è passato di qui su un cacciatorpediniere britannico diretto a Londra, senza fare alcuna sosta, mentre Krassin è arrivato direttamente da Stoccolma. Dei negoziati, alleati e polacchi, e della situazione generale sapete più o meno quanto noi qui. Le trattative di L con gli italiani sono finalmente sfociate nell'istituzione di una rappresentanza reciproca. Il nostro rappresentante, Vorovsky, è già andato in Italia e il loro rappresentante, M. Gravina, è in viaggio verso la Russia. Abbiamo appena inviato in Italia due carichi di grano russo da Odessa.

Salutami le persone della tua cerchia che conosco.

Con tutti i migliori auguri a voi.

Cordiali saluti, Bill

Il lotto di lettere che avete inviato - 5 Cranbourne Road, Charlton cum Hardy, Manchester - non è ancora arrivato.

La raccomandazione di L. a Mosca, dal momento che M. ha chiesto di trasferirsi in Canada, è che M. venga nominato lì, e che N., dopo aver trascorso alcune settimane a Mosca per conoscersi da vicino, venga nominato rappresentante in America.

L. critica aspramente il Bureau per aver concesso troppo facilmente visti e raccomandazioni. È rimasto ovviamente sorpreso e incattivito quando B. è arrivato qui con contratti assicurati a Mosca sulla base di lettere consegnategli da M. Il successivo messaggio di M. evidentemente non è arrivato a Mosca. Non so cosa L. intenda fare al riguardo. Suggerirei che M. trasmettesse in codice la sua raccomandazione a L. su questa questione. L. non avrebbe nulla a che fare con B. in questo caso. Potrebbe crearsi una situazione imbarazzante.

L. ha anche fatto riferimento alla raccomandazione di Rabinoff.

Due buste, Mr. Kenneth Durant, 228 South Nineteenth Street, Philadelphia, Pa., U.S.A.

FONTE: Fascicolo decimale del Dipartimento di Stato degli Stati Uniti, 316-119-458/64.

NOTA: IDENTIFICAZIONE DELLE PERSONE

William (Bill) L. BOBROFF: corriere e agente sovietico. Gestisce la Bobroff Foreign Trading and Engineering Company di Milwaukee. Ha inventato il sistema di voto usato nella legislatura del Wisconsin.

Kenneth DURANT: aiutante del colonnello House; vedi testo.

SHOEN: impiegato presso la International Oxygen Co. di proprietà di Heller, un importante finanziere e comunista.

EWER: Agente sovietico, reporter del *London Daily Herald.*

KLISHKO: agente sovietico in Scandinavia

NUORTEVA Conosciuto anche come Alexander Nyberg, primo

rappresentante sovietico negli Stati Uniti; vedi testo.

Sir Basil THOMPSON: Capo dei servizi segreti britannici

"L": LITVINOFF.

"H": Wilfred Humphries, associato a Martens e Litvinoff, membro della Croce Rossa in Russia.

KRASSIN: Commissario bolscevico del commercio e del lavoro, ex capo della Siemens-Schukert in Russia.

COMMENTI

Questa lettera suggerisce uno stretto legame tra Bobroff e Durant.

Documento n. 9

DESCRIZIONE

Memorandum relativo a una richiesta di Davison (socio di Morgan) a Thomas Thacher (avvocato di Wall Street associato ai Morgan) e trasmesso a Dwight Morrow (socio di Morgan), 13 aprile 1918.

DOCUMENTO

Hotel Berkeley, Londra

13 aprile 1918.

On. Walter H. Page,

Ambasciatore americano in Inghilterra, Londra.

Gentile Signore:

> *Alcuni giorni fa ho ricevuto una richiesta da parte di H.P. Davison, Presidente del Consiglio di Guerra della Croce Rossa Americana, di conferire con Lord Northcliffe riguardo alla situazione in Russia, e poi di recarmi a Parigi per altre conferenze. A causa della malattia di Lord Northcliffe non ho potuto conferire con lui, ma sto lasciando al signor Dwight W. Morrow, che ora alloggia al Berkeley Hotel, un memorandum della situazione che il signor Morrow sottoporrà a Lord Northcliffe al ritorno di quest'ultimo a Londra.*
> *Per sua informazione e per quella del Dipartimento, le allego una copia del memorandum.*

Rispettosamente vostro,

[Thomas D. Thacher.

COMMENTO

Lord Northcliffe era appena stato nominato direttore della propaganda. Questo è interessante alla luce delle sovvenzioni di William B. Thompson alla propaganda bolscevica e del suo legame con gli interessi di Morgan e Rockefeller.

Documento n. 10

DESCRIZIONE

Questo documento è un memorandum di D.C. Poole, Divisione degli Affari russi del Dipartimento di Stato, al Segretario di Stato riguardante una conversazione con M. Oudin della General Electric.

DOCUMENTO

29 maggio 1922

Signor Segretario:

Il signor Oudin, della General Electric Company, mi ha informato questa mattina che la sua azienda ritiene che si stia avvicinando il momento di iniziare le conversazioni con Krassin per la ripresa degli affari in Russia. Gli ho detto che il Dipartimento ritiene che la strada da seguire in questo campo da parte delle imprese americane sia una questione di giudizio commerciale e che il Dipartimento non frapporrebbe alcun ostacolo a che un'impresa americana riprenda le attività in Russia su qualsiasi base che l'impresa ritenga praticabile.
Ha detto che sono in corso negoziati tra la General Electric Company e la Allgemeine Elektrizitats Gesellschaft per la ripresa dell'accordo di lavoro che avevano prima della guerra. Si aspetta che l'accordo che verrà stipulato includa una disposizione per la cooperazione con la Russia.

Rispettosamente, DCP D.C. Poole

COMMENTO

Si tratta di un documento importante perché riguarda l'imminente ripresa delle relazioni con la Russia da parte di un'importante società americana. Illustra che l'iniziativa è stata presa dall'azienda, non dal Dipartimento di Stato, e che non è stato preso in considerazione l'effetto del trasferimento di tecnologia General Electric a un nemico autodichiarato. L'accordo con la GE fu il primo passo di una serie di importanti trasferimenti tecnici che portarono direttamente alla morte di 100.000 americani e di innumerevoli alleati.

Altri titoli

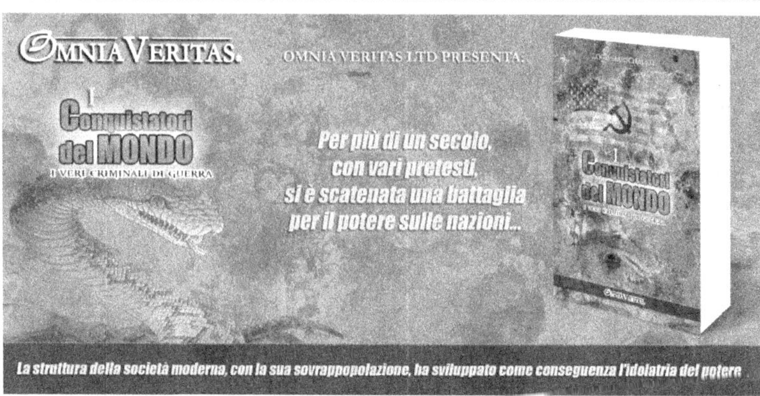

OMNIA VERITAS
Omnia Veritas Ltd presente:
Storia
delle banche centrali
e la schiavitù dell'umanità
de
STEPHEN MITFORD GOODSON
Nel corso della storia, il ruolo degli usurai è stato spesso visto come la "mano nascosta"...
Il capo della banca centrale svela i segreti del potere monetario
Storia delle Banche Centrali
Un'opera fondamentale per comprendere il passato, il presente e il futuro

OMNIA VERITAS
OMNIA VERITAS LTD PRESENTA
John Coleman
LA GERARCHIA DEI COSPIRATORI
STORIA DEL COMITATO DEI 300
JOHN COLEMAN
LA GERARCHIA DEI COSPIRATORI
STORIA DEL COMITATO DEI 300
Questa aperta cospirazione contro Dio e l'uomo include la schiavitù della maggior parte degli esseri umani...

OMNIA VERITAS
OMNIA VERITAS LTD PRESENTA:
JOHN COLEMAN
LA DIPLOMAZIA DELL'INGANNO
UN RESOCONTO DEL TRADIMENTO DEI GOVERNI DI INGHILTERRA E STATI UNITI
JOHN COLEMAN
LA DIPLOMAZIA DELL'INGANNO
La storia della creazione delle Nazioni Unite è un classico caso di diplomazia dell'inganno

OMNIA VERITAS
OMNIA VERITAS LTD PRESENTE:
IL CLUB DI ROMA
IL THINK TANK DEL NUOVO ORDINE MONDIALE
DI JOHN COLEMAN
I numerosi eventi tragici ed esplosivi del XX secolo non sono accaduti da soli, ma sono stati pianificati secondo uno schema ben definito...
JOHN COLEMAN
IL CLUB DI ROMA
Chi sono stati gli organizzatori e i creatori di questi grandi eventi?

OMNIA VERITAS
OMNIA VERITAS LTD PRESENTE:
LA DITTATURA dell' ORDINE MONDIALE SOCIALISTA
DI JOHN COLEMAN
Per tutti questi anni, mentre la nostra attenzione era concentrata sui mali del comunismo a Mosca, i socialisti a Washington erano impegnati a rubare all'America...
JOHN COLEMAN
LA DITTATURA dell' ORDINE MONDIALE SOCIALISTA
"Il nemico di Washington è più da temere di quello di Mosca".

OMNIA VERITAS
OMNIA VERITAS LTD PRESENTE:
La GUERRA della DROGA contro l'AMERICA
DI JOHN COLEMAN
Il traffico di droga non può essere sradicato perché i suoi gestori non permetteranno che venga loro sottratto il mercato più lucrativo del mondo....
JOHN COLEMAN
La GUERRA della DROGA contro l'AMERICA
I veri promotori di questo maledetto commercio sono le "élite" di questo mondo.

OMNIA VERITAS
OMNIA VERITAS LTD PRESENTE:
LE GUERRE PER IL PETROLIO
DI JOHN COLEMAN
Il racconto storico dell'industria petrolifera ci porta attraverso i colpi di scena della "diplomazia".
JOHN COLEMAN
LE GUERRE PER IL PETROLIO
La lotta per monopolizzare la risorsa ambita da tutte le nazioni

OMNIA VERITAS
OMNIA VERITAS LTD PRESENTA:
LA MASSONERIA
dalla A alla Z
John Coleman
Nel XXI secolo, la Massoneria è diventata non tanto una società segreta quanto una "società di segreti".
JOHN COLEMAN
LA MASSONERIA
dalla A alla Z
Questo libro spiega cos'è la Massoneria

OMNIA VERITAS
OMNIA VERITAS LTD PRESENTE:
Oltre la
COSPIRAZIONE
SMASCHERARE IL
GOVERNO MONDIALE
INVISIBILE
di John Coleman
Tutti i grandi eventi storici sono pianificati in segreto da uomini che si circondano di totale discrezione.
JOHN COLEMAN
Oltre la
COSPIRAZIONE
GOVERNO MONDIALE
INVISIBILE
I gruppi altamente organizzati hanno sempre un vantaggio sui cittadini

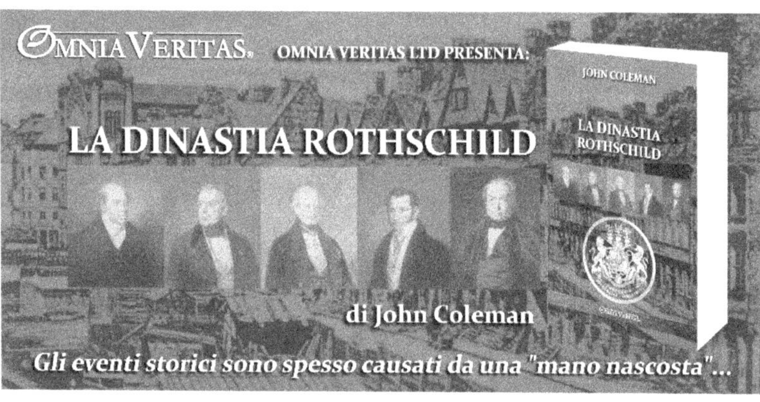
OMNIA VERITAS
OMNIA VERITAS LTD PRESENTA:
JOHN COLEMAN
LA DINASTIA ROTHSCHILD
di John Coleman
Gli eventi storici sono spesso causati da una "mano nascosta"...

OMNIA VERITAS
OMNIA VERITAS LTD PRESENTA:
JOHN COLEMAN
L'ISTITUTO TAVISTOCK
di RELAZIONI UMANE
Dare forma al declino morale,
spirituale, culturale, politico ed economico
degli Stati Uniti d'America
di John Coleman
Senza Tavistock, non ci
sarebbero state la Prima e la
Seconda guerra mondiale...
I segreti dell'Istituto Tavistock per le relazioni umane

OMNIA VERITAS
OMNIA VERITAS LTD PRESENTE:
COUDENHOVE-KALERGI
IDEALISMO PRATICO
NOBILTÀ - TECNOLOGIA - PACIFISMO
IDEALISMO PRATICO
COUDENHOVE-KALERGI
La struttura sociale feudale è stata sostituita
dalla struttura sociale plutocratica: non è più
la nascita a determinare la posizione sociale,
ma il reddito. La plutocrazia di oggi è più
potente dell'aristocrazia di ieri, perché nulla è
al di sopra di essa, tranne lo Stato, che ne è
strumento e complice.
Sia nelle democrazie repubblicane che in quelle
monarchiche, gli statisti sono burattini e i capitalisti
tiratori di corde: sono loro a dettare le linee guida
della politica.
Il piano Kalergi per la distruzione
dei popoli europei
Il piano Kalergi per la distruzione dei popoli europei

OmniaVeritas.
Omnia Veritas Ltd presenta:
Ecco i semplici fatti del grande tradimento...
I SEGRETI DELLA RISERVA FEDERALE
da
EUSTACE MULLINS
EUSTACE MULLINS
I SEGRETI DELLA RISERVA FEDERALE
Continueremo ad essere schiavi del sistema monetario babilonese del debito?

OmniaVeritas.
Omnia Veritas Ltd presenta:
un'esclusiva mai pubblicata prima da EUSTACE MULLINS
SANGUE D'ORO
STORIA DEL COUNCIL ON FOREIGN RELATIONS
Il CFR, fondato da internazionalisti e interessi bancari, ha svolto un ruolo significativo nella definizione della politica estera degli Stati Uniti.
EUSTACE MULLINS
SANGUE D'ORO
STORIA DEL COUNCIL ON FOREIGN RELATIONS
Le rivoluzioni non sono fatte dalla classe media, ma dall'oligarchia al vertice

OmniaVeritas
OMNIA VERITAS LTD PRESENTA:
GIUDIZIO FINALE
l'anello mancante nell' assassinio di JFK
Michael Collins Piper
Volume I
È chiaramente Israele e il suo Mossad, l'unica forza che collega tutti i presunti cospiratori più frequentemente citati: la CIA, le forze anticastriste cubane, il crimine organizzato e, più specificamente, il sindacato criminale di Meyer Lansky...
GIUDIZIO FINALE
Michael Collins Piper
Il ruolo del Mossad e di Israele nel crimine del secolo

OMNIA VERITAS
OMNIA VERITAS LTD PRESENTA:
GIUDIZIO FINALE
l'anello mancante nell' assassinio di JFK
Michael Collins Piper
Volume II
I fatti sono i fatti: dei 22 avvocati della Commissione Warren, nove erano ebrei. Uno era sposato con un ebreo. Molti altri avevano legami con la lobby israeliana...
Ciò che la maggior parte dei ricercatori non si è mai preoccupata di esaminare

OMNIA VERITAS.
OMNIA VERITAS LTD PRESENTA:
La bomba nucleare di Israele sta spingendo la civiltà verso l'Armageddon globale, e la perpetuazione di questo programma di armamento incontrollato ha preso in ostaggio il mondo...
IL GOLEM
Michael Collins Piper
I sostenitori di Israele hanno dirottato la politica internazionale degli Stati Uniti

OMNIA VERITAS.
OMNIA VERITAS LTD PRESENTA:
Invece di permettere agli ebrei di continuare con il loro pericoloso approccio razzista e suprematista, definendosi "popolo eletto da Dio", gli americani dovrebbero reagire...
IL NEMICO INTERNO
I capri di Giuda
Michael Collins Piper
Voltiamo le spalle alla lobby sionista e cambiamo la politica degli Stati Uniti!

OMNIA VERITAS.
OMNIA VERITAS LTD PRESENTA:
La base dell'agenda neoconservatrice - fin dall'inizio - non è stata solo la sicurezza, ma anche l'avanzata imperiale dello Stato di Israele...
I SOMMI SACERDOTI DELLA GUERRA
Michael Collins Piper
La Guerra Fredda era davvero una bufala...

OMNIA VERITAS.
OMNIA VERITAS LTD PRESENTA:
Lo Stato di Israele non è altro che il simbolo di un antico sogno che, di fatto, si è avverato proprio qui negli Stati Uniti: la nuova Gerusalemme...
LA NUOVA GERUSALEMME
Michael Collins Piper
Coloro che regnano con la sola forza del loro potere finanziario....

OMNIA VERITAS.
OMNIA VERITAS LTD PRESENTA:
Le forze del Nuovo Ordine Mondiale si sono coalizzate attorno all'impero internazionale della dinastia Rothschild, i cui tentacoli si estendono ora fino ai più alti livelli del sistema statunitense....
L'IMPERO ROTHSCHILD
La nuova Babilonia di coloro che regnano sovrani
Michael Collins Piper
Conquistare il mondo è l'obiettivo finale

OMNIA VERITAS.
OMNIA VERITAS LTD PRESENTA:
La verità è che gli estremisti musulmani si sono dimostrati strumenti utili (anche se spesso inconsapevoli) per portare avanti l'agenda geopolitica di Israele....
Perché Israele dovrebbe sostenere segretamente gli estremisti islamici fondamentalisti?

OMNIA VERITAS.
MK ULTRA
Abuso rituale e controllo mentale
Strumenti di dominazione della religione senza nome
Per la prima volta, un libro tenta di esplorare la complessa questione dell'abuso rituale traumatico e del conseguente controllo mentale....
Come è possibile programmare mentalmente un essere umano?

OMNIA VERITAS.
Omnia Veritas Ltd presenta:
ILLUMINATI 4
GUERRA&GENOCIDIO
"Noi ebrei siamo i distruttori e continueremo ad esserlo. Nulla di ciò che potete fare soddisferà le nostre esigenze e i nostri bisogni. Continueremo a distruggere perché vogliamo un mondo che ci appartenga". (Maurice Samuels, You Gentiles, 1924)
Henry Makow, Ph.D
I satanisti scatenano guerre per uccidere i goyim

OMNIAVERITAS

OMNIA VERITAS LTD PRESENTA:

ROBERT FAURISSON

SCRITTI REVISIONISTI
I

1974-1983

"Non nega, ma cerca di
affermare in modo più
preciso. I revisionisti non
sono "negazionisti"; si
sforzano di cercare e
trovare dove, a quanto
pare, non c'era più nulla
da cercare o trovare".

ROBERT FAURISSON

SCRITTI REVISIONISTI
I
1974-1983

Il revisionismo è una questione di metodo, non di ideologia

OMNIAVERITAS

OMNIA VERITAS LTD PRESENTA:

LA TRILOGIA
WALL STREET

da ANTONY SUTTON

ANTONY SUTTON

LA TRILOGIA WALL STREET

"Il professor Sutton sarà ricordato
per la sua trilogia: Wall St. e la
rivoluzione bolscevica, Wall St. e
FDR e Wall St. e l'ascesa di Hitler."

Questa trilogia descrive l'influenza del potere finanziario su tre eventi chiave della storia recente

OMNIAVERITAS®

www.omnia-veritas.com